선비의 발자취를
따라가 보는

아름다운 한옥기행

정자 · 향교 · 서원을 찾아서

서정호 지음

신아사

차 례

III. 서원

자연과 인간의 만남, 그리고 교육장소

부 록

들어가는 글

조상들 삶의 흔적을 발굴하는 고고학자나 인류학자는 흙으로 빚은 항아리, 돌을 깨 갈아 만든 석기, 철광석을 녹여 주조한 철제품 그리고 불을 때던 화덕자리 등을 통해 앞서서 이 땅에 산 사람들의 숨결을 느낀다. 그리고 그 삶의 흔적 속에서 그들의 지혜를 발견하고 감탄하기도 한다. 이러한 지혜가 수천 년간 쌓이고 쌓여 오늘의 우리가 누리는 문명의 밑바탕을 이뤘다. 고대인들은 자신이 터득한 기술과 자연에 대한 지식을 삶의 공간인 동굴·움집에서 손짓·발짓 혹은 원시적 언어를 통해 어렵게 다음 세대에 전했을 것이다.

이렇게 쌓인 지식은 먼저 좀 더 나은 주거시설을 만드는 데 집중됐다. 한반도에 정착한 우리 조상들은 집을 지을 때 자연에 순응하며 삶의 질을 높일 수 있는 방법을 찾아내려 애썼다. 나무를 다루는 기술은 점점 발전됐고 기와가 만들어졌고 아궁이가 탄생했다. 그 결과 환경학적으로 우리에게 가장 쾌적한 공간인 한옥이 우리 앞에 나타났다. 안정적인 주거공간이 생기자 지식과 기술은 그 발전 속도를 높일 수 있었다. 편안한 공간이 있어 가르침, 즉 후세를 위한 교육도 수월해졌다. 건축술의 발전이 지식사회 진보를 뒷받침한 것이다.

한국사에 있어 교육기관이라 할 수 있는 것은 중국에서 유학이 들어오면서 나타났다. 서기 372년 고구려 소수림왕 때 태학·경당이 설립됐고, 백제에선 박사로 불리던 선생님이 있었고 신라에선 화랑도를 모아 놓고 가르쳤다.

통일신라시대가 되어선 682년 신문왕 2년에 국학이 세워져 유학사상을 보급했다. 논어와 효경을 필수과목으로 가르쳤다. 30여 년이 흐른 성덕왕 때인 717년 공자와 그의 제자들 초상화가 들어오면서 이를 모시는 공간이 만들어졌다. 고려시대에 향학이 생기면서 이를 계승했다.

고려 인종 5년(1127년)엔 향교(鄕校)로 바뀌어 지방 교육기관의 명맥을 이어갔다. 그러나 국교로 불교를 숭상하던 고려에서 공자의 사상인 유학은 큰 발전을 보지 못하다가 고려 말 개신유학 성리학이 들어오면서 새로운 시대사상으로 발돋움했다.

조선조가 되자 유학의 시대가 왔다. 개국공신세력이 펴는 억불숭유 정책의 보호 아래 국가적 이념으로 자리를 잡았다. 관리등용문으로 과거제가 실시되고 그 준비기관으로 관립학교격인 향교가 고을마다 설치됐다. 서당에서 초보적인 한문 교육을 마친 양반자제들이 나이 10대 중반에 향교에 입교해 공부했다.

중앙에서 파견된 지방관들은 향교를 잘 관리하고 유지시키는 걸 가장 큰 임무로 여겼다. 국가도 지방의 훌륭한 인재 교육을 위해 토지를 하사하는 등 향교 발전에 심혈을 기울였다.

16세기 들어와 지방에서 새로운 학문 분위기의 학자층이 출현했다. 중앙관료층의 부국강병 중심 유학관에 맞서 도덕성 확립을 앞세우는 사림세력이다. 이들은 향교와 별도로 사립교육기관으로서 서원(書院)을 짓기 시작했다. 1543년(중종 34년) 주세붕이 경상도 순흥에 세운 백운동서원(현, 소수서원)이 출발점이 됐다.

임진왜란을 겪으면서 향교들이 많이 불타자 사림세력은 향교 대체 교육기관으로 서원 설립에 열을 올렸다. 서원은 향촌사회 자체 규율인 향약을 만들어 임란 후의 어지러운 사회 기강을 잡아갔다.

서원은 향교가 지방 관청 가까이 세워진 것과 달리 자연을 벗하며 인격을 수양할 수 있는 자연경관이 아름다운 곳에 자리를 잡았다. 이렇게 태어난 서원은 건축이 어떻게 자연과 인간의 만남의 장소를 열어갔는가를 보여준다. 조선시대를 이끌었던 선비들의 높은 도덕성과 그들이 원하던 이상향이 이런 서원 건축에 녹아들어 갔다.

서원이 성리학적 성찰을 통한 행동 철학 및 정치 철학을 얻는 장소라면 정자(亭子)는 정신적 수양을 닦는 공간이었다. 선비들은 아름다운 경치를 찾아 정자를 짓고, 그곳에서 자신을 되돌아보며 시문을 지으며 정신세계를 윤택하게 했다. 즉 서원에서는 후학을 육성하며 도덕적 이상을 키웠고, 정자에선 심신 수양을 도모했던 것이다. 조선시대 이념·철학 형성의 중심에는 서원과 정자가 있었다 해도 지나치지 않을 듯싶다.

서원과 향교라고 하면 우리들은 쉽게 접근할 수 없는 곳, 어찌 보면 낯설고 두려운 장소이기도 했다. 게다가 대표적인 서원이나 향교를 제외하곤 건물을 보존한다는 이유로 문을 굳게 걸어 잠그고 있다. 요즘 학교와 같은 곳인데 제사 기능만 강조한 나머지 너무 신성한 장소로 비춰지고 있다. 특히 향교는 1년의 두 번 제사 시간을 빼고는 일반인 출입을 막고 있다.

서원과 향교는 현대인에게 많은 교훈을 줄 수 있는 시설이다. 인간이 갖춰야할 예의범절을 생각하게 하고 자신의 삶을 돌아보는 장소로 지금도 훌륭하게 활용될 수 있다. 최근 일부 지방의 향교가 한문을 교육하고 예의범절을 가르치는 장소로 개방돼, 밀폐된 과거에서 현재로 살아났다. 바람직한 일이다. 옛 것이 어렵고 고리타분하다고 생각하는 사람들도 있겠으나, 자신이 태어난 나라의 정신적 모태가 됐던 곳임을 잊어선 안 된다.

조상의 슬기로움을 찾으려 노력하는 자세, 그 속에서 현재에 적용할 수 있는 것을 찾아내는 지혜가 필요하다. 최근 우리의 전통공예 기법에 심취해 한국을 찾아와 공부하는 외국학생들이 많다. 또 그들은 전통 한옥에서 설계 아이디어를 얻으려고 찾는다. 그들은 우리 한옥의 마당·후원에서 여유로운 공간 연출법을 배우고, 용도에 알맞게 배치된 생활공간에서 절제의 미학을 느낀다.

이 책에선 높은 담장에 둘러싸여, 혹은 굳게 잠긴 대문에 갇혀 볼 수 없었던 향교와 서원을 많은 사진과 함께 세밀하게 소개했다. 그리고 건축의 아름다움과 함께 이곳에서 생활했던 선비들의 삶을 추적하려 노력했다. 조선시대의 정치·사회·문화를 관통하는 성리학과 일반 생활에 영향을 끼쳤던 풍수사상을 향교·서원 건축에서 엿보려 했다. 이번 작업은 선비들의 발자취를 따라 가는 향교·서원의 인문학적 건축 스케치였다.

또한 산천경계 수려한 곳의 정자와 누정을 찾아 자연과 닮으려 했던 선비들의 욕심이 주변 경관과 건축, 어디에 숨겨있나 살폈다.

2011년 5월
햇살 가득한 어느 봄날에
鼎麟 정린 徐廷昊

Ⅰ. 정자

선비들의 발자취에서 만난 아름다운 건축

함양에서 만난 정자 / 광주호 주변의 정자

덕유산 자락, 양반의 고장

함양에서 만난 정자(亭子)

대전-통영 간 고속도로를 달리다 서상 IC로 빠져나가, 함양으로 가는 길인 26번 국도를 따라가다가 오른쪽으로 바라다보면 금방이라도 계곡물에 발이 닿을 것 같은 덕유산에서 흐르는 맑은 물이 보인다. 이 물줄기는 커다란 바위 사이를 지나서 함양 땅으로 흐른다. 사계절 맑고 풍부한 이 계곡물은 기암괴석 사이를 미끄러지듯 흐르면서 여러 모양의 담소(潭沼)를 만들고, 꾸불꾸불 자기 마음대로 힘차게 자란 나무들과 어울려 멋진 풍광을 만든다.

자연이 만들어낸 이곳의 아름다운 모습은 우리뿐 아니라 조선시대 선비들의 마음 또한 잡아끌었을 것이다. 선비들은 이곳에 팔담팔정(八潭八亭)을 만들고 자연을 벗 삼아 공부하며 사색하였고 현재는 거연정, 군자정, 농월정, 동호정이 남아 그 당시의 모습을 보여준다. 도로에서 훤히 보이는 곳에 당당하게 서 있는 정자들, 커다란 바위 하나가 기단이 되고 그 위에 살짝 얹어 놓듯이 세워진 정자의 모습에서 한옥의 무한한 예술미와 조형미를 느낄 수 있다.

아름다운 계곡을 따라 흐르는 물은 안의의 허삼둘 가옥, 거창의 정온가옥, 함양의 정여창 가옥 등을 설레는 마음으로 안내한다. 그리고 이 물이 닿는 아래쪽에는 남계서원과 청계서원이 자리하고 있는데,

경치가 수려하고 물이 풍부하여 먹을 것이 넉넉하던 이곳에서 선비들은 자신의 이상향을 실천하였던 것이다. 조선시대에는 우 안동, 좌 함양하는 함양땅에서 선비들의 발자취는 시작되고 그들의 가슴속에 자연의 철학을 실천하는 도량으로 계곡의 정자들이 있었기에 이 책에서 살펴보기로 했다.

덕유산 계곡물이 유유히 흐르는 곳에 떠 있는 거연정

거연정 _ 居然亭

덕유산 계곡이 유유히 흐르는 곳에 떠 있는...

경남 함양군 서하면 봉전리

함양은 통일신라시대부터 고려를 거쳐 조선시대에 이르기까지 빼놓을 수 없는 교통의 요충지였다. 백제와 신라는 이 지역을 중요한 분쟁지역으로 여겨 황석산 높은 산허리에 산성을 축성했다. 조선시대에 이르러 함양은 안동에 견주는 대표적인 양반 동네가 되었다. 그 중심에 우뚝 선 사람이 바로 거창의 정온 선생과 함양 개평리의 일두 정여창 선생이다.

서상 IC에서 나와 거창으로 가는 26번 국도를 따라 서하면사무소

아름다운 계곡의 맑은 물에 비친 거연정

를 지나면 추상천과 황석산, 봉전천이 만나는 곳에 봉전리 만정마을이 나타난다. 이 마을 앞에 거연정과 군자정이 있다. 1613년 중추부사를 지낸 전시숙(全時叔)이 세웠다는 거연정(居然亭)은 계곡의 한가운데에 있는 바위 위에 자리하고 있어 이곳에 가려면 무지개 철다리를 넘어야 한다.

그러나 예전에는 이러한 무지개 철다리가 아니었을 것이다. 나룻배를 띄우기에는 협소하니 통나무 다리라도 놓았을까 싶고, 어쩌면 하인들이 가마를 머리에 이고 건넜을지도 모른다. 이렇게 아슬아슬한 계곡 가운데에 거연정이라는 정자가 있다.

커다란 바위 덩어리가 불뚝불뚝 솟은 상면에 바위와도 한몸을 이루고 부족한 부분은 석주를 세워 전체적인 기둥의 높이를 맞춰 지었다. 크기를 살펴보면 전면 세 칸, 측면 두 칸으로 칸의 폭이 비교적 좁은 아담하고 정갈한 팔작지붕 건물이다. 중앙 뒤쪽에는 날씨가 좋지 않을 때를 대비하여 널빤지 벽을 뒤편, 즉 상류 쪽을 향하도록 대

청산유수를 감상하는 곳 거연정

어 꾸민 방 한 칸과 문이 있었다. 지금은 한 칸의 방문이 있던 곳에 머름대가 있고 우물마루가 깔아져 있다.

철로 만든 무지개다리인 화림교 앞에는 '옛 안의현 서쪽 화림동에 신평마을이 있었는데 산과 물이 그윽하고 깊으며 산수가 맑고 아름다워 화림제(花林齊) 전공(全公)이 세상이 어지러울 때 이곳에 은거하였다.'는 내용이 적힌 화림제전공유허비(花林齊全公遺墟碑)가 세워져 있다. 최대한 자연에 묻히고자 하는 마음에서였을까? 주위를 둘러보니 다리가 없다면 이 정자에 갈 만한 방법이 보이지 않는다.

정자 마루에 앉아 사방을 둘러보면 바위가 정자를 감싸고 바위 사이로는 푸른빛의 영롱한 계곡물이 모여 잔잔한 호수를 이루고 있어 가을이 되어 개울가의 단풍나무 잎새가 물에 떨어져 붉게 물드면 신천지가 따로 없었을 것 같다.

거연정을 지은 전시숙은 자연의 풍광을 가장 아름답게 보여주는, 사계절을 가장 잘 느낄 수 있는 장소를 찾았을 테고, 사색과 공부를 하기 적합한 곳으로 이곳을 택했을 것이다. 거연정에 앉아 계곡을 바라보니 오래된 노거수들이 하늘과 함께 맑은 물속에 비쳐지고, 시름과 번뇌는 잔물결에 씻겨 안온해지더니, 조용히 솟구치는 에너지가 전율이 되어 다독여 준다.

거연정은 계곡물이 흘러 내려가는 방향을 바라보고 앉아 있어서 아침 햇살이 물에 부딪치면 하얀 반석의 암반과 함께 평온한 느낌이 들게 한다. 또한 자연 암반 위에 둥근기둥과 처마를 받치는 활주를 이용하여 하늘로 날아오르듯 치켜세워진 처마가 한옥의 곡선미를 더해준다. 거연정의 기둥에는 추사체로 힘차게 쓴 '청산풍류'라는 글이 걸려 있다. 계곡이 흘러 내려가는 방향으로 앉은 정자의 누마루는 마

거북이 등처럼 생긴 바위에 선 군자정

루로 꾸미고, 중앙 뒤편으로는 판벽으로 막아 온돌은 없지만 바람을 막을 정도의 공간을 꾸며 놓았다.

이른 봄의 피어오르는 연녹색의 싱그러운 경치나 늦은 가을 형형색색이 물드는 아름다운 단풍에 취하고 싶은 계절에 아름다움을 감상하고 싶은 마음은 흡족히 채워졌으리라. 옛사람이나 현대를 사는 우리들이나 자연에 대한 느낌은 똑같은 모양이다.

군자정 _ 君子亭

거북의 등처럼 생긴 바위에 서있는 듯한...

경남 함양군 서하면 봉전리

한편, 거연정에서 계곡을 따라 조금 내려가면 도로 아래 발밑으로 거북이 등처럼 잘생긴 바위 위에 전면 세 칸, 측면 두 칸의 정자가 나무속에 숨듯이 서있는데 바로 군자정(君子亭)이다. 지나다니는 길에서는 잘 보이지 않는 모습으로 커다란 한 개의 돌이 주추를 이루는 것

군자정의 누하주

이 신비스럽고, 그 위로 바람이 불면 금방이라도 날려갈 듯 불안정하게 놓여 있는 모습이 특이하다. 조선시대 선비였던 전세걸이 정자를 세웠는데, 일찍이 조선 성종 때 함양에 사는 대학자 일두 정여창이 이곳에 찾아와 자연을 벗하며 시와 글을 읊었다고 하여 '군자정'이란 이름을 붙였다고 한다.

세련된 느낌의 군자정 가구

군자정은 넓은 반석 위에 약간의 기둥 자리를 만들고 그 위에 둥근 통나무를 가공하지 않고 그대로 사용한 누하주 기둥과, 높지 않은 마루를 받치는 마루 귀틀이 기둥에서 만나는 곳의 '멍에'에만 청색의 단청을 입힌 것이 시선을 잡아끈다. 건물은 홑처마 팔작지붕 건물로 계자각을 꾸민 난간을 갖추었고, 5단의 나무 계단을 측면 한 칸에 달아 놓아 이곳으로 오르내리도록 되어 있다. 단청이 없는 이 건물은 나무 색깔 그대로의 생얼굴이 운치를 더해준다. 또한 공포로 조립된 세련된 가구 기법이, 창방과 대들보에 걸린 묵객들이 남긴 현판과 어우러져 단아함과 고풍스러움을 자아낸다.

군자정은 정면이 아닌 박공 부분인 측면이 계곡을 향해 서 있어 흥미롭다. 거연정이 흘러가는 계곡물과 아름다운 자연 풍광을 만끽하게 해 주는 곳이라면 군자정은 상류에서부터 내려온 물이 계곡의 돌 사이를 구불구불 따라 흐르며 사라지는 모습의 여운으로 가슴을 서늘하게 울려 주며 깨달음을 주는 곳 같다. 이곳에서 선비들은 자연의 철학을 배우고 삶의 세월은 물처럼 흘러간다는 섭리를 느끼고자 했던 것은 아닐까.

정자는 그곳에 올라 사방으로 펼쳐진 경관을 감상해야 제멋이다. 군자정은 바닥에서 약간 들려 있는 낮은 누하주로 꾸며져 있는데, 건물의 높이는 그 건물의 용도에 따라 눈높이를 정하는 것이다. 한옥은 단순히 건물로서의 존재가 아니고 그곳에서 누릴 인간에게 가장 원하는 모습으로 기쁨을 배가 시키는 매력을 갖고 있다.

하늘로 날아오를 것 같은 모습의 동호정

동호정 _ 東湖亭

하늘로 날아오를 것 같은 모습의...

경남 함양군 서하면 황산리

단청 없이 나뭇결을 그대로 표현한 수수한 거연정과 군자정, 수줍은 듯이 나무속이나 바위 속에 숨어 있던 이 건물들에서 조선시대 선비들의 단아한 풍류와 선비사상을 느낄 수가 있었다. 만약에 황석산성 아래의 계곡에 있던 8개 정자가 모두 동일한 모습이었다면, 우리는 건물의 아름다움과 철학을 느끼는데 한계가 있었을 것이다. 그 리듬의 임펙트에 동호정(東湖亭)이 시원스럽게 넓게 펼쳐진 계곡을 따라 우뚝 서 있다. 이 정자는 은닉이라기보다는 선비들의 기상과 호연지기를 엿볼 수 있는 멋진 경관을 갖고 있다. 동호정은 덕유산 자락을 흐르는 가장 넓은 첫 번째 자리에 위치하고 있는데, 주변의 수목과의 어울림을 강조하던 거연정과 군자정과는 다르게 계곡물에 의해 수만 년간 깎아 빚은 반질반질한 반석 위에 세워진 특징을 가지고 있다.

동호정 아래로 힘찬 물줄기가 굽이치고 그 사이로는 햇볕에 반사되어 반짝이는 계곡물이 참으로 아름답다. 이렇게 남성적인 에너지와 여성스런 잔잔함이 신비롭게 어우러지는 매혹적인 공간에 팔작지붕으로 기개를 펴고, 높게 세운 누하주에 화려한 단청으로 자신을 당당히 드러내고 있는 동호정은 지나가는 이의 시선을 잡아끈다. 이러한 매력에 이끌려 동호정을 살펴보면, 동호정 역시 하나의 널찍한 바위 위에 세워진 건물로 크기는 정면 세 칸, 측면 두 칸이다. 지붕이 넓고 커서 팔각주의 날씬한 석주 위에 활주를 세워 천지인(天地人)을 표현했다. 높은 정자로 오르는 계단은 둥근 통나무 두 개를 짜귀로 깎아 발판을 만들고 이은 것으로 자연스럽기 그지없다. 이렇게 운치있고 아름다운 난간은 예전에는 정자, 또는 서원의 누마루 등 2층으로 오르는 계단에서 많이 볼 수 있었으나 최근에는 그 모습을 보기가 쉽지 않다. 이는 아쉽게도 건물을 보수하면서 관람객의 불편을 줄이기 위하여 원형을 변형시켰기 때문이다. 자연미를 물씬 풍기며 정감있던

자연미가 가득한 동호정의 누하주와 계단

자연과 조화를 이루려 한 동호정

옛 난간은 편리성에 밀려나, 크고 넓으며 기계로 자른 단면이 그대로 드러나는 어울리지 않는 모습으로 변해 버렸다.

그러므로 세월의 풍파를 이겨낸 거치른 나뭇결의 자연미와 둥글게 만들어 난간 개판 옆에 대어놓은 난간 손잡이, 디딤계단의 옛 모습을 꿋꿋하게 간직한 동호정의 자연미 넘치는 모습은 아름답기 그지없다. 정자에 오르면 눈이 부실 정도로 넓고 편편한 약 50m 정도 크기의 하얀 화강암 바위가 동호정을 떠받치고 있다는 것을 새삼 확인한다. 계곡에서 내려온 물이 이 바위를 사방으로 감싸 안으며 흘러 마치 섬처럼 느껴진다. 동호정 앞 넓은 암반의 반석에는 곳곳에 바위 이름들이 새겨진 채로 남아 있어 선비들의 손길이 보인다. 그것이 우연히 눈에 들어 냇돌 위를 껑충껑충 뛰어 찾아가보면, 그곳에는 바위의 이름이 각자되어 있다. 세월이 흘러도 인간이 느끼는 감정은 일치하고 있음을 알아차리곤 엷은 미소를 입가에 그리게 된다.

바위의 이름은 세월을 가로막는 바위라는 뜻의 차일암(遮日岩), 비파를 켜고 대금을 연주하는 자리로 가장 안성맞춤인 금적암(琴笛岩),

시를 짓고 창을 부르기 좋은 장소라는 영가대(詠歌臺) 등의 글씨가 새겨져 있다. 이 바위에 앉아 흘러가는 계곡과 바위 사이를 스쳐가는 반짝이는 물결을 보고 있노라면, 잠시나마 복잡한 세상사가 잊히고 마음이 평안해진다. 물에 반사되는 거울 같은 계곡물에서 시도 읊고 피리도 불며 자연을 벗 삼아 즐기던 선비들의 모습이 눈앞에 보이는 듯하고 금방이라도 차라도 함께 하자고 손짓하는 것 같아 마음이 은근하게 들뜬다.

동호정의 단청은 더 이상 화려하게 그리기가 어려울 정도로 화려하다. 한국 단청의 기술과 아름다움이 이곳에서 한꺼번에 승화된 듯하다. 특히 아름드리 굽은 소나무를 그대로 사용한 넉넉한 대들보에 걸린 용의 얼굴이 조각된 충량의 머리가 눈에 띈다. 좌우 충량의 머리에는 청룡과 황룡의 머리를 조각했는데, 황룡은 물고기를 물고 있

마치 단청의 전시공간처럼 느껴지는 동호정의 천장가구

▲ 공자의 학문이 전수되는 공간이라는 의미를 담은 벽화

다복의 의미인 국화꽃의 아름다운 화반 공포

황룡은 물고기를 물고 있고 청룡은 여의주를 물고 있는 동호정 충량

고 청룡은 여의주를 물고 있다.

서까래에 칠해진 뇌록과 여백에 칠해진 주황색이 대비를 이루고, 기둥 간에 연결된 수평 부재인 창방과 도리를 받치는 장혀 사이에는 커다란 화반을 조각하고 단청을 칠해 금방이라도 국화꽃이 피어 만개할 듯하다. 머리초 사이의 여백에는 시구절과 함께 선비들이 자연과 어울리는 모습을 민화로 표현해 놓았다. 대들보에는 호랑이 두 마리가 금방이라도 대나무 숲속에서 자신의 힘과 용맹을 과시하려는 듯 서로 마주보고 포효하는 모습이 너무나도 사실적으로 표현되어

선비가 가져야 할 기상을 쌍호로 표현한 대들보

세월의 무상함이 느껴지는
오래된 기와와 퇴락된 충효정려

있다. 한국 전통 단청의 진수를 볼 수 있는 묘미를 동호정에서 감상할 수 있다.

마을 입구의 동호정 위쪽 길가에는 충효정려(忠孝旌閭)가 서 있다. 임진왜란이 일어나 선조가 의주로 피신할 때 장만리가 임금을 등에 업고 수십 리 길을 걸었다고 한다. 고종 28년(1891), 정려(旌閭)가 명해져 장만리를 칭송하는 비각이 세워졌으며, 그의 뜻을 기린 후손들이 동호정을 만들었다고 한다. 자그마한 정려각이지만 화려한 봉황의 조각과 지붕 위에 해학적으로 올려 있는 생기다만 모습의 귀면 망와는 수많은 선비들을 기억할 것이고, 지금은 어떤 답사객들이 이 정자를 찾아 왔는지를 기억하고 있을 것이다. 저자인 나는 그 망와에게 이렇게 조르고 싶다. 팔담팔정(八潭八亭)을 만들고 자연을 벗 삼아 공부

한 칸 자리 정려각이지만 겹처마와 망와까지 갖춘 정성스런 모습

덕유산에서 흐르는 맑은 계곡물과 아름다운 계곡의 조화

하고 사색하던 선비들의 발자취를 찾아 왔으니 기억해 달라고.

농월정 _ 弄月亭

달을 희롱하며 노닐던 곳은 주춧돌만 남아있고...

경남 함양군 안의면 월림리

국도와 물길을 따라 나오면서 동호정의 여운이 사라질 즈음, 계곡이 완만해지면서 물의 양이 많아지고 두 번째로 계곡의 폭이 넓게 펼쳐지는 곳에 다다른다. 동호정 앞을 흘러 내려온 남강물은 농월정의 뒷산인 황석산에서 흘러내린 계곡물과 만나 모아진다. 넓게 펼쳐진 계곡과 울창한 숲, 멀리 보이는 덕유산의 산등성이가 올려다 보이는 이곳에 농월정(弄月亭)이 있다. 지금은 유원지가 되어 입장료를 내고 구름다리를 건너 정자에 오르지만, 그 옛날에는 선비들이 농월정에

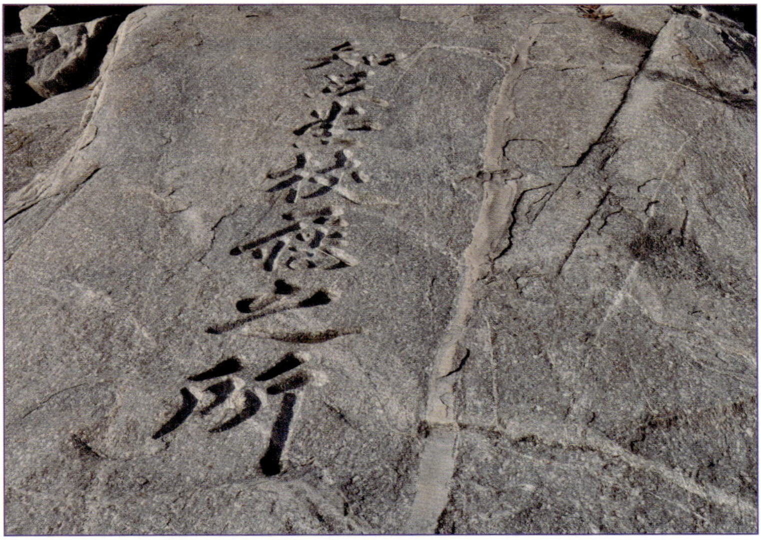

농월정 앞으로 펼쳐진 아름다운 계곡과 반석 위 글씨

가기 위해 계곡의 바위를 껑충껑충 뛰어넘었을 것이다. 농월정은 조선 선조 때 관찰사와 예조참판을 지낸 지족당(知足堂) 박명부(朴明榑)가 낙향한 후에 지은 정자라 한다. '지족당장구지소(知足堂杖屨之所; 지족당이 산책하던 곳)'란 글씨를 바위에 새겨놓아 박명부의 발자취를 느껴볼 수 있다. 정자 앞에 자리하고 있는 넓적한 바위에는 달바위(月淵岩)란 이름을 붙여 놓았다.

농월정에 오르는 길 중에 어떤 곳은 조용하고 부드러운 반면, 어떤 곳은 계곡물이 소용돌이치면서 다양한 모양을 이루고 작은 담소(潭沼)를 이루기도 한다. 선비들은 이 길을 지나면서 물줄기가 속세의 변화와 같다고 생각하지 않았을까? 이곳을 지나 달바위에 오르면 하늘나라의 이상향에 도달한 것으로 상상하지 않았을까? 이상향인 무릉도원에는 농월정이 있어 달을 희롱하면서 노닌다고 생각했다니, 이야말로 선비들의 기상이 아니겠는가.

정면 세 칸, 측면 두 칸으로 이루어진 농월정은 네모난 장대석 주춧돌을 이용하여 기둥을 받치고 팔작지붕으로 개울가에 자리하고 있다. 누정은 거연정과 마찬가지로 뒤쪽 어간에 한 칸짜리 바람막이 작은 방을 꾸미고 날렵한 추녀선을 살리기 위해 팔각주의 활주를 받치는 주춧돌을 이용하여 추녀 네 귀에 활주를 세웠다. 정자에 오르면 걸터앉거나 기댈 수 있도록 계자난간을 두르고 있다. 누마루에 오르면 넓게 펼쳐져 정자를 돌아 감아 안듯 흘러가는 계곡물의 시원스런 물소리가 들리고, 반짝이는 물결은 개울 건너 수려한 산세와 어울려 산속의 또 다른 세상에 와 있는 듯하다. 솔내음을 가득 담은 계곡 바람이 시원하게 정자 마루를 지나면 선비들은 시끄러운 세상 이야기로부터 벗어나 자연과 하나가 되어 해방감을 만끽했을 것 같다. 이것

농월정은 사라지고 말없는 계곡물만 유유히 흐르는 계곡

농월정에서 마지막까지 버티어주던 최후의 생존자 주춧돌

이 바로 정자가 주는 멋이다.

그러나 농월정은 지금 빈터만 남는 신세가 되어 지나간 시간을 이야기 할 뿐이다. 이 책을 쓰기 전 저자는 팔월의 뜨거운 햇살을 받으며 농월정을 답사하였다. 그날 계곡에는 피서객들로 북적대어 도저히 지족당 선생의 모습을 생각할 수 있는 아름다운 농월정을 촬영할 수가 없었다. 그리고 다음 해에 다시 농월정을 찾아 갔을 때 농월정은 그곳에 없었다. 안타까운 현실에 직면한 것이다. 자연재해와 인재에 의하여 농월정의 모든 것이 사라지고 활주를 받치던 주춧돌과 누마루를 지지하던 몇 개의 돌들만이 지나간 시간을 말하고 있을 뿐이었다.

아름다운 정원 소쇄원과 가사문학의 발원지

광주호 주변의 정자

1. 소쇄원의 건축

전남 담양군 남면 지곡리

죽림 사이로 선비의 숨결을 느낄 수 있는 담양은 광주호를 경계로 창평뜰이 넓게 펼쳐져 있어 옛날부터 넓은 들판 덕택에 풍요로운 농경이 이루어진 곳이다. 광주호를 끼고 굽이굽이 꺾여지는 887번 지방도를 따라 화순으로 넘어가는 길에 첫 번째 만나는 식영정 언덕 아래로 달리다 보면, 가사문학관이 나타난다. 가사문학관 앞으로는 무등산이 바라다보이고, 조금 올라가면 가치봉 아래 지곡리 관돌 마을

소쇄원의 아름다운 전경을 표현한 입구에 세워진 안내지도

에 다다른다. 887번 지방도에서는 소쇄원이 보이지 않으나 최근 들어 관광객이 몰리면서 주차장이 정비되어 안내판과 소쇄원 입구라는 이정표가 눈에 들어온다. 지방도에서 왼쪽 편으로 난 길을 따라 관돌마을의 몇 집을 지나가다 보면 커다란 왕대가 하늘을 찌르듯이 시야를 막고 서 있다. 이 왕대 숲은 숲 뒤에 무엇인가 비밀스런 것을 허리춤에 숨겨 놓고 기다리는 듯한 느낌을 주어, 처음 이곳을 찾는 이에게 기대감을 주기에 충분하다.

시원스럽고 늠늠한 자태의 푸르른 대나무 숲에 취하여 걷다 보면, 전면에 초가지붕의 사모지붕 정자와 커다란 고목 숲 사이로 팔작지붕이 눈에 들어온다. 초가집의 이름은 '대봉대'로 이곳을 찾는 손님들을 특별한 손님으로 맞이하겠다는 집주인의 마음을 읽을 수 있는

찾아오는 이들을 극진히 모신다는 의미의 소쇄원 대봉대 앞의 여름

곳이다. 제일 먼저 이곳의 대봉대에 다다르고 나면 소쇄원의 답사를 알리는 전주곡이 시작된다.

소쇄원은 조광조 선생의 제자 양산보가 고향으로 낙향하여 지은 건물이다. 조광조 선생은 조선초 기묘사화(1519년)로 국가의 안위를 직설한 것 때문에 두 번을 죽게 되는 부관참시라는 매우 처참한 죽임을 당했다. 스승의 이러한 죽음을 목격한 양산보(梁山甫, 1503~1557)가 고향에 내려와 세속의 뜻을 버리고 지은 건물인 소쇄원은 조선시대의 정원건축을 대표한다. 그래서인지 길에서는 보이지 않도록 하였고, 왕대나무 숲 속에 펼쳐놓은 정자와 정원의 모습은 자연과 인공을 어우러지게 조화시켜 소박하고 편안하며 아름답다.

당시 호남사림 문화를 이끌던 호남의 문화와 사상의 맹주 김인후를 비롯하여, 가사문학의 대표 학자인 송강 정철과 송순, 김윤제, 고경명, 임억령 등이 소쇄원을 찾았다. 그들이 이곳에서 아름다운 정원을 벗하며 풍부한 문화를 꽃피게 함으로써, 소쇄원은 가사문학의 발상지의 역할을 담당하게 되었다.

양산보 선생은 어려서 매우 지혜롭고 명석하여 나이 제한을 둔 조선시대 과거시험에서 특별히 왕에게 합격을 하사 받은 사람이다. 특히 자신의 스승이신 조광조 선생의 굳은 의지를 존경하여 그를 따르다가 스승의 죽음을 목격한 후 고향마을에 내려와 은둔생활을 시작하게 되었다 한다. 후손의 말에 의하면, 선생이 낙향하여 생활하던 중 기르던 오리들이 저녁이 되어도 집으로 돌아오지 않고 없어지자 오리를 찾으러 나섰다가, 지금의 광풍각 아래에 있는 커다란 바위에 막혀 오리들이 오지도 가지도 못하고 그 밑에 모여 있는 것을 발견하였다 한다. 이때 양산보 선생이 주변을 돌아보니 주변 경관이 아름다워 이곳에 정자를 짓기 시작하였다고 전한다. 또한 이렇게 커다란 정자를 지을 수 있었던 배경에는 양산보 선생이 창평평야의 넓은 들을 경작하는 부농집의 아들이기에 가능했다고 한다. 그 후 이곳에 소쇄원을 짓고 계곡 초입에 대봉대를 지어 대문의 역할을 하였다. 주인집의 안채에 해당되는 내원에는 주인집의 안채에 해당되는 제월당을 짓고, 사랑채에 해당되는 외원에는 광풍각을 지었다. 소쇄원을 거닐고 있자니 출세의 길을 접고 세상의 복잡함과 피비린내나는 권력다툼으로부터 벗어나고자 했던 선생의 담담한 마음과 깨끗한 선비 정신이 느껴진다.

소쇄원의 아름다움은 어느 방향에서 바라다보나 부족함이 없지만 당시 선생의 건축 의도를 느끼면서 감상하는 것이 필요하다. 그래야만 소쇄원에 담겨진 양산보 선생의 진정한 마음과 선비로서의 품성을 느낄 수가 있다.

한옥의 아름다움을 느끼는 방법으로 대부분의 사람들은 멀리서 관찰자의 입장에서만 바라보는 경향이 있다. 더욱이 정원에서는 그러한 경향이 두드러지는데, 정원 안에는 한옥의 정자가 있고 그 주변에 자연이 함께 한다. 정자를 지을 때는 숲과 바위가 아름다워서 자리를 잡게 되지만, 더욱 중요한 것은 정자를 지음으로써 더욱더 자연을 내 품에 안을 수 있고 내가 생각하던 처음의 생각이 이루어지는 곳에 장소를 정하게 된다. 따라서 당시 집주인이 원하던 참 마음을 이해하려면 정자에 올라 자연을 바라보며 그 정취를 음미해 보아야 하지 않을까. 문화재의 보존 차원에서 함부로 오를 수 없는 곳이라면 그 경관을 조망할 수 있는 곳에 자리해 보고 곰곰히 느껴보는 정성이 필요할 것이다.

소쇄원의 대봉대에 잠시 앉아 계곡 건너편을 바라다 보자. 발아래로 보면 계곡에서 흐르는 물을 바위 틈 사이로 흘러들어 오도록 하기 위해 통나무를 반으로 자르고 깎아 수로를 만들었다. 이 수로를 따라 계곡의 물이 대봉대 아래의 두 개의 연못으로 흘러들어 온다. 푸른 잎사귀가 싱그러운 창포가 심어져 있는 상연지와 하연지를 거친 물은 폭포가 되어 다시 광풍각 아래 절벽으로 작은 폭포가 되어 떨어진다. 대봉대를 지나면 자연스럽게 동선을 유도하는 담장이 둥글게 둘러져 있다. 이곳에 서면 얼른 계곡 건너편으로 건너가고 싶은 마음을 억제 할 수 없을 정도로, 건물이 약간 고개를 옆으로 돌려 앉은 수줍은 여인의 모습처럼 자리하고 있다.

나무 수로를 타고 대봉대 발아래로 흐르는 신비스러운 계곡물

▲ 대봉대에서 계곡 너머 시선을 이끄는 제월당

뒷산을 닮은 전통 담장의 자연스러움이 느껴지는 오곡문

오곡문 아래로 흘러들어 오는 계곡물에 투영된 소쇄원 풍경

담장 아래 길은 내원으로 가는 길로서 이곳이 어디인지를 밝히는 이름표가 담장에 기록되어 있다. 이 담장은 토석담장으로 기와로 지붕을 얹고 오곡문(五曲門)이라는 글자 위에는 4장의 암막새를 사용하여 담장 아래로 물이 흐르고 있음을 나타내고 있다. 이 토석담장 아래는 뒷산에서 발원한 맑은 계곡물이 사시사철 흐르고, 담장 뒤편으로 우물이 있어 우물가로 드나드는 문의 역할과 수로 역할을 한다. 이처럼 토석 담장 아래는 별도의 길이 없다. 흐르는 계곡물 위에 놓여진 몇 개의 디딤돌을 밟고 나서면 담장 아래엔 우물이 있고 멀리 뒷산의 전경이 시원하게 펼쳐진다.

뒤를 돌아 소쇄원을 담장 아래로 살펴보자. 멋진 액자틀처럼 보이는 담장 아래는 제월당으로 넘어가는 나무다리가 있다. 다리의 좌우에 봄에는 진달래, 여름에는 창포 꽃이 흐드러지게 피어 자연이 그린 한 폭의 수채화 액자가 시야에 들어오니, 싱그러운 숲의 초록, 수줍은 연분홍, 청초한 연보라의 하모니가 너무도 아름다워 보는 이의 숨을 멎게 한다.

이곳을 지나 바위 위에 몇 개의 자연석을 조심스럽게 놓아 건너도록 되어 있는 징검다리를 건너면, 소쇄원으로 들어가는 길이 된다. 이 징검다리와 대나무 숲의 공명을 따라 들리는 시원스런 물소리가 일품인 계곡물은 우리 전통 건축에서 흔히 집이나 마을 앞에 흐르는 개울과도 같은 철학이 담긴 장소이다.

전통 건축에서는 공간의 구분과 함께 벽사의 의미로서 속세의 복잡하고 좋지 않은 일과 액운들을 차단하는 의미로 물을 사용하고 있음을 발견하게 된다. 자연을 이용하던 풍수도참사상, 자연도 영혼을

제월당으로 들어가는 징검다리의 봄의 아름다움

문패의 곡담과 화계 앞에서 본 오곡문의 봄

가지고 우리와 함께 호흡하고 있음을 보여주는 모습이다. 그 예로는 사찰의 초입에 무지개다리를 만들어 두거나, 배산임수에 맞추어 마을 앞으로 풍부한 수량의 개울이 흐르도록 자리한 것을 볼 수가 있다.

사찰에서는 천왕문을 두어 부처님의 세계에 그릇된 것들은 사천왕이 눈을 부릅뜨고 혼내주는 모습을 볼 수가 있고, 마을 입구에는 장승과 솟대를 두어 마을의 안녕을 기원하는 모습을 볼 수가 있다. 이와 같은 의미에서나 어떤 극적인 공간 연출의 의미에서나 소쇄원의 바위 위에 놓여진 걸렁거리는 쟁반만한 징검다리는 소쇄원의 아름다운 정원으로 우리를 안내한다.

징검다리를 건너서면 계단식으로 꾸며진 화계가 있고 그 아래로 난 오솔길은 제월당과 광풍각으로 우리를 이끈다. 이 화계에는 각종 꽃을 심어 무심한 마음을 화사하게 밝혀주고, 가을에는 아름다운 단풍이 곱게 물들고 겨울에는 흰 눈꽃이 흐드러지는 아름다움이 있다.

집의 대문에 걸린 문패를 표현한 아름다운 토석담장

화계 최상단에는 가운데 담장을 솟을 담장으로 꾸미고 절에서나 사용했을 것 같은 오래된 연꽃무늬 수막새와 처마를 이용하여 소서경사양공지려(瀟栖慶士梁公之廬)라는 집주인의 이름이 긴 직사각의 흰 회벽판에 검정 글씨로 쓰여 있다. 이곳이 정식으로 대문 위의 문패에 해당된다. 여느 집들의 경우 대문 위에 효자와 열녀 현판은 있으나 집

선생의 이루지 못한 꿈을
간직하려는 소쇄원 상사화

용추를 거쳐 떨어지는 세심의 수로

주인의 이름을 담장에 써놓은 예는 매우 드문 예이다. 하회마을의 남촌댁 사당의 동편 벽에 전서체의 충효라는 것은 있지만, 매우 드문 경우로 한옥에서의 색다른 만남인 것은 분명하다. 더욱이 임시거처라고 표현하는 글을 보면 양산보 선생의 세속의 욕심에 물들지 않으려는 마음을 읽을 수 있다. 천년만년 속세에 머물 수 없는 것이 인생이므로, 이곳은 잠시 쉬었다 가는 장소이고 다음 사람들 또한 이곳에 잠시 머무르다 거쳐 가는 존재임을 말해주고 있다.

계곡에 가깝게 앉아 있는 광풍각에서 사방을 둘러보자. 계곡을 따라 바위 위에서 떨어지는 물은 시원한 물소리와 함께 선생의 마음 저 아래 깔려 있는, 세상에 대한 부질없는 번민의 탐욕을 씻어주고 달래주는 힘이 되어 힘차게 용추 아래로 떨어진다.

광풍각 _ 光風閣

광풍각은 팔작지붕으로 화려한 지붕가구 구조이면서 울창한 나무 그늘에 묻혀 화려하지 않으며, 나무숲에 숨어 있는 새의 둥지처럼 포근하기만 하다. 정자 가운데는 한 칸 자리 온돌을 만들어 넓은 마루 공간에서 지낼 수 없는 초봄이나 늦가을에도 아니, 흰눈이 펑펑 쏟아지는 겨울에도 자연의 광활한 기운을 포용할 수 있도록 하였다. 하얀 피부를 가진 둥근기둥의 모서리에 앉아 대봉대 옆을 지나 흐르는 물줄기를 유도하는 통나무 수로는 계곡물을 나른다. 이 수로는 풍부한 양의 물을 나르기에 자연히 물이 넘쳐, 지나가는 길에 반은 다시 계곡에 놓고 간다. 우리는 무엇을 생각할 수 있을까? 선조들이 만든 조형물들은 대부분 여러 의미를 함축하여 하나의 결과물이 된다. 그것이 한옥에서 쉽게 찾게 되는 기능이다. 양산보 선생은 이 수로를 크게 만들 수도 있었겠지만, 욕심을 버리고 내가 풍부하게 가진 것을

새의 둥지속에 앉아 있는 듯한 광풍각

골고루 나누어 주는 의미로서 더 나아가서는 나에게 필요한 만큼만 취하고 나머지는 필요한 이를 위하여 자연의 이치에 순응하며 환원하고자 하는 뜻으로서, 선생이 원하는 크기의 수로를 만든 것은 아닐까? 어쩌면 양산보 선생은 계곡에서부터 힘차게 내려오는 물이 통나무 수로를 통과하여 흐르는 과정에서 덜고 덜어져 필요한 만큼만 취하고 어리석도록 과하게 탐하지 않음으로써, 진정한 마음의 자유로움과 충만함의 카타르시스를 경험하며 자신의 마음을 정제하였는지도 모르겠다. 잠시 시원한 물소리를 뒤로 하고, 광풍각 건물을 살펴보기로 하자.

광풍각은 정면 세 칸에 측면 두 칸의 크기로 가운데 어간이 넓게 되어 있는 홑처마 백골집의 둥근 기둥 위에 팔작지붕 형식이다. 가운

따스한 햇살이 대청마루에 비치는 광풍각의 아침 풍경

뜨거운 여름의 태양도 비켜가는 광풍각

데 한 칸은 온돌방으로 꾸며져 있는데 온돌방의 들어열개 문을 열어 대청마루 대들보에 걸면 사면이 한 눈에 들어오는 한옥의 아름다움의 하나인 통마루의 멋을 느낄 수 있다. 누정건축으로 여느 집에 있는 누정과는 사뭇 차이를 보인다. 누마루가 아니고, 가장 높은 곳도 아닌 소쇄원에서 가장 낮은 위치에 자리하고 있다. 즉, 제월당이 달을 따라 움직이는 하늘을 품에 안았다면, 광풍각은 폭포 아래 소쇄원의 가장 낮은 곳에서의 계곡물 소리를 담으려는 양산보 선생의 의도가 있다. 양산보는 물소리를 가장 잘 들을 수 있는 높이를 찾으려 여러 번 광풍각의 모습을 바꾸었다고 전하고 있다. 계곡에서 떨어지는 폭포를 볼 수 있고 대봉대로 통나무 수로로 건너간 물이 연지를 따라가다 흘러 떨어지는 앞에 광풍각의 대청마루는 넓게 펼쳐지는 자연과 물의 흐름을 따라가는 환상적인 모습을 볼 수 있다.

하늘을 날으려는 봉황의 날개짓처럼 지붕선이 일품인 제월당

제월당 _ 霽月堂

광풍각 뒤로 보면 하늘을 나는 듯한 지붕이 보이는 제월당의 처마선이 갓을 쓴 선비처럼 환하게 바라다 보인다. 정면 세 칸, 측면 두 칸으로 된 이 건물은 팔작지붕에 계곡을 향하여 네 칸의 대청마루와 두 칸의 온돌방으로 꾸며져 있다. 제월당은 광풍각과는 다른 분위기

제월당 대청마루의 균형미와 고즈넉함

달의 그림자를 쫓는 제월당 추녀

를 보여준다. 깊어가는 가을 밤 달빛이 오래도록 머무는 제월당에서 소쇄원의 풀벌레 소리와 멀리서 들려오는 계곡물 소리를 자장가 삼아 깊은 잠에 빠질 듯 소박한 삶을 살고자 했던 양산보의 모습을 생각 할 수 있다. 그리고 대청 가운데에는 바라지창 위쪽 도리에 시원스럽게 검정 바탕의 현판에 새하얀 글씨로 '제월당(霽月堂)'이라 씌여 있다. 우암 송시열 선생의 글씨라 한다. 그 옆에는 제월당에 48인의

오곡문을 따라 산으로 오르는 곡담의 자연미

고암정사터로 향하는 운치있는 소쇄원 담장

의견을 같이 하던 분들의 기록이 있는데, 이 글은 장성의 필암서원에 모셔져 있는 하서 김인후 선생이 쓴 글이다. 김인후 선생은 양산보의 둘째 아들인 고암 양자징 선생의 사위이면서 제자가 된다. 처마 끝을 따라 흐르는 달을 따라가는 느낌이 드는 소쇄원 제월당에서는 속세에서 좀 더 벗어난 느낌이 들도록 시야가 좀 트여지게 된다. 지형적으로 보면, 왕대죽 숲 안쪽 아름다운 계곡 위에 광풍각이 있고, 그 위에 대봉대가 자리하며, 그보다 약간 높은 곳에 제월당이 자리하여 소쇄원의 가장 높은 자리가 된다. 양산보의 아들인 고암 양자징 선생은 제월당 옆에 고암정사를 짓고 후학을 가르쳤다는 기록이 있고 소쇄원도(瀟灑園圖)에도 그 건물이 있으나 현존하지 않는다. 광풍각과 제월당의 옆쪽 대나무 숲 아래 넓은 공터가 있다. 이 공터에서 최근에 고암정사가 있는 곳이라 하여 발굴조사가 있었고 건물시설을 발견하였다.

소쇄원을 통하여 제월당과 광풍각의 편액의 의미에도 양산보 선생의 맑고 깨끗한 마음이 담겨 있지만, 나오는 길에 다시 만나게 되는 사시사철 푸르른 왕대나무 숲은 바람에 시원한 소리를 내며 뜨거웠던 젊은 선비의 한을 어루만져주는 것 같다. 이곳은 현대를 살아가는 우리들에게도 진정한 삶의 의미를 돌이켜 보는 사색의 장소로서, 앞으로만 내달리던 마음을 잠시 숨 고르기 할 수 있는 마음의 교육 장

자연에 은닉하던 선생의 의미를 이해할 것 같은 광풍각 뒤의 풍경

소로서 더욱 아름답게 느껴진다.

최근 담양군을 소개하는 영상 홍보물에 빠지지 않고 등장하는 소쇄원의 왕대나무 숲은 지금은 들어 갈 수 없어 아쉽다. 그러나 양선생의 대금연주와 국선생의 대나무 푸른 가지를 잡고 공간을 가르며 펼치던 서늘한 춤사위는, 자연을 가슴에 품고 대나무의 기상을 예술로 승화시켜 올곧은 선비의 정신을 흠모하는 후대의 절제된 연서(戀書)를 들려준다. 이 때문에 소쇄원은 선비의 발자취가 살아 숨쉬는 애틋한 장소로 나의 머리 속에서 기억되고 있다.

2. 가사문학의 발원지 무등산 자락의 정자

조선시대 새로운 문화의 장이 열리게 된다. 바로 가사문학이다. 가사문학은 고려 말부터 시작하여 3·4조 4·4조 음운을 가진 시가 형식의 문장이다. 자연과 우주의 원리 조화, 그리고 남도만이 갖는 사람의 가슴 아래로부터 애잔하게 흔드는 기운이 만나는 곳이 이곳 광주와 담양이다. 그리고 이와 같은 정신문화는 글과 음악으로 표현되고 자연과 인간이 동화되는 과정을 보여주는 학문의 발원지이다. 그래서 많은 선비들이 마음으로 말하고 싶어 모인 곳이 이곳이다. 특히 이곳 창평 뜰을 흐르는 증암천은 옛날부터 목백일홍(=배롱나무) 나무가 강변에 가득하고 한여름의 뜨거운 기운을 받은 꽃들이 떨어지면 강물을 붉게 적시어 푸르른 버드나무 아래로 붉은 꽃들이 둥실둥실 뜨는 모습에, 이곳의 지명이 배롱나무의 자미와 개울을 나타내는 탄을 합해 '자미탄'이라 불리게 되었다 한다. 가사문학의 대표적인 학자들은 이곳에 자연스럽게 정자를 짓고 이렇듯 아름다운 자연을 흠모하며 노래하고 우주의 진리를 찾고자 하였다.

면앙정 _ 俛仰亭

퇴계 이황을 비롯한 선비들이 학문과 시문을 펼치던 면앙정

전남 담양군 봉산면 제월리

면앙정은 면앙정 송순(1493~1582)이 선비들을 가르치며 여생을 보내던 곳이다. 광주에서 29번 국도를 가다가 887번 간선도로를 이용하면 봉산을 지나 제월리 끝지점에 불쑥 솟은 언덕 위에 면앙정이 자리하고 있다. 면앙정은 지형적으로 영산강과 그 지류인 오례천이 합수되는 지점 상류쪽에 자리한다. 정자로 오르는 길은 가파른 돌계단이 앞을 막고 숨이 턱에 다다를 즈음하여 평지를 걷게 한다. 만약

학문의 초입에서 만난 지혜의 계단 면앙정

학문과 시문을 펼치던 곳 면앙정

이쯤에서 정자가 보이지 않았더라면, 사람들은 정자로 오르는 길을 더욱 힘들게 느꼈을 것이고 포기하는 사람도 있었을 것이다. 면앙 선생도 우리와 같은 생각이 있었기에 면앙정 정자의 지붕이 커다랗고 아름다운 나무 사이로 미리 살짝 보이도록 하지 않았을까. 걸음을 멈추고 살짝 고개를 들어 위를 보면, 마치 '나 여기 있어' 라고 부르듯이 기와지붕이 살포시 손짓한다. 그러니 다시 시작하게 된다. 다시 가파른 돌계단을, 정자를 옆으로 두고 오르다 보면 넓은 장소가 나오고 하늘과 정자가 만나는 언덕 끝 지점으로 부른다. 면앙정의 계단은 처음에는 경사가 심해 오로지 땅만 보고 오르게 한다. 계단오르기에 지쳐 어려울 때는 목표가 보여 포기할 수 없게 하면서 우리를 정자로 안내한다. 이어 정자에 오르면 유유히 흐르는 영산강과 넓게 펼쳐진 들판, 저 멀리 광주시의 끝자락까지 보인다.

면앙정에 오르는 과정을 통하여, 겸손하게 머리를 숙이고 정진하며 힘든 시간을 이겨내면, 넓은 세상을 볼 수 있다는 흐트러짐 없는 선비의 정신과 삶의 발자취를 다시 한번 마음속에 새겨보게 된다.

나는 이곳에서 한 가지 궁금증이 생긴다. 면앙정은 왜 영산강의 다음 지류인 증암천, 즉 소쇄원과 식영정, 환벽당, 취가정이 접해 있는 무등산 아래가 아닌 조금 멀리 떨어진 오례천에 자리하고 있을까. 사방이 막혀 있고 은둔하기 좋은 증암천의 용소 부분도 좋지만 넓은 들판과 끊임없이 펼쳐진 산을 강 너머로 볼 수 있는 이곳이 선생의 관용과 대도를 중시하던 삶과 관련이 있지 않을까? 이곳에서 다양한 자연 환경의 변화를 보면서 여러 문인들과 학문과 시문을 펼쳐 우리나라 문학사에 각인되는 가사문학이라는 아름다운 문화를 꽃피웠다.

면앙정은 전면 세 칸, 측면 세 칸 반 크기의 장방형 평면구조를 갖고 있는 팔작지붕 형태이다. 중앙에 온돌방을 만들고 주위를 마루로

추녀 아래 펼쳐진 문학의 벌판 영산강

만들어 은닉하는 모습의 구조이다. 정면으로 섬돌을 오르면 세살문을 갖는 문 위에 면양정의 편액이 걸려 있다. 마루는 난간을 두르고 있는데, 한편에는 태극문 원의 화반을 꾸민 난간이고 다른 부분은 단순히 돌란대의 수평 팔걸이 난간을 꾸몄다. 자연석으로 덤벙주춧돌에 원형기둥을 세우고 그 위에 주두를 이용하여 기둥머리를 만들고 연화꽃을 양각으로 조각한 공포로 지붕가구를 받치고 있다. 사방으로 받쳐진 공포는 연꽃에 받쳐진 것처럼 표현되어 있고 그 위에 대들보와 수평으로 기둥을 연결하는 도리가 만나 전통한옥의 결합과 조형미를 더해준다. 면양정은 화려하면서도 지붕을 낮추어 소박하게 표현되어 있는 모습이 인상적이다. 하나하나는 화려하고 조형미가 있으나 합하여 보면 소박하기 그지없는 우리의 한옥은 그 표현미의 아름다움이 최고이다. 여름이 되어 온돌방의 사방으로 닫혔던 문이

간결한 양식의 건물이지만, 역사적 가치가 큰 면앙정의 모습

기둥 위에 받쳐진 연화꽃 모양의 공포의 조형미

천장에 걸리면 자연과 한옥이 하나가 된다. 자연은 하늘을 지붕으로 삼고 사람은 한옥의 지붕으로 하늘을 인식하니, 인간의 이치는 자연에서 그 원리를 찾고 자연과 함께 하려는 의도가 있어 아름답다.

식영정 _ 息影亭

무등산 증암천 목백일홍 언덕 위의 송림에서 만난 식영정

전남 담양군 남면 지곡리

면앙정에서 또 다른 가사문학의 발자취를 만나기 위해서는 창평이 있는 광주호로 가게 된다. 나는 마음으로 배를 만들어 타고 영산강을 흘러가다가 물살이 잔잔하고 맑은 물이 흐르는 영산강의 지류를 타고 가고 싶다. 개울의 이름은 증심천이고 무등산에서 흐르는 물이 영

산강으로 흐르는 개울이다. 그곳은 가사문학의 발원지인 까치봉과 무등산의 사이가 된다. 무등산 정상에는 입석대와 서석대가 있다. 서석대에서 바라보면 까치봉 아래 명당이라 하여 식영정(息影亭)이 자리하고 있다.

중국의 선비 중 그림자에 대한 갈등으로 고민하던 사람이 있었다고 한다. 그는 매일 움직일 때마다 자신의 몸에 붙어 다니는 그림자를 자신과 분리시키고 싶었으나 아무리 해도 떨어지질 않았다. 그러던 어느 날 이 선비는 나무 아래 그늘로 몸을 숨기니 그림자가 사라졌다고 한다. 서하당 김성원 선생은 이 일화에서 진리를 얻어 명당에다 「그림자가 쉬고 있는 곳」이라는 뜻으로 정자이름 '식영정'을 짓고, 정자 주변에는 소나무를 가득 심어 봄, 여름, 가을, 겨울 항상 그림자가 드러나지 않게 하였다고 한다.

우리가 현상학적으로 인지하는 그림자가 주는 교훈은 내적 깨달음의 통로가 되어 자기통합을 이루는 과정을 안내해 주는 것이리라. 내적 자아와 외적 자아의 불안한 동거. 그 치열한 싸움에서 자신의 에너지가 고갈되고 무력감을 느끼게 되었을 때, 그 그림자를 쉴 수 있도록 휴식의 공간을 마련한다는 것은 얼마나 현명한 선택인가. 이렇듯 휴식을 취하며 에너지를 재충전하기 위하여, 거대한 자연을 어미품으로 정하고 정서를 회복하려 하거나 누리고자 할 때 정자는 단순한 건축물이 아니고, 깨달음과 회복의 안내자라 해도 과언은 아닐 듯 싶다.

아름드리 소나무 사이에 지어진 이 정자에서 여름날 대청에 앉아 보면, 발 아래로 목백일홍의 붉은 꽃이 가득하고 소나무 사이로는 잔잔한 강물, 지금은 광주호의 물이 갈대와 어울려 조용한 호수의 풍경을 느끼게 한다. 창평 뜰에서 걸어 이곳으로 오는 길은 크게 두 언

식영정의 자연을 담은 내부 천장가구와 나무들의 선율

덕을 넘어 들어오게 된다. 꼭 쉬었다 가지 않으면 안 될 거리에 정자가 있다.

식영정은 서하당 김성원이 장인을 위해 지었다는 이야기가 전해진다. 부인이 얼마나 사랑스러웠으면 그리했을까 생각도 해본다. 최근에 우리는 국가를 이끌어야 할 지도자들이 중용을 잃고 가까운 주변의 환경에 의하여 곤욕을 겪는 모습을 보며 안타까워한다. 이곳 식영정 기둥에 기대서서 강물로 비추어지는 햇빛을 바라보며, 수신제가

자미탄이 내려다 보이는 식영정 대청마루

식영정의 부용정 연못과 정자의 여름날의 스케치

후치국평천하(修身齊家後治國平天下)를 생각하며 내 주변부터 행복하게 하는 방법을 생각해 보는 것도 중요할 것 같다.

한편, 우주의 섭리와 자연의 순리를 따르면 어려운 번뇌로부터 심신이 자유로워질 수 있다는 깨달음도 얻는다. 식영정에서 '욕심의 끈을 잡고 있으면 그 끈이 자신을 묶어 자기자신을 억압하여 고통스럽게 하지만, 그것을 던져버리면 욕심과 욕망으로부터 묶여 있지 않기에 자유로워질 수 있다'는 것을 배웠으면 한다.

이렇듯 깨달음을 주는 식영정 아래에는 사당과 장판각, 그리고 부용정과 서하당이 자리하고 있다. 누마루 형식의 부용정은 한 칸은 누마루로 만들고 한 칸은 온돌방으로 만들었으며, 건물 아래로는 연

부용정과 서하당이 어깨를 마주하며 여름을 달래는 오후 풍경

지를 두었다. 부용정은 한 칸의 누마루와 온돌방을 두고 정자에는 계자난간을 꾸민 건물로, 누마루 아래로 계곡에서 내려오는 물을 모아 방형 연못을 만들었다. 여름날 누마루에 앉아 자미탄을 보는 것만으로도 여름의 강렬한 태양을 막을 것 같은 시원함이 전해온다. 서하당은 산 아래에 바짝 붙이고, 전면 두 칸을 누마루로 전면 한 칸,측면 두 칸을 온돌방으로 두었다. 온돌방 아래는 아궁이를 두기 위하여 반 칸을 들여 밀어 툇마루를 꾸미고 있다. 서하당 동쪽 편으로 약간의 구릉 위에 별도의 담장으로 꾸며진 장판각은 집 주인의 학문에 대한 정열을 느낄 수 있는 특별한 공간으로 정성을 다한 모습을 볼 수 있다. 이곳에서 김성원 선생이 읊던 시는 이곳의 아름다운 풍경을 보고 자연을 통하여 얻은 맑은 마음을 표현하고 있다.

속세를 벗어나 평범한 삶을 살아가는 내용의 「양파에 오이 심어」 중 "아침나절 김매고 물주고 도롱이 벗어놓고 단잠을 잔다"는 구절은 바쁜 일상에 쫓기며, 도태되지 않으려고 허덕이는 우리의 마음을 진정시키는 보약 같다. 송강 정철도 식영정에서 "성산별곡(星山別曲)"을 통하여 식영정 앞의 모습을 노래하고 있다. 세월은 흘러 옛 분들은 없지만, 그들의 정열과 사상은 남아 서하당의 한 부분을 차지하고 있다.

뜨거운 어느 여름날 나는 서하당에서 흘러나오는 대금소리를 따라 갔다. 강렬한 태양이 이글거리는 오후 나절 녹음과 매미소리가 한창 여름의 절정으로 끌어가는 시간에.... 대청마루에서 울려 퍼지는 남도문화의 멋, 고수의 북소리에 어우러지는 남도 창(唱)을 들었다. 고수의 북소리, 그리고 선율을 따라가는 명창 국근섭 단장의 애절한 마음에서 울리는 목소리, 솔가지를 손에 쥐고 날렵하게 꺽어 접는 정

무등산을 보며 자리한 남도문화의 사랑방 서하당

서하당의 창문 사이로 더위를 식히는 대금의 음율

열의 춤사위 감성무, 그리고 노래를 받아 넘기는 추임새에 잠시 넋을 잃었다.

그리고 잠시 후 양산보 선생의 후손인 양동명 단장으로부터 「소쇄원」이라는 제목의 대금을 들을 수 있었다. 이 분들은 자미탄의 멋을 자랑스럽게 생각하고 지금도 김윤제 선생이 심었다는 수 백 년된 왕버들 아래에서 '왕버들 축제'라는 제목으로 예술인들이 모여, 축제를 연다. 그곳을 찾는 모든 이에게 정열을 바쳐 옛 분들의 멋과 마음을 무료로 전하고 있다. 그들의 애향심은 사뭇 깊어서 남도 문화의 전달자로 현대를 살아가는 우리들에게 역사를 간직한 문화의 맥을 이어주고 있다. 여름의 끝자락에서 옛 분들의 발자취를 따라 거닐던 어느 날, 자미탄의 길가에 붉게 핀 목백일홍나무 아래서 서하당 대청마루로부터 들려오는 대금소리에 맞추어 내 손에 가사 없는 음율을 느끼면서 이렇게 써내려가고 있다.

"서하당 누마루에 앉아 소쇄원의 대금 소리를 듣노라니, 매미소리는 여름의 끝자락을 붙잡고 가지 말라 하네. 대금의 선율은 대청마루의 공명을 타고 은은히 '아(亞)'자(字) 난간 사이를 울려 퍼지니, 이곳이 바로 가사문학의 중심, 조선시대 선비들이 자연과 어울린 마음의 고향일세. 산천은 찾는 이를 포근히 품에 안아 창(唱)으로 달래주고, 대금의 음율은 식영정 소나무 사이를 울려 무등산을 깨우네."

환벽당 _ 環碧堂

김윤제 선생의 숨결이 느껴지는 증암천 용소와 환벽당

광주시 북구 충효동 387

광주호 상류 창계천(蒼溪川)가의 충효동쪽 언덕 위에 높다랗게 자리 잡은 정자가 있다. 이 정자는 환벽당으로 사촌 김윤제(沙村 金允悌 1502~1572)가 창건했다고 한다. 문화해설사의 말에 의하면, 이곳 환벽당의 당호(堂號)는 영천자 신잠(靈川子 申潛)이 지었으며, 벽간당(碧澗堂)이라고도 불리워지며, 고경명(高敬命)의 유서석록(遺書石錄)에 기록되어 있다고 한다.

김윤제(1502~1572) 선생은 광산 김씨로 무등산을 넘어 가는 길목의 충효리에서 태어났다고 한다. 이 지역은 현재의 충효동으로 분청사기 가마터가 있고 전시관이 있는 곳으로 옛부터 산이 깊고 나무가 많으며 물이 풍부해 도자 산업이 발달하였다. 특히 중앙에 납품하는 도자기를 생산하는 지역으로도 유명하다. 분청사기에서 인화기법을 비롯하여 전라도 지방을 대표하는 문양인 조화기법의 분청사기 생산 지역이며, 더욱이 분청사기와 백자를 한 가마 안에서 동시에 구워 생산하는 도요지로서 도자사 연구에 매우 중요한 지역이기도 하다.

김윤제 선생은 1532년 문과에 급제하여 승문교리겸춘추관(承文校理兼春秋官)으로 벼슬길에 나아간 뒤 홍문관교리(弘文官校理), 나주 목사 등의 지방관을 역임하였다. 관직을 떠난 뒤에는 고향인 이곳으로 돌아와 환벽당을 짓고 후학 양성에 힘썼는데, 송강 정철(松江 鄭徹 1536~1593)과 식영정을 지은 서하당 김성원(棲霞堂 金成遠) 등이 대표적인 제자이다. 임진왜란 때의 의병장으로 나라를 지킨 공덕을 가진 김덕령(金德齡)과 김덕보(金德普) 형제는 그의 종손(從孫)으로 역시 학문의 영향을 받았다.

환벽당 아래는 김윤제와 정철이 처음 만난 곳이라는 전설이 깃든 ‘조대(釣臺)’ 와 용소(龍沼)가 있다. 지금도 이곳에서 강태공들이 낚시를 즐기는 모습을 쉽게 볼 수 있다. 개천 동북쪽으로 250m쯤 떨어진 곳에는 식영정(息影亭)이 있으며, 용소를 바라다 보이는 오른편 언덕 위에는 환벽당이 있다. 개울 따라 100m 정도 오르면 환벽당과 같이 무등산을 등에 지고 소쇄원(瀟灑園)이 있는 까치봉을 바라보고 취가정(醉歌亭)이 있다. 인근에는 독수정(獨守亭) 등이 자리 잡고 있어 바로 이 일대가 조선시대 선비들의 발자취가 느껴지는 선비문화의 중심 지역임을 알 수 있다.

환벽당은 선비들의 교류 장소로서 푸르른 시누대가 사방에 가득하여 지었다고 한다. 이곳에 머무는 사람은 항상 푸르름이 가득한 정기

김윤제와 정철의 만남이 이루어진 가사문학의 발원 환벽당

를 받기를 기원하는 뜻이 담겨 있으리라. 지금도 이곳에서 충효동으로 가는 길가에 어른 세 명 정도의 팔을 펼쳐야 될 것 같은 왕버들이 운치 있게 자리하고 있고, 그 주변은 광주댐 생태공원이라는 이름으로 불려지면서 많은 사람들의 휴식 장소로 사랑을 받고 있다. 그리고 매월 한 차례씩 이곳에서 '광주호 왕버들 음악회'라는 이름으로 우리 민속 음악과 다양한 장르의 음악의 향연이 펼쳐진다. 당시 김윤제 선생의 선비사상과 자연에 대한 철학, 그리고 이곳에서 꽃피어난 문학은 현대를 살아가는 우리에게 좋은 정신을 일깨워 준다.

들어열개 창을 천장에 매단 환벽당의 여름날

이제 환벽당을 좀 더 자세히 살펴보자. 용소를 지나 목백일홍 길을 걷다 오른쪽 산자락으로 난 산길을 돌아 올라가면, 남쪽을 바라보고 팔작지붕의 기와지붕이 보인다. 건물은 자연석으로 자연스럽게 다듬어 만든 장대석을 기단으로 하여 정면 세 칸, 측면 두 칸의 모습을 하고 있다. 자연스럽게 옆에서 정면으로 돌아가는 동선으로 전방으로 펼쳐진 경치에 기대를 갖게 한다. 가운데 두 칸을 방으로 만들고, 앞쪽에서는 개울이 보이도록 하고, 북쪽에는 마루를 꾸며 까치봉과 용소가 내려다보이도록 꾸미고 있다.

대청에 올라서면 오른쪽에서 흘러내리는 아름다운 무등산 자락이 펼쳐지고 좌측으로는 무등산에서 흐르는 계곡물이 흘러들어 정자 아래를 지나간다. 멀리 보이는 언덕 위로는 취가정이 자리하고 있다.

환벽당 온돌방문 너머로 펼쳐지는 목백일홍의 풍경

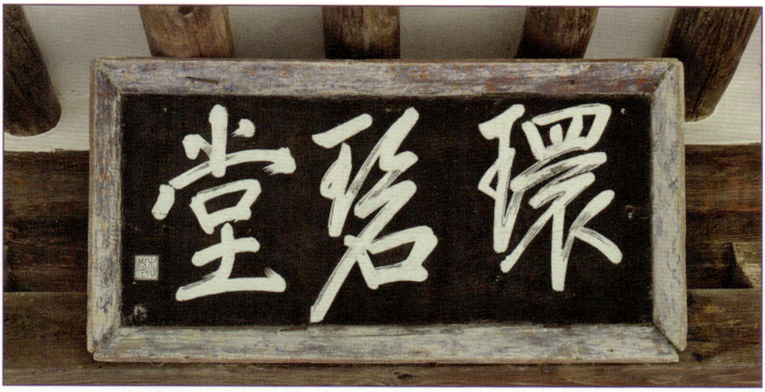

송시열 선생이 쓴 시누대처럼 날렵한 필치의 환벽당 현판

정자 중앙의 추녀 아래에 걸려 있는 '환벽당(環碧堂)' 편액은 주변의 경치처럼 막힘없이 시원스럽게 미끄러지듯한 필체로 송시열(宋時烈) 선생이 썼다. 그리고 대들보와 충량에는 석천(石川) 임억령(林億齡)과 조자이(趙子以)의 시가 현판으로 걸려 있다. 이 건물은 정철의 4대손 정수환(鄭守環)이 김윤제의 후손으로부터 사들여 현재 연일정씨 문중에서 관리하고 있다고 한다.

환벽당에서 넓게 펼쳐진 정면 끝자락에 취가정(醉歌亭)이 자리하고 있다. 조선시대 선비들이 얼마나 자연과 함께 하고 싶었으면 자연의 모습을 눈과 귀, 그리고 오감으로 취하고 싶어 했는지 알 수 있다. 그들은 자연속에 기거하는 공간, 정자라는 건물을 지어 가능한 많은 시간과 여유를 만들어 만끽하고자 하였던 것이다. 더 이상 거추장스럽지 않은 야생의 자연에 마음껏 취할 수 있는 정자를 짓고, 그곳에서 자유스럽게 그들의 노래(歌)인 시를 짓고, 시조를 읊조리고, 뜻이 맞는 이와 문장을 겨루기도 하면서 끊임없이 윤택한 정서를 만들어 내고 에너지를 재충전하며 한 시대를 이끌어 갔으리라. 이들의 여유를

취가정의 여름날 오후

부러워하며 마루 끝에 잠시 앉아보았다.

마루 끝 둥근 기둥 자락에 기대어 뜨겁게 내리 비추는 여름 태양 아래에서 부서지는 햇살과 나무 사이로 불어오는 시원한 무등산 바람을 몸으로 느끼며, 취가정에서 진도아리랑 노래에 맞추어 흥얼거려 본다.

"………취가정 정자에 시원한 바람이 나무 사이를 불어오니 우리 네 신명나게 놀아 보세. 아리 아리랑 쓰리 쓰리랑 아라리가 났네 에~~에해, 아~리랑 으~~음~~음 아라리가 났~네……"

정자건물은 선비들이 자연과 함께 하면서 학문과 철학을 공유하기 위해 손색이 없는 학업의 공간, 지친 심신을 달래고 에너지를 재충전하기 위한 즐거운 놀이공간과 휴식의 공간, 여유로움의 공간이다. 때문에 선비들은 이토록 아름다운 자연의 품에서 그들의 사상과 영혼을 살찌웠으리라. 선비들은 그들만의 철학을 갖고, 인생의 목표를 설정하고 인간이 태어나서 어떻게 살아야 참된 삶인가를 생각하는 사색의 공간으로의 정자에 올랐으리라.

조선시대의 정신세계를 이끌고 이를 바탕으로 지금의 우리들의 정신세계에 초석을 만들어 더 큰 세상을 보는 눈을 갖게 해 주었다는 점에서 볼 때, 한옥에서의 정자는 그 의의가 매우 크다.

Ⅱ. 향교

조선시대 관학의 산실, 건축의 엄격한 아름다움

향교 건축의 다양한 표정 / 청도향교
성주향교 / 경주향교 / 현풍향교

엄격한 규율을 강조하던

향교 건축의 다양한 표정

향교는 공자를 사당에 모셔 놓고 그의 사상에 입각한 성리학을 공부하는 곳이다. 향교에서 배우는 유교사상에 기초한 교육은 조선이라는 나라가 존립하는데 정신적 지주역할을 하였다. 그렇기 때문에 향교는 국가의 미래를 짊어지는 젊은이들의 교육을 하기 위하여 각 고을마다 설립을 하였고, 이를 효율적으로 관리하기 위하여 고을 관리들이 책임을 지고 운영에 최선을 다하였다. 특히 향교 앞에 가면 많은 선정비들을 볼 수 있는데, 이들 선정비들은 처음에는 향교 운영을 잘하고 고을의 백성들에게 선정을 베풀었다 하여 그가 이임한 후, 다음 사또 나리가 만들어 세웠다. 그러나 시간이 지나면서 조선시대 후기에는 고을의 수령이 스스로 선정의 결과를 평가하여 재임하고 있는 동안에 세워버리는 풍토가 되었고, 심지어는 부임되자마자 제일 먼저 하는 일로 선정비(善政碑)를 만들어 세우는 양심 불량한 사또 나리들이 나타나면서 선정비라는 이름이 무색하게 되었다.

조선시대에 들어와 각 고을마다 향교가 만들어지고 이를 짓는 도편수들도 여러 사람이 동원되다 보니 향교의 건물들도 기본적인 틀에는 입각하나 각자의 개성이 나타나는 다양한 향교건물이 나타나게 된다. 향교의 공간구성을 간략히 살펴보자.

향교의 공간은 문묘(文廟)를 모시는 제향공간인 대성전과 동·서무, 학생들이 공부하고 기거하는 명륜당과 동·서재, 이곳에서 기거하는 학생들의 생활과 제사를 치르는 일을 보조해 주는 고직사라는 건물로 크게 세 공간으로 구성되어 있다. 이러한 공간의 구성은 유교의 예법에 따라 아주 엄격하고 정형화된 건물의 모습과 배치 그리고 주변 환경이 적절히 조화를 이루면서 설립되어졌다.

향교 건물의 구성을 좀 더 구체적으로 살펴보면, 흥미로운 점을 발견할 수가 있다. 그 중 하나가 제향공간과 강학공간이 엄격하게 담장으로 구분되어 별도의 공간을 구성하고 있다는 점이다. 그리고 고직사는 강학공간과 별도로 두고 있으며, 그 옆으로는 조그마한 텃밭을 두고 채소나 과일 등을 자급자족하던 일반 가옥의 모습을 그대로 간직하고 있다. 특이한 점은 고직사와 강학공간이 사주문이나 협문과 연결되고, 두 공간은 유기적인 관계를 갖도록 건물로 연결해 주고 있다는 점이다. 그러나 제향공간인 대성전은 반드시 명륜당이 있는 강학공간에서 삼문을 통하여 출입이 가능하도록 되어 있다. 경상도 지방에 가면 성주향교의 경우 별도의 출입문을 내삼문과 외삼문으로 구분하여 설치한 경우도 있으나 대부분은 이러한 규율을 준수하고 있다. 특히 대성전을 중심으로한 제향공간은 문을 세 군데에 두어 삼문을 구성하는 경우와 단독의 건물에 세 칸 크기의 대문채에 문을 세 곳에 달아 만드는 경우가 있다. 이러한 삼문을 내삼문이라고 부르며, 강학공간으로 출입하는 출입문도 세 칸의 기둥 사이에 세 개의 문으로 건축되어져 외삼문이라고 부르고 있다.

특징 중 또 하나는 향교가 설립된 위치이다. 향교는 고을의 중심에 가깝게 배치하고 대부분은 관아와 같은 관공서에 근접해 있다. 이러한 점은 임진왜란 이후에 급속도로 확장되었던 서원 건축과는 차이가 있다. 즉, 마을을 벗어나 산 좋고 물 좋은 장소를 선택하여 은닉하듯이 하는 서원교육과는 사뭇 차이가 난다.

향교의 건물별 배치구성을 살펴보자. 먼저 내삼문을 들어서면 제향공간인 대성전과 좌우로 동무와 서무가 배치되어 있다. 그리고 외삼문을 들어서면 강학공간인 명륜당을 중심으로 좌우에 동재와 서재가 배치되어 있다. 마지막으로 고직사인 전사청은 주택의 모습을 하고 있는데, 이 가옥은 지역적인 향토색이 그대로 건물의 모습에 표현되고 있다.

특히 고직사는 향교에서 공부하는 유생들의 생활을 돌봐주는 역할을 하다가, 임진왜란 이후 서원의 발달에 따라 향교의 교육 기능이 상실되면서 고직이라는 하인들이 살면서 제사를 도와주는 역할을 하는 것으로 변하였다. 조선시대 향교의 고직사는 지방색이 강한 민가건축의 모습을 나타내게 된다. 그 예로 충청도 지방의 향교는 일자형 평면을 가지는 것이 대부분이며, 경상북도에서는 '폐쇄형 ㅁ'자형의 고직사, 그리고 경상남도나 전라남도 지방에서는 겨울에 따뜻하고 여름에는 시원한 남풍을 많이 받기 위하여 'ㄷ'자형이나 '튼 ㅁ'자형의 평면을 가진 고직사가 대부분을 차지한다. 이와 같이 시간의 흐름 속에서 변화하는 향교 건물은 지역적인 특성이 고려되어 변화하였으므로, 이러한 점을 감안하면 향교 건축을 이해하는데 도움이 될 것이라 생각한다.

한편, 조선시대 관학의 요람이던 향교는 선비들의 학문의 장소이며 사회를 이끌어가는 젊은이들의 배움의 장소로 매우 중요한 시설이다. 그러하기에 건물 역시 화려하지는 않지만 절제되고 세련됨을 뽐내고 있어서 조선시대 건축의 아름다움을 설명하기에는 부족함이 없다.

이 장에서는 일정한 정형성을 준수하는 향교에 대한 건축의 아름다움을 찾기 위하여 건물의 배치, 즉 강학영역과 제향영역의 배치에 따른 형태를 기본으로 건물의 특징을 살펴보고자 한다. 향교는 강학영역과 제향영역의 위치에 따라 크게 네 가지로 구분할 수 있다. 첫째, 경사진 지형에 배치된 향교는 낮은 곳에 강학영역을 두고 높은 곳에 제향영역인 대성전을 둔다. 이를 전학후묘(前學後廟)라고 부른다. 대부분의 향교들이 이 형태의 배치를 하고 있다. 둘째, 평지에 배치된 향교로 전면에 제향영역인 대성전을 두고 뒤에 강학영역인 명륜당을 둔다. 이를 전묘후학(前廟後學)라고 부른다. 경주의 교동에 있는 경주향교가 대표적인 예이다. 셋째, 좌묘우학(左廟右學) 넷째, 우묘좌학(右廟左學)의 형태로 대부분 경상남도 지방의 향교에서 보인다. 두 형식의 배치는 풍수지리에 입각하여 좌우 배치가 되더라도 지형적으로 높은 위치에 제향공간이 배치되고, 이 자리는 지형이 높든지, 아니면 배산의 줄기가 내려오는 상단으로 향교의 중심 시설인 공자를 모시는 사당을 배치하였다. 이상의 네 가지 배치 형식으로 각각의 향교를 설명하고, 명륜당을 중심으로 한 강학공간과 제향공간인 대성전 공간의 건물들, 그리고 부속 건물로 외삼문의 아름다운 멋을 찾기 위해 각지에 있는 여러 향교의 건물들과 비교하여 각각 다른 모습의 건물의 특징을 따라 가고자 한다.

따라서 국내의 대표적인 향교인 성주향교, 경주향교, 청도향교, 현풍향교를 중심으로 먼저 살펴보고, 추가로 몇 개의 향교건축의 모습을 살펴보고 향교건축에 대한 전반적인 이해를 돕고자 한다. 즉, 지역적인 특색을 보이는 고직사 건물과 지역 향교마다 외삼문, 내삼문, 그리고 명륜당과 대성전의 다양한 모습을 사진과 함께 소개하고자 한다.

먼저, 향교에 대한 건물이나 그에 관련된 여러 부속 건축물을 살펴보자. 향교 앞에는 향교에서 교육하는 유생들의 학업을 방해하는 일이 없도록 어귀에는 대소하마비(大小下馬碑)가 세워져 누구든 말이나 가마에서 내려 걸어오도록 교통 제한을 하는 하마비가 반드시 세워져 있다. 대부분의 '하마비'는 잘 다듬은 장방형 비석모양을 하고 있으며, 넙적한 자연석을 사용하는 경우도 있다. 글자도 '대소하마비(大小下馬碑)'나 '하마비'만을 사용하는 두 종류가 나타난다. 하마비를 지나면 붉은색으로 석간주 칠이 되어 있는 '홍살문'이 자리한다. 이곳부터는 향교의 영역으로 붉은색과 살가지는 벽사의 의미를 갖고

장수향교 하마비

느티나무 숲길이 아름다운 서산 해미향교

있다. 홍살문을 지나면, 향교 앞에는 거북이 등에 그 지역 관리들이 향교에 공덕을 기린 내용의 '선정비'가 세워져 있다. 이러한 선정비는 모양도 다양하지만, 재료는 돌이나 철재를 이용하고 있으며, 그 중에서도 돌은 이수부와 비신부가 일체화 되는 조선전기 양식에서부터 각자 분리되어 조립하는 조선후기 양식의 비석 등, 조선시대 비석에 대한 제작 기법을 배울 수 있는 좋은 자료이기도 하다. 특히 철재로 만든 선정비가 나타나는데, 이 철로 만든 비는 철이 많이 생산되는 지역 중에서도 경상남도 합천과 거창 일원, 구체적으로 말하면 가야문화권에 접해 있는 지역에서 볼 수 있는 광경으로 매우 흥미 있는 모습이다.

전남 담양향교 선정비의 비석군

쌍용이 여의주를 물고 있는 모습의 곤양향교 선정비

용의 머리를 한 귀부의 함양 안의향교 선정비

향교의 정문에 해당되는 외삼문을 살펴보자. 규모에 있어서는 크게는 경주향교처럼 정면 세 칸, 측면 두 칸의 규모를 갖고 있는 것도 있으나 대부분은 정면 세 칸, 측면 한 칸의 규모를 갖는 것이 일반적이다. 간혹 이와 차이가 있는 경우가 있으나 기둥 간의 폭에 차이가 있을 뿐 대동소이(大同小異)하다. 그러나 지붕은 엄격한 규율에 맞추고 있다. 맞배지붕의 모습이 대부분이며 모양은 솟을삼문이나 평대문 형식이 많은 편이다. 그리고 대문 위에는 공자의 사상교육을 받는 장소에 방해가 되는 모든 것들을 막겠다는 의지로, 벽사 의미의 붉은 색으로 칠한 창끝 같은 모양의 살가지를 꽂아서 꾸미고 있다.

그리고 음양오행에 관계되는 태극문을 대문의 판문에 그려 놓은 것을 볼 수 있다. 일부의 향교에서는 누정아래에 삼문을 꾸미고 상부에는 누마루를 두어 유생들이 쉬는 장소로도 사용하고 있다. 이러한 경우는 건물의 현판을 외삼문이라 하지 않고, 누정의 이름을 별도로 정하고 있다. 예를 들자면, 포항의 흥해향교는 태화루(太和樓)이고,

솟을대문 형식의 부여향교 외삼문

영주지방의 향교인 영주향교와 순흥향교는 영귀루(詠歸樓), 의성지방에 있는 의성향교, 군위향교, 비안향교, 의흥향교는 광풍루(光風樓)를 사용하고 있다. 이들 향교를 조사해 보면 지역적인 공통점이 나타나는데, 이렇게 지역적으로 같은 이름을 사용하고 있는 것도 매우 흥미로운 일이다. 용궁향교는 세심루(洗心樓), 선산향교는 청아루(青莪樓) 자인향교는 모성루(慕聖樓), 지례향교는 중국의 국학인 공자의 학문을 배우는 장소라는 사반루(思泮樓), 영천향교는 공부하러 오는 이를 반긴다는 의미를 갖은 유래루이며, 이와 같이 별도의 이름을 사용하고 있다. 그렇지만 모든 현판들은 공자의 학문을 배우는 장소라는 뜻과 자연의 철학을 배우는 장소라는 뜻인 공통점을 갖고 있다. 즉, 마음의 실천 사상을 강조하는 내용들이다. 또 다른 공통점은 이들 누정이 이익공의 공포 구조에 단청을 하고 팔작지붕의 형식으로 되어 있다는 점이다.

누정 형식의 자인향교 외삼문

제사공간을 중심으로 자리한 직산향교 명륜당

향교건축에서는 일반적으로 유생들이 공부하고 성리학을 배우며 실천하는 교육의 장소인 명륜당 건물은 가운데에 대청마루를 두고, 좌우에는 선생님이 기거하는 온돌방을 배치하고 있다. 그렇지만 누정이 외삼문에 없는 경우는 담양향교처럼 외삼문을 아래에 두고 상부는 누정이 아닌 2층 집으로 만들어 명륜당으로 사용하는 경우도 있다.

이들 명륜당은 배치에 있어서 유생들이 기거하는 동재와 서재의 배치와 함께 강학공간을 사당을 바라보고 배치하는 경우와 외삼문을 향하여 배치하는 경우로 나눌 수 있다. 이는 풍수지리설과 관계가 깊다. 즉, 혈(穴) 자리에 대성전을 두는 경우는 제사 중심의 향교이고, 혈자리에 강학공간을 두는 경우는 강학 중심의 향교로 구분하기도 한다. 강학공간이 사당을 향하는 경우는 명륜당의 남쪽인 외삼문을 향하여 대청마루에는 판재를 이용한 바라지창을 꾸미고, 외삼문을 향한 혈이 강당에 있는 경우는 바라지창문이 사당을 향하여 대청마

강학공간을 중심으로 자리한 파주향교 명륜당

루에 꾸며지는 모습을 하고 있다.

이처럼 향교는 건축적으로는 기본 구성이 같으나, 유생들이 생활하고 학문을 익히는 장소이기에 지역적인 특징과 거주자의 생각 등이 종합된 모습들이 나타난다.

대청마루의 모습은 대부분 개방된 공간에 후면에 바라지창을 꾸미는 것이 일반적인 모습이지만, 온돌방 앞으로는 툇마루를 꾸미고 난간까지 만드는 경우도 있다. 그러나 이러한 모습은 강학공간이 외삼문을 향하고 있는 경우로 여름의 강한 태양을 받아 방이 뜨거워지는 것을 막기 위해 반 칸 뒤로 물러서 처마의 그림자를 이용하여 뜨거운 여름의 태양을 막고자 하는 과학이 숨어 있다. 그리고 사당 방향으로 자리한 강학공간은 북향이기에 직사 태양열에 관계없이 섬돌 정도만 놓고 기둥선 아래에 방문을 만들어 놓는다. 대청마루는 추운 겨울에도 사용하기 편리하도록 주택과 같이 4분합 들어열개 덧문을 달아 놓는 경우도 있다. 이는 추운 지방일수록 덧문이 필요하기 때문이다.

명륜당은 일반적으로 익공집으로 만들고 팔작지붕이 대부분이며, 마루는 마루널이 그대로 노출되는 우물마루에 천장은 서까래를 그대로 노출시키는 연등천장으로 꾸며진다. 대들보에는 용을 그리는 경우가 대부분이며, 일부는 양록이라는 푸른색을 간단히 바탕으로 하는 경우가 있다. 그리고 온돌방과 대청은 쌍여닫이나 외여닫이 세살무늬 문을 달고 있다.

유생들이 기거하는 동재나 서재는 학생들의 규모에 따라서 크기가 다른 것 같다. 대부분은 정면 세 칸에 측면 한 칸의 검소한 크기로 학문에만 몰두할 수 있는 공간으로 되어 있으나, 경주향교나 상주향교와 같은 곳에서는 이보다 큰 경우도 있다. 건물의 모습은 대부분 민도리계 맞배지붕으로 단청을 하지 않은 백골집이 대부분이다. 동재

남쪽으로 대청을 배치한 경산 자인향교 동재

▲ 세 칸을 이분합 띠살문으로 꾸민 담양향교 서재

중앙에 대청을 꾸민 사전 곤양향교 서재

와 서재에 대청마루가 있는 경우도 있으나 대부분은 온돌방으로 꾸미고 정면에 쪽마루를 꾸미든지 아니면 섬돌을 놓아 신을 벗고 바로 방으로 들어가는 형식을 하고 있다. 사천에 있는 곤양향교처럼 대청마루를 중앙에 두고 온돌방 앞에는 툇마루를 두어 명륜당의 축소형으로 만들어진 경우도 있다.

이제 제향공간을 살펴보자. 먼저 내삼문에 대하여 살펴보기로 한다. 대성전 영역의 대문인 내삼문은 정면 세 칸, 측면 한 칸의 크기로 외삼문과 다른 점으로는 '솟을대문 형식'의 삼문이 아닌 '평대문'의 삼문이 많다는 점이다. 솟을삼문 형식은 김천의 개령향교와 밀양향교의 내삼문에서 찾아볼 수 있다. 이들 향교에서는 좌우에 문이 아닌 실(室)을 두어 제사의 제물을 운반하는 가마를 두는 장소나 아니면 제

경산자인향교의 널찍한 계단

▲ 동일한 모습의 내삼문으로 꾸며진 옥천향교

넓고 긴 계단을 중앙에 두고 대문채와 연결된 밀양향교 내삼문

기고의 용도로 사용하였다. 또한 옥천향교나 부여향교처럼 세 개의 문을 만들고 일정한 거리를 두어 확실하게 구분하는 사례도 있다. 이러한 형식의 내삼문은 대부분 원형기둥이고 담장은 전면의 기둥에 맞추어지는 것이 일반적이다. 각 판문에는 2태극문양이 그려져 있고 문 상인방에는 홍살을 꾸며 신성한 영역임을 나타내고 있다. 또한 대부분은 모로 단청으로 칠해져 있고, 가구기법은 창방과 초익공의 공포로 기위를 조립하고 대들보의 상면 중앙에는 제형 판대공으로 종보를 받치는 형식으로 꾸며지게 된다.

대성전은 향교 건물 중 가장 정성스럽게 만든 건물로 생각하면 된다. 예를 들면, 기단도 잘 다듬은 장대석을 이용하거나 주춧돌도 근처 사찰에서 사용하던 연화대석이나 탑재, 아니면 주좌를 조각한 것을 사용한다. 혹은 긴 주좌를 마치 기둥의 허리까지 올라오는 높이까지 두는 경우도 있다. 또한 장수향교와 같이 처마를 받치는 활주를 곡선을 살려 받쳐서 장식적인 효과와 조형미를 강조하는 경우가 있다. 이와 같이, 대성전은 향교건물로는 가장 정성스럽게 꾸미고 가장 화려하게 만든다. 따라서 주심포 형식도 있지만 화려하다는 다포형식도 있다. 주심포나 다포보다는 격식이 떨어진다는 익공방식을 사용할 경우는 이익공으로 화려하게 하기 위하여 창방 위에 연꽃과 같은 화반을 꾸미기도 한다. 익공계란 기둥 위에만 공포를 꾸미는 것은 같으나 창방 위에 화반을 놓아 장식하고 외출목은 없어도 내출목은 있는 형식을 말한다. 정성스럽게 만든 건물인 대성전은 화려함 속에서도 절제된 아름다움이 있었으니, 이러한 조화와 균형은 맞배지붕 형식을 갖기 때문이다. 맞배지붕은 모든 향교의 대성전에서 일치한다. 평면의 구성에 있어서도 정면 세 칸에 측면 두 칸의 규모로 하며,

전면의 벽체는 반 칸 뒤로 물러 퇴칸을 만들고 창호를 꾸미는 경우와 벽체에 맞추어 만드는 경우가 있다. 창호는 대부분 판재를 이용한 당판문으로 꾸미고 있으나, 일부의 향교에서는 들어열개 사분합문이나 세살무늬 여닫이문으로 출입문을 만드는 경우도 있다. 예천향교의 경우는 띠살무늬 창호를 사용하고 있다. 그리고 고주(高柱)를 사용하여 측면이 세 칸까지 규모를 확대시키는 경우도 있다. 그런가 하면 전면에 광창을 별도로 두고 삼문을 만들어 내부의 채광을 이용하여 쾌적한 공간을 만드는 기법이 사용되기도 한다.

가구방식은 대부분 오량집이 많으며 천장을 높이기 위하여 뜬 창방을 이용한다든지, 장혀 사이에 손바닥만한 받침인 소로를 받쳐 장엄하게 하는 경우가 대부분이다. 또한 대공은 파련대공으로 화려하게 장식하였지만 단청에 있어서는 절제된 범위 안에서 도채하는 것

귀공포를 기둥에 받치는 부재가 특이한 장수향교 대성전

▲ 전면에 계단을 생략하고 좌우 측면으로 계단을 두어 동선을 유도하는 경산 자인향교 대성전

잘 다듬은 장대석 조립의 조형미가 아름다운 봉화향교 대성전

을 원칙으로 한다.

동무와 서무는 대성전에 공자를 비롯한 5성과 송조의 4현, 해동(海東) 18현의 위패를 모시는 대성전의 기능을 나누어 역할을 담당하는 건물이다. 정면의 규율은 대성전처럼 세 칸을 유지하지는 않으나, 측면은 한 칸으로 규정하는 특징을 갖고 있다. 간혹 경주향교처럼 동무와 서무가 열두 칸을 갖는 경우도 있다. 그러나 지붕의 형식은 동일하며 대성전과 같은 화려한 공포 구조는 아니지만 맞배지붕의 형식을 갖고 있다. 단청은 위계상 대성전보다는 절제된 모습을 보이고 있는 것이 특징이다. 그러나 창호의 경우는 대성전과 같은 모습을 보이고 있다.

이와 같이 우리나라에는 지방 곳곳에 많은 향교 건물이 있고 그 건물들은 다양한 형태로 표현되고 있으나 이것들은 일정하게 정해진 규율 안에서 건축되어졌음을 알 수 있지만, 그 안에서 각각의 개성을 잘 표현하고 있음도 알 수 있다. 조선시대 성리학을 배우고 실천하는 교육의 목표에는 공자가 있고 그러하기에 그 분을 모신 사당 공간은 청결하고 엄숙하다. 사당공간에서는 그분을 받드는 제사를 지내기에 이러한 엄숙한 행사를 위하여 마음을 정갈하게 하고 몸을 청결하게 함은 필수이다. 이를 위하여 손을 씻는 관수대가 대성전을 오르는 계단 옆에 자리하게 된다.

대성전의 앞마당에는 불을 밝혀두는 정료대와 제사가 끝난 후 축문을 태우는 망료대가 자리한다. 정료대나 망료대는 다양한 모양으로 만들어져 있어서 향교마다 다른 모습을 한 석물들의 조형미를 감상할 수 있다. 소박하지만 다양한 조형미는 아름다운 멋을 지니고 있다.

지금까지 향교하면 폐쇄된 공간의 담장 너머로 멀찌감치 보는 눈요기의 건물이었다. 이 책을 읽으면서 우리 조상들의 숨결과 학문에 정진하려는 끝없는 도전의 장소를 엿보기를 바란다. 더불어 향교가 현대를 살아가는 학생들에게도 부모님들에게도 지나온 역사 속에 머무는 과거의 교육현장이 아니라 우리조상들이 추구하던 사상과 정신을 다시 한번 되짚어 볼 수 있는 공간이 되는 계기가 되길 바란다. 왜냐하면 우리의 역사는 우리의 정체성이며 우리가 존재하는 모태이기 때문이다.

반 칸 뒤로 물러 앉히고 좌우의 광창을 대칭으로 배치한 영주향교 서무

▲ 현풍향교 동무의 균형 잡힌 모습

재물을 검사하는 함양향교 관선위

▲ 함양향교 대성전 앞을 밝히는 정료대

제물을 태우는 함양향교 대성전의 망료대

복숭아꽃이 만발한 남산 아래

청도향교

(경북유형문화재 제207호)

소재지 : 경상북도 청도군 화양읍 교촌리 48

청도는 산이 높고 물이 맑은 땅으로 운문사가 있는 운문댐의 지류를 따라 동창천과 청도읍을 지나간다. 그리고 청도천이라는 큰 하천이 철마산 아래에서 합수하여 밀양을 거쳐 낙동강으로 흘러들어 간다. 이와 같이 높은 산과 맑은 물의 풍부한 수자원은 양반들이 살면

청도로 가는 길목에서 만난 봄

서 면학하기로는 좋은 입지를 갖고 있었던 것 같다. 특히 매전면의 산속에 깊이 숨어 있는 국내에서 유일한 통일신라시대 부처님이 있는 문양전탑의 불령사가 있다. 그리고 조금 더 올라가면 신지리에 운강고택을 비롯한 많은 고택들과 서원들이 자리하여 조선시대 양반들의 운거지로도 유명하다. 또한 용당산과 용각산으로 이어지는 600m가 넘는 높은 산들로 이어지고 남산이라는 840m의 큰 산 아래는 청도읍이 자리한다. 봄에 청도읍 좌우로 펼쳐진 산에는 복숭아꽃이 온통 분홍색으로 산을 감싸고, 평지로 내려오면 커다란 감나무들의 하얀 감꽃이 가득히 피어나, 봄날 청도에는 무릉도원이 펼쳐진다. 청도 금천을 거쳐 운문사로 가는 길가 옆으로는 감나무 밭이 끝없이 펼쳐지고, 가을에는 붉은 감들이 흐드러진 꽃처럼 하늘을 가리고 마을을 수놓는가 하면, 주렁주렁 매달린 감들이 금방이라도 '툭'하고 떨어질 것 같아 눈길을 사로잡는다. 이와 같이 산수가 수려한 청도는 생활의

청도 향교를 가는 길에 만난 조선시대 석빙고의 아름다운 지붕 구조

중심이 근대화의 문명과 함께 기차역 앞으로 옮겨 갔지만, 조선시대 번창했던 유적들이 복원되고 있다. 관아를 비롯하여 청도 석빙고는 읍성의 성벽 옆에 자리하고, 최근 들어 이 일대의 성곽을 보수하고 복원하면서 조선시대 읍성의 모습이 살아나고 있다. 조선시대 읍성의 흔적이 뚜렷한 마을의 언덕 위에는 남산을 배산으로 자리한 청도 향교가 자리하고 있다. 봄날, 남산 아래 언덕에는 복숭아꽃이 산을 덮어 진분홍 물결이 장관을 이루고, 가을에는 향교 앞의 사과 밭에 빨간 사과들이 탐스럽게 매달려 조용한 향교 마을인 교촌리는 봄·가을 아름답고 풍성하다.

비교적 높은 언덕 위에 있는 청도향교는 주변의 산이 수려하고 물이 맑아 유생들이 공부하기에 좋은 장소이다. 이 향교로 들어가는 문은 조선시대 읍성의 발자취를 따라가는 성곽 옆으로 하나가 있고, 마을에서 들어오는 문이 있다. 이를 중심으로 고직사 공간, 명륜당 공

청도읍성으로 따라가면 만나는 향교의 외문

사락루 앞에 서 있는 사주문

사주문으로 보이는 내삼문인 사락루

간, 대성전 공간으로 수평적인 배치를 나타낸다. 내삼문 앞에는 현재 보호수로 지정된 커다란 느티나무가 지나간 세월 속에 스쳐간 모든 기억들을 차곡차곡 기록하듯 서 있어 무척이나 압도적이다.

청도향교는 외곽담장을 별도로 두고 그 안에 고직사와 관리 시설을 두고, 내삼문과 외삼문을 관리공간에 연결하는 특이한 방법을 사용하고 있다. 비교적 평평한 대지 위에 자리한 청도향교의 입지 여건상, 명륜당과 대성전은 약간의 높이 차이를 이용하여 좌우에 배치하고 있다. 서학동묘(西學東廟)형이라고 보면 된다. 청도 향교에서 특이한 것은 사주문이 모두 세 개가 있다는 점이다. 하나는 향교 전체를 두른 담장에 세워진 바깥문의 역할을 하는 문으로 석빙고가 있는 방향에서 들어가는 출입문이다. 건축기법을 살펴보면 대들보 중앙에 판대공을 놓고, 전면에 두 짝의 널문을 달고, 좌우 측면에는 벽체 없이 문상방에 홍살을 꾸몄다. 두 번째 사주문은 사락루 전면에 위치하고 있다. 또 하나의 사주문은 두 번째 사주문의 측면에 두고 있다. 동쪽인 우측으로 조그마하고 좁은 출입구를 가진 사주문을 담장도 없이 덩그러니 문만 두어 이상스럽기까지 하다. 이 문은 향교로 들어가는 유생들에게 고개를 숙이고 예의와 몸가짐을 단정이 하라는 무언의 메시지를 주는 문으로 보인다. 이와 같은 문의 설치는 청도향교에서만 볼 수 있는 독특함이며, 건물로 들어가는 새로운 접근법이다. 청도 읍성을 눈앞에 두고 관아와 석빙고를 지나면, 읍성의 돌로 만든 석성을 따라 그 주변에 피는 복숭아꽃이 너무도 화사하여 눈과 마음을 황홀하게 한다. 청도 향교로의 답사는 봄날의 여행이 가장 아름다움을 느끼게 한다.

강학공간의 출입문인 명륜당으로 들어가는 동편의 외삼문은 2층의 누마루 건물로 어간 추녀 아래 '사락루(思樂樓)'라는 현판이 걸려 있다. 사색을 즐기는 장소라는 현판의 의미처럼 공부하면서 잠시 생활의 의미에 대해 되돌아 볼 수 있는 여유를 가지라는 선비 정신을

명륜당에서 바라 본 사락루

가르치고 있다.

사락루는 명륜당의 정문으로 사용하고 있으며, 정면 세 칸, 측면 두 칸의 규모에 겹처마 팔작지붕을 한 2층 누각 건물이다. 이 외삼문은 자연석으로 한 단을 쌓은 기단 위에 넓적한 자연석 주춧돌을 놓고 그 위에 원형 기둥을 세워, 아래층은 널판재로 만든 쌍여닫이 당판문을 두었다. 중앙에는 신문(神門)이 있고 좌우에는 출입문으로 사용하도록 되어 있다.

이 누마루에서 몇 가지 건축적인 특징을 발견할 수 있다. 문짝의 위치가 측면 후면칸의 중간에 담장이 이어져 있고, 좌측면으로는 담장에 가까이 배치한 여유 공간을 가지고 있다. 계자각을 두른 누마루를 받치고 있는 기둥은 2층 누마루만을 조립하여 받치고, 그 아래에는 별도의 둥근 기둥으로 세우고 있다. 그 위의 기둥머리에는 연봉과 연화로 장식한 이익공의 공포를 만들고 기둥과 기둥 사이에는 소로를 수장한 화반을 두어 아름답게 표현하고 있다. 창방 위에는 화반의 모양을 둥글게 만들어 마치 추녀 밑에 흐르는 달의 그림자를 표현한

사락루의 아름다운 천장가구

것처럼 보이는 화반을 장식하고 있다. 익공재의 기둥 위에 측면의 세 개의 기둥이 있다. 중앙에 있는 기둥과 대들보 사이를 가로지르는 충량이라는 활처럼 휜 나무에는 좌청룡과 우황룡을 단청으로 몸을 표현하였다. 그리고 충량 머리는 용두(龍頭)로 조각하여 꽂아 매우 사실적으로 표현하고 있다. 누마루에 앉아 저 멀리 남산과 읍성안에 마을을 내려다보면서 휴식을 취하던 선비들의 기상을 표현하고 있는 듯하다.

또한 2층 네모서리 기둥에서 V자형 가새로 창방을 받치게 하여 독특한 조형감을 느끼게 하고, 추녀 아래는 안허리곡과 귀솟음이 아름다운 한옥의 선을 강조한 팔작지붕의 사락루를 받치고 있다.

이렇게 아름다운 누마루의 오른쪽 문을 열고 들어가면, 명륜당이 정면에 나타난다. 누마루 오른쪽 아래에는 계단을 두었다.

사락루 아래를 지나면 정면에는 명륜당(明倫堂)이 있고 그 좌우에는 동재와 서재가 자리하고 있다. 지금은 담장 밖으로 집들이 가득하지만, 조선시대에는 멀리 남산의 산허리가 보이는 매우 아름답고 조용한 장소였을 것이다.

유생들이 공부하는 명륜당은 자연석 허튼층쌓기로 기단을 만들고, 덤벙주초 위에 외부기둥은 원주를 쓰고 내부기둥은 모두 네모난 단면의 방주를 사용하고 있다. 규모는 정면 다섯 칸, 측면 세 칸이며, 익공계 맞배지붕을 한 건물이다. 이 건물은 가운데 세 칸에 대청마루를 꾸미고 후벽은 바라지창을 달고 있으며, 대청마루 좌우에는 반 칸 가량 뒤로 물려서 선생님들이 생활하는 온돌방을 두었다. 대성전 방향의 온돌방은 외닫이 띠살무늬의 출입문을 달고, 반대편의 온돌방은 이분합 띠살무늬 문을 달아 놓음으로써 출입문 보다는 채광창으로의 덧문의 형식이 흥미롭다. 또한 마루 선을 자세히 살펴보면, 방의 앞부분은 툇마루를 대청마루보다 약간 높게 꾸미고 마루 아래는 아궁이를 만들어 추운 겨울에 온돌방을 데워 주게 하였다. 이렇게 약간의 차이를 둔 대청마루와 툇마루의 높이 차이는, 중심에서 벗어날수록 내려 보이는 시선을 보정하는데 의미가 있다. 따라서 사락루에서 보면 같은 높이의 마루처럼 보이는 착시현상을 보정하는 건축과 과학이 어우러진 멋이 표현되어 있다.

명륜당의 지붕을 살펴보자. 서원에서는 강학공간이 팔작지붕의 형태를 가지는데 반하여, 향교는 대부분 맞배지붕으로 절제된 모습을 보여주는 것이 특징적이다. 명륜당의 기둥 위의 가구의 조립은 창방을 기둥 사이에 걸고 각 기둥 사이에는 화반을 두었으며, 기둥 위에는 재주두를 놓은 이익공으로 포를 구성하였다. 익공이라는 공포 가구법은 기둥 위에 네모난 대접모양의 주두라는 목재를 받치고 있는데, 이것을 두 개 포개어 놓은 것을 재주두라 하여 한 개가 올려져 있

사락루에서 바라본 명륜당과 남산

으면 초익공, 두 개가 있으면 이익공이라고 한다. 주두에는 도리 방향의 첨차와 직각을 이루는 살미라는 부재를 꾸미는데, 건물 앞쪽으로 길게 뻗은 소 혓바닥 같은 나무(=쇠서)를 길게 빼내어 끝을 날카롭게 하고 하부는 구름모양으로 초각하였다. 또한 대들보를 받치는 보아지도 구름모양으로 초각을 두어 전체적인 분위기는 매우 장식적인 느낌과 함께 하늘을 표현한 것 같은 느낌을 들게 한다.

또한 대들보는 원형에 가깝도록 휜 곡선 나무를 이용하였는데, 이것은 나무가 부족해서라기보다는 이곳에서 공부하는 유생들이 자연의 모습 그대로의 나무의 용트림의 모습을 보고 기상을 배울 수 있도록 하기 위함이 아니었을까.

기둥 위에 가구된 첨차의 모양은 하부를 쌍 乙자로 초각하여 장식적인 멋을 표현하고, 마구리는 사절하여 선비의 절제된 사상을 선으로써 그 멋을 표현하고 있다. 특이하게도 공포 모양은 전후면의 형태가 각각 다르다. 자세히 보면, 전면 중앙 칸과 좌측과 후면에서는 재주두를 생략하여 미묘한 변화를 주고 있다. 한옥을 답사하는 사람들

대들보 위에 상량 감실이 인상적인 명륜당 천장

은 외형적인 모습을 첫인상으로 갖고자 한다. 그러나 한옥은 만든 사람이 다 다르고 자연의 지형을 고려한 건축이기에, 같은 도편수에 의해 지어졌어도 동일한 모습을 갖지 않는다. 때문에 그 미묘한 차이에 대한 발견과 한옥에 대한 이해는 자세히 관찰하는 자세에서 얻어지는 것이다. 이를 통하여 한옥의 참 모습과 아름다운 가구 조립의 예술을 마음으로 느끼게 되는 것이다.

주심첨차와 화반도 아름다운 한옥의 멋을 보여주지만, 오량집으로 대들보 위에 삼분벽작의 위치에 포대공을 세우고 그 위에 종보를 놓은 후 파련대공을 꾸며 하늘로 기상이 비상하는 느낌을 주는 것 또한 빼놓을 수 없는 멋이 있다. 대청에 앉아 천장을 바라보면, 대들보 위에 네모난 나무박스가 매달려 있는데, 이 비밀상자는 집을 지을 때 상량문과 축원문을 담아 용마루 아래 종보 위에 올려놓은 것이다. 이러

널찍하게 두 칸의 대청이 꾸며진 동재

한 모습이 처음 보는 사람들에게는 매우 신비로울 따름이다. 이렇게 감실을 명륜당에 매단 예는 장수향교 명륜당에서도 찾아볼 수 있다.

명륜당 전면에는 맞배지붕을 한 건물이 좌우에 배치되어 있다. 이 건물은 동재와 서재로 정면 네 칸, 측면 한 칸 규모이다. 이곳은 유생들이 기거하던 건물로, 명륜당의 높고 큰 규모에 비해 나지막하고 단청 없이 나무 그대로를 사용한 백골집으로 소박한 느낌이 있어 좋다. 건물의 구조는 두 건물이 동일한 모습을 하고 있으며, 네 칸 중 가운데 두 칸을 대청으로 꾸미고 좌우는 온돌방을 둔 홑처마 삼량 규모이다.

서재 뒤로 돌아가면 대성전(大成殿)으로 가는 자그마한 일각문이 보인다. 이 일각문은 매우 낮아 고개를 숙이지 않으면 머리가 천장에 부딪칠 수 있다. 사락문 앞의 일각문보다 그 낮음이 더 심하다. 그만큼 이곳을 드나드는 이는 자세를 낮추어야 한다. 머리가 아프지 않으

강학공간과 제향공간을 이어주는 협문

려면 스스로 알아서 조심하고 낮추어야 하니 몸가짐과 마음가짐이 정숙해질 수 밖에 없을 것이다. 말없이 건축물을 이용하여 가르침을 주는 지혜로움이다.

대성전으로 가는 정문은 이 문이 아닌 전면에서 내삼문을 통하여 출입하게 되어 있다. 대부분의 향교들은 대성전에 별도의 출입문을 두는 예가 거의 없다. 그러나 청도향교는 명륜당이 대성전의 옆으로 배치되는 특수함 때문에 만들어진 예로 볼 수 있다. 내삼문의 전면에 삼단으로 만든 계단이 넓게 내삼문 전면의 크기만큼 꾸며져 있는 것도 매우 드문 예이다. 이러한 예는 다른 지역보다 경상도 지역에서 많이 나타나는 특징이다.

평대문인 내삼문은 자연석 주춧돌을 이용하여 원형 기둥을 세운 정면 세 칸, 측면 한 칸의 맞배지붕 건물이다. 세 칸의 문은 두 짝의

청도향교 내삼문

판문을 두고 가운데 태극문이 그려져 있는데 각 기둥 사이에는 두 짝 판문을 달았다. 어간인 중앙은 문이 크고 태극문도 크게 그렸으며, 좌우에는 이보다 작게 만들어 놓아 중앙의 신문(神門)으로의 위계질서를 나타내고 있다. 특히 문 상방 상부에 홍살을 꾸며 대성전에 대한 벽사의 의미를 나타내고 있다. 태극문은 붉은색의 양(陽)과 청색의 음(陰)의 조화를 표현한 것으로 우주 철학을 모태로 나타난 문양이다.

대부분의 서원은 내삼문의 오른쪽 문을 통행문으로 사용하지만 청도향교는 명륜당의 앞 서재 옆으로 난 길을 통하는 일각문이 있어서 인지 향사를 지내는 날에만 세 개의 문이 열린다고 한다.

문을 들어서면 대성전과 동무와 서무가 자리한다. 세 개의 건물이 모두 익공계 맞배지붕을 하고 있다. 모두 전면 세 칸의 규모에 대성전만 측면 두 칸으로 되어 있다. 벽체는 모두 회사벽으로 되어 있으

세 칸의 질서가 느껴지는 서무

며 전면 중앙의 어간에는 두 짝 문을, 좌우 칸에는 외짝 문을 꾸며 문을 구분하고 있다. 또한 세 개의 건물은 모두 상부는 격자문에 창호지를 바르고, 아래 두 칸 판문은 배목으로 구분하고 있다. 대성전과 동·서무는 위패를 모시는 제향공간의 건물이므로 용도가 같으니 외형도 같게 만들었다. 그러나 엄격한 규율을 기초로 한 장소이기에 공자를 모신 대성전은 기단의 높이가 차이가 있고 처마도 겹처마이면서 규모도 크게 표현하여 질서를 지키고 있다는 점을 발견할 수 있어 흥미롭다. 내부의 단청은 화려하지 않으면서도 엄숙한 분위기를 내도록 그려져 있다.

세월의 멋이 묻어나는
서무의 전면 창호

간략히 휘로만 그려진 동무의 대들보와 내부의 뚜렷한 세월의 흔적

주화머리초가 아름답게 그려진 대성전

한편, 제향공간인 향교의 대성전이나 서원의 사당 건물은 맞배지붕을 가진 겹처마지붕의 형태를 갖고 있다. 청도향교의 대성전은 이들중에서 가장 단아하고 엄격한 분위기가 느껴지는 기본 모습에 가장 화려한 단청을 입힌 것이 건물의 특징으로 볼 수 있다. 공자를 비롯한 오성인의 위패를 모시고 있는 건물만이 겹처마 맞배지붕 형식으로 자연석 이벌대 기단 위에 자연석 주춧돌을 놓고 그 위에 원형기둥을 세웠다. 공포는 출목이 없는 이익공으로 살미 위에는 연꽃과 연봉을 조각하여 장식적인 멋을 표현하고, 내부 천장 가구에서는 종보 위에 파련대공을 세워 종도리를 받고 있다. 또한 부재와 부재 간의 끝을 배긋기로 흰색의 백선을 그려 넣어 매우 단아하면서 엄숙한 분위기를 연출하고 있다. 단청은 아름다움을 느끼게 하기도 하지만 절제된 표현을 통하여 건물의 기능을 한층 강조하는 멋도 갖고 있다. 이로써 우리 조상들은 건물의 모양과 단청을 그리는 정도를 매우 중

동무의 지붕에 얹진 건립역사의 기록 명문기와

요시 여기어 왔다. 지붕의 처마 끝에는 어느 사찰에서 사용하려고 만든 기와가 올려져 있다. 만자문과 석천사라는 사찰의 이름이 암막새에 기록되어 있으니, 기와가 귀한 조선시대에는 억불정책으로 사찰이 퇴락하면서 그 기와를 가져다 사용한 것으로 보인다. 특히 만역명과 같이 조선중기에 해당되는 기와가 대성전에 많이 올라가 있는 것으로 보아 대대적인 보수가 있었던 것 같다. 대성전의 뒤뜰에서 이른 봄에 만난 동백꽃은 유생들의 면학 열기만큼 붉게 피어오르고 있었다.

내삼문 아래 피어난 봄의 소식

성산가야(星山伽倻)의 중심

성주향교

(보물 제1575호)

소재지 : 경상북도 성주군 성주읍 예산리 131

성주는 평야가 넓고 물이 풍부하며, 산이 깊어 옛부터 선조들의 발자취가 고스란히 남아 있는 지역이다. 특히 조선왕조의 태실이 자리하고, 성산가야(星山伽倻)의 옛 도읍으로 주변에 고분군이 많은 지역이다. 그리고 낙동강 지류의 백천이 시내를 흐르고 지나 넓은 들판이 펼쳐진다. 최근 중부내륙고속국도가 이곳을 지나면서 매우 접근성이 좋아졌지만, 예전에는 도시의 북편으로 보이는 금오산 자락의 높은 산들이 많아 접근이 용이하지 않았다. 특히 성주 월항리에는 한개마을이라는 전통 마을이 자리하고 있는데, 이곳에서 많은 학자들이 배출되었다. 이와 같이 성주는 가야국부터 시작하여 조선시대에 이르는 동안 많은 삶의 유적들이 곳곳에 있다. 그리고 조선시대의 학문의 요람이던 향교는 성주 들판의 언덕 위에 자리하고 있다. 향교에 올라 유생들이 공부하던 명륜당에 앉아 보면, 성주 읍내가 한눈에 들어오는 중심에 자리하는 것에 비하여 조금 멀리 떨어져 있는 듯 보인다. 그러나 읍내에서 향교를 보나 향교에서 읍내를 보나 한눈에 서로 보이는 장소이므로 조금은 거리가 있어도 향교 건축의 입지에 필요한 규율에는 크게 문제가 없어 보인다. 향교 마을 동쪽에는 고려 때 절터가 자리하는데, 지금은 하우스 농사를 하는 밭으로 변해 있어서 하우스 지붕 위에 탑의 머리 부분만 보인다. 향교가 있는 산에는 길가 옆으로 이 고을을 통치하던 조선시대 나리님들의 선정비가 자리하고 있어서 지형적으로 중요한 장소인 것 같다.

향교 옆길은 칠곡이나 구미로 가는 길로 조선시대 한양으로 다니는 지름길이었다. 성주향교는 30번 국도를 따라가다 성주 시내를 벗어나는 지점에서 동방리 7층 석탑이 보이는데, 이 탑 맞은편 진입로를 따라 오르는 길에 있다. 성주시내의 북측 언덕 위에 자리한 향교에서 멀리 우측으로는 가야산(伽倻山) 자락이 눈에 들어오고, 좌측으로는 가야시대 고분군으로 유명한 성산고분군이 있는 성산(星山)이 바라다 보인다.

국도 도로에서 마을 끝의 산 아래 말단부까지 걸어가다 보면 향교로 진입하는 길목 어귀에 이 고을을 다스리던 현감의 기념비(紀念碑) 외에 다수의 흥학비(興學碑), 선정비(善政碑) 등이 자리하고 있다. 이들 비(碑) 중에는 철을 사용하여 만든 것이 있다. 특히 철로 만든 선정비들은 옛 가야 지역이던 이곳과 주변의 고령, 거창, 합천 등에서 보이는데, 이는 이곳이 예로부터 철이 많이 나는 지역이었음을 짐작케 하는 근거들이다.

마을의 안길을 조금 걷다보면, 산 중턱에 향교의 지붕선과 담장이 나타난다. 향교는 성주 시내에서 바라다보면 교촌 마을 언덕 위에 좌우로 펼쳐져 있어 매우 거대한 규모로 보인다. 지금은 큰 건물들이 많아 그 크기를 짐작하기 어렵겠지만, 조선시대 당시에는 언덕 위에 고래등 같은 기와집의 위용은 대단했을 것으로 생각된다. 그것이 당

나즈막한 언덕에 자리한 성주향교 전경

시 향교가 갖는 지역 교육, 곧 관학의 위용이고 이 지역이 조선시대 매우 중요한 교육의 산실이었음을 의미한다.

이제 성주향교의 건물 배치에 대하여 살펴보자. 성주향교는 태조 7년(1398년), 지방에 향교를 세울 때 건립되었는데, 건물의 배치는 대성전이 동측 전방의 높은 터에 자리하고, 명륜당은 서측 터에 자리하고 있다. 명륜당과 대성전이 담을 사이에 두고 좌묘우학(左廟右學)의 배치형태를 하고 있다. 즉, 동쪽으로부터 제향공간인 대성전 영역, 중앙에 강학공간인 명륜당 영역, 서쪽으로는 고직사 영역이 배치되어 있다. 계단을 올라 입덕문(入德門)을 들어서면 좌측에 유생들이 기거하던 양사재(養士齋)가 있다. 정면에는 넓은 마당을 건너서 명륜당이 자리하고, 약간 높은 대지에 담을 두르고 대성전과 동무·서무가 배치되어 있다. 대성전 전방에는 내삼문과 외문을 꾸미고 외부에서 직접 출입할 수 있는 별도의 문을 두고 있다. 그리고 명륜당과의 사이에는 일각문을 설치하여 평소에 사당에 출입하는 기능을 하도록 만들어 놓았다. 명륜당 서편의 담장 밖에는 'ㄱ'자형의 고직사가 별도의 담장으로 영역을 만들어 자리하고 있다. 당시에는 만화루와 동재·서재가 있었고, 양현청·양몽재라는 건물이 있었다는 기록이 있다. 그러나 만화루는 임진왜란 때 소실되고, 명륜당 앞 좌우에 있었던 동재와 서재는 한국전쟁 6.25때 소실되었다고 전한다.

성주향교는 다른 향교에 비해 출입 대문이 많은 것이 특징이다. 먼저, 현재 출입문이며 고직사로 이어지는 맞배지붕의 사주문(四柱門)은 향교의 남서쪽 방향으로 마을로 이어지는 길과 연결된다. 이 문은 고직사에서 유생들의 생활을 도와주던 하인들이 사용하던 문이다. 명륜당에서 공부하는 유생들에게 방해가 되지 않도록 한적한 곳으로 문을 내고, 바라보는 방향도 양산재라는 유생들의 숙소가 가리어 직접 보이지 않도록 비켜 세운 것이 건물 목적에 맞는 지혜로운 발상이다.

또한 성주향교는 외부로 연결되는 세 개의 출입문이 있다. 모두 사주문으로 자연석 덤벙주춧돌 위에 네모나게 깎은 방형 기둥을 세웠으며, 좌우 측면에 흙으로 막은 심벽으로 구성하였다. 이 문은 중앙에 두 짝 판문을 달았는데, 담장과 만나는 문짝의 위치가 담장 선과 다른 것이 매우 흥미롭다. 고직사로 연결되는 출입문은 중앙에 꾸미고, 명륜당과 대성전으로 연결되는 두 출입문은 전면에 대문을 달고 있다. 높은 지형 위에 있어 계단을 올라가 들어가야 하는 명륜당과 대성전으로 연결되는 두 출입문은 담장과 일치시켜 약간 도전적인 느낌이다. 이는 엄숙한 공간의 출입문임을 의미하고 있는 듯 하다.

대성전의 외문에 해당되는 판문은 아래 문지방이 높고 전면에 계단을 두지 않고 있는데, 이는 신문(神門)만으로의 역할을 하도록 되어 있다. 대문 앞은 경사진 언덕으로 그 앞에는 풀이 무성하며 계단이 없다. 신문(神門)으로 신들만이 다니는 문이라는 의미일 것이다.

이 향교에는 협문도 세 개가 있다. 협문은 모두 일각문(一脚門)의 맞배지붕 건물로 하나는 명륜당 마당 서편 담 가운데 놓여 명륜당 쪽으로 문이 열리며 명륜당 쪽에서 잠기도록 하였다. 또 하나는 명륜당 마당 동편 담 가운데에 있고 내삼문 쪽으로 문이 열려 통하는 문이다. 이 문은 협문 중 가장 세련된 모습으로 자연석 덤벙 주춧돌에 원형 기둥을 사용하였고 형식은 간략하나 기둥의 치목 수법이 아름답다. 또 하나는 대성전 안에 있는 전사청벽에 대어 세운 문이다. 명륜당에서 대성전으로 내삼문을 통하지 않고 직접 통하는 문으로, 대성전에서 문을 잠그도록 하여 제향을 할 때 편리하게 사용하기 위해 만들었다. 그러나 문의 여는 방식으로 보아 근본적으로는 대성전의 내삼문을 통하여 출입하는 것을 원칙으로 한다는 무언중의 방향과 위계를 표현하고 있는 듯 하다.

고직사 출입문을 들어서면, 쪽담의 일부를 생략하여 대문 없이 고직사 마당으로 들어서게 하고, 전면에는 성주 시내 방향인 남쪽을 바라다 보이도록 세운 명륜당이 있다. 이 강학공간에는 명륜당과 양사재(養士齋) 건물이 자리하고 있다. 여기에는 대부분의 향교에서 볼 수 있는 동재·서재가 없으며 달랑 두 칸짜리 크기의 양사재(養士齋) 한 동 만이 학생들의 생활공간이었다. 명륜당의 전면 다섯 칸에 측면 두 칸이라는 매우 큰 규모에 비하여 양사재(養士齋)는 이렇게 작으니, 유생들이 적었던지 아니면 공부하기 편한 공간을 위하여 소수 인력만을 공부시켜 배출하는 지금의 특목 학교와 같은 정혜의 유생들만을 배출한 것인지는 알 수 없으나 매우 흥미로운 모습을 하고 있다. 또한 다른 향교에서처럼 동재와 서재가 명륜당을 좌우로 호위하듯 서 있는 배치가 아니라, 명륜당과 마주보는 형태로 배치되어 있는 것 또한 다른 향교에서 보기 드문 모습이다. 그러나 이렇게 되어버린 이유는 향교라는 규율에 배치되었던 목조건축물들이 6.25 전쟁으로 소실되어 사라져 버렸기 때문이다.

강학영역(講學領域)의 중심인 명륜당(明倫堂)을 바라보자. 명륜당은 입덕문과 축을 일직선으로 하고 약간 경사지고 넓은 마당 위쪽에 둥글넓적한 자연석을 이용하여 막돌로 정성들여 쌓은 기단 위에 자리

배흘림 기둥이 아름다운 명륜당

한다. 커다란 자연석 주춧돌을 놓고 원형 단면의 기둥을 세운 명륜당 건물은 정면 다섯 칸, 측면 세 칸 규모이며 익공계 겹처마 맞배지붕 건물이다. 굵고 큰 기둥을 사용하였기에 건물의 규모가 크고 지붕이 높기 때문에 장대하게 느껴진다.

맞배지붕은 크고 높을수록 측면의 골격이 그대로 비바람에 노출되기 때문에, 빗물에 취약한 박공부분에 비나 눈이 들이쳐 건물이 상하는 것을 막기 위한, 널판으로 이어 붙여 치마를 두른 것처럼 만든 방풍판이 달려 있다. 그리고 명륜당은 축대를 사용하지 않고 양사재부터 완만하게 경사진 산의 흘러내린 자연적인 경사 지형을 이용하고 있다. 기단 전면 중앙에는 비교적 긴 여덟단으로 완만하게 구성된 계단을 놓고 신도의 역할을 하고 있다. 옆으로 서측의 외주 아래로는 오단으로 된 계단을 꾸미고 있다. 또 그 옆으로는 건물의 측면 방향에서 오르는 삼단으로 된 계단을 두었다. 유생들은 이 두 계단을 사용하였을 것으로 보인다.

평면구성은 정면 다섯 칸 중 중앙 세 칸의 전면이 개방된 대청마루가 꾸며져 있고, 양측 칸 전면에는 툇보 상부에 벽체를 만들어 놓은 연등천장으로 한 칸 툇마루가 꾸며져 있다. 그리고 뒤에는 고미반자로 천장을 마감한 두 칸 크기의 온돌방이 배치되어 있다. 중앙의 계단으로 오르면 만나는 전면 세 칸으로 꾸민 대청마루 중앙 가운데 기둥의 둘레가 다른 기둥에 비하여 지름이 큰 점이 특이하다. 또한 툇마루가 한 칸을 통째로 사용하기에 매우 개방적인 느낌을 들게 한다. 두 개의 기둥만이 이렇게 두꺼운 이유는 여러 가지로 생각해 볼 수 있지만, 중심 칸을 강조하여 커다란 규모의 명륜당이 시각적으로 안정감을 주도록 표현하고자 했던 도편수의 마음이 아닌가 한다.

천장의 가구 형식을 살펴보면 둥근 기둥 위에 구름 모양으로 초각하고 단면을 백색단청으로 칠한 보아지를 꾸미고 있다. 그 위로 주두

듬직한 대들보를 건너지른 명륜당의 천장가구의 조형

를 구성한 후 대청마루 천장으로 곧고 커다란 대들보 두 개를 건너지르고, 좌우 온돌방의 벽체 상부는 종보까지 높게 하나의 나무로 받치는 고주를 둔 2고주 오량집의 구조 형식을 하고 있다. 중대공은 동자주를 올려 보아지를 끼우고 도리와 이를 받치는 장혀 사이에 소로를 끼워 넣어 조형미를 느끼게 만들었다. 그리고 뜬창방을 건너지른 그 위에는 종보를 꾸며 놓았다. 대들보와 용마루를 받치는 대공은 여러 판재를 사다리꼴 모양으로 이어 놓아 단순하지만 규모나 천장의 높이에서 조선시대 교육공간의 엄숙함을 느끼기에 충분하다.

한편 명륜당의 좌우 온돌방 앞에 만들어진 툇마루 끝의 처마아래에 꾸며진 하얀 벽체가 특이하게 눈에 들어온다. 이 향교만의 특징이기도 하다. 온돌방은 특이하게도 좌우 온돌방의 천장 위에 고미다락을 꾸며 놓았으며, 다락에 올라가면 실내가 어두워 물체의 식별이 불

명륜당 온돌방 위에 걸려 있는 옛스러운 현판

가능하므로, 조명이 없던 시절의 조명을 대신하여 툇마루 쪽으로 자귀로 잘 다듬은 판문을 달아 놓았다. 그 아래에는 가운데 설주가 있는 쌍여닫이 띠살무늬 방문을 달아, 문을 열면 멀리는 성주산과 성주읍내의 넓게 펼쳐진 들판이 시야에 들어오도록 만들어져 있다. 마루 끝에 앉아 명륜당을 바라보면, 단층 건물이면서도 매우 장엄한 느낌의 명륜당에서 한옥의 고즈넉한 분위기에 압도된다.

명륜당 건물의 벽체는 전통한옥에서만 볼 수 있는 나무의 기둥과 골조들이 외부에 드러나 있다. 그 사이는 수수깡이나 대나무 등을 새끼줄로 엮어 만들고 진흙과 볏짚, 그리고 해초풀을 섞은 흙으로 마감하는 벽으로 되어 있다. 명륜당에서 공부하는 유생들을 위해 찬바람을 막아 주던 대청마루의 바라지창은 네 장의 긴 널판을 하나로 묶어

명륜당 온돌방 다락의 판재 창

만든 쌍여닫이 창문으로 세 칸의 기둥 사이에 부드러운 나무의 질감과 느낌이 한껏 한옥의 맛을 느끼게 한다. 대청마루 바라지창은 엉성하게 널을 붙이고 있어서 찬바람을 막았을까 의심이 가기도 한다. 어쩌면 대청마루 천장의 웅장한 대들보와 연목들의 만남의 무게감을 떨치고, 조금이나마 긴장감을 완화시키려는 의도로 만들었는지도 모른다. 아울러 이곳은 한반도의 남쪽으로 겨울이 비교적 따뜻하다고 이해하면 조금은 의문이 풀릴 것 같다.

온돌방의 뒤편을 엿보면, 후벽은 외부로 쪽마루를 두고, 벽체 하부에는 흙으로 된 머름을 두고 있다. 온돌방으로 출입하는 대청과 면하는 문은 온돌방의 전면인 고주로 쌍여닫이 띠살무늬 문을 달고 있다. 안쪽 방문은 외여닫이문을 달아 놓아 내부 공간의 구분에 따라 드나들기 편리하도록 꾸며져 있다. 이처럼 명륜당에 있는 문들은 우리가

판재를 얼기설기 엮은 듯한 명륜당 바라지창의 자연미

흔히 말하는 한옥의 창문틀이라고 부르는 형식으로 띠살무늬 동살을 상·중·하로 세 무리를 이루고 있는 공통점을 갖고 있다.

서쪽 외벽을 보면, 우리 선조들이 한옥에서 벽을 어떻게 표현하려 했는지를 이해하기에 좋은 모습을 발견할 수 있다. 창문이 없는 서쪽 온돌방의 외부 측면으로 벽을 보면 중앙 칸에 인방의 변화와 가로재와 세로재의 연결선이 비구상 화가의 작품이라도 보듯이 매우 조형적이다. 이와 같이 골격이 드러나도록 벽면을 마감하는 방식을 우리는 심벽이라 부른다. 이것이 직선 부재로만 결구되어 경직된 명륜당의 전체적인 분위기를 편안하게 하는 완충 역할을 하고 있다. 또한 기둥머리도 부드러운 곡선으로 초각하여 우아한 곡선을 절충하여 균형을 맞추려 했던 도편수의 마음이 읽히고, 얼마나 심사숙고하여 이 건물을 세웠는지 그 정성을 느낄 수 있다.

길고 넓적한 멋을 살린 명륜당의 툇마루의 널

명륜당 대청마루에서 많은 시간이 흘러 나뭇결이 갈라지고 도드라진 소나무 기둥에 기대 앉아 멀리 성주산을 바라보면, 세월의 덧없음을 새삼 깨닫게 된다. 한편으로는 공자의 뜻을 실천하고자 밤낮없이 노력하던 조선시대 선비들과 마음의 대화라도 나누라는 듯 고요한 적막감이 오히려 평온함을 선사한다.

다음은 유생들이 기거하던 양사재를 살펴보자. 명륜당 기둥에 기대어 물끄러미 발아래를 내려다보면, 선생님이 부르면 금방이라도

유생들의 강학공간에 자리한 양사재와 정문 팔덕문

방문을 열고 나올 것 같은 유생들의 모습이 떠올려지는 유생들의 방인 양사재(養士齋)가 자리하고 있다. 이 건물은 자연석을 한층 깔아 기단을 만든 위에 거칠게 원형으로 다듬은 주춧돌을 놓고 원형 기둥을 세운 정면 두 칸, 측면 한 칸 규모의 홑처마 맞배지붕 건물이다. 다소 비좁은 듯한 삼량집의 양사재는 전면으로 1/3칸을 툇간으로 구성하여 마루를 꾸몄으며, 나머지는 온돌방으로 되어 있다. 전면에는 중인방을 가로 지르고, 쌍여닫이 띠살무늬 문을 달고 후면에는 중방 상부에 들창을, 하부에는 외짝 띠살창을 달았다. 이렇게 비좁은 공간에서의 생활을 견딜 수 있는 것은 학문을 배우는 선비들이기 때문이다. 선비들이라면 공간의 비좁음을 마음에 두지 않는다. 오직 학문에 전념하는 것이 중요하다는 공자의 말씀을 따른 것이다. 사실 외우고 쓰는 공부는 좁은 곳에서 더욱 집중도를 보이는 인간의 심리와도 관계가 있을 것으로 생각한다.

양사재에서는 건축적으로 흥미로운 점을 발견할 수 있다. 툇간을 구성하기 위해 고주를 세우고 있는 것과, 툇마루 좌우를 막는 심벽을 꾸미고 있는 점, 후면에 아궁이를 내고 서편 추녀물이 떨어지는 기단 밖으로 굴뚝을 아담하고 세련되게 꾸며서 멋과 아름다움을 풍기고 있다는 점이다.

한편, 양사재 옆인 동편의 담장이 명륜당으로 출입하는 입덕문(入德門)으로 이어지는데, 이 문에는 성주향교의 출입문 중 유일하게 문의 이름인 현판이 걸려 있으며, 지붕은 홑처마 맞배지붕을 하고 있다. 고직사로 통하는 사주문이 따로 있지만, 이 문은 강학영역으로 통하는 외삼문의 기능을 하고 있다. 그리고 마을에서 올라오는 길에서 높은 돌계단을 오르면 지붕이 보이지 않아 하늘에 닿은 것 같은 언덕 위 단층 기단에 앉아 있다.

또한 입덕문은 자연석 주춧돌을 이용하여 네모난 기둥을 세우고 전면에 두 짝 판문을 달고 좌우에 심벽으로 막은 모습이다. 대문을 좌우 담에서 약간 안으로 꺾여 들어온 위치에 두는 모습은 지형의 특성상 나타나는 사례이긴 하지만, 성주향교가 속한 경북지역 향교 일부에서 나타나고 있는 특성으로도 볼 수 있다. 아울러 명륜당의 주 출입구임을 강조하듯 담장 안에 펼쳐질 또 하나의 공간 세계로 나가기 위한 움추림으로도 보여진다.

한편, 공자를 모신 제향영역(祭享領域)의 중심 건물인 대성전은 별도의 담장으로 꾸며진 동쪽편에 배치하였다. 대성전의 공간 배치 구성을 보면 매우 독특한 모습으로 다른 향교에서는 보기 드문 형태이다. 이렇게 별도의 출입문을 외부로 연결하여 만든 사례를 들자면 사천에 있는 곤양향교가 있다. 명륜당에서 직접 대성전으로 가지 않고 정문으로는 외부와 연결되는 별도의 담장을 꾸민 공간을 통해 명륜당에서 나온 동선과 외부 동선이 만나는 중정(中庭)을 두고 있다. 여기서 내삼문을 들어가는 형식이다. 외부에서 직접 내삼문으로 들어가기 전에 별도의 출입문을 두어 대성전만의 별도의 중심적인 공간임을 알리기 위한 과정의 공간을 둔 것으로 보인다. 멀리서 대성전을 보면 외문과 내삼문 그리고 대성전이 점차적으로 전개되는 맞배지붕의 전개 모습이 매우 특이하다. 이 향교는 명륜당 지붕보다 더욱 넓게 펼쳐진 화려한 공포 가구법인 다포계 맞배지붕 건물인 지붕면을 통하여, 대성전이 갖는 의미를 다른 향교보다 더욱 중요하게 생각하였다고 볼 수 있다.

대성전으로 가는 방법은 마을에서 오르는 길에서 외문(外門)으로 들어가든지 명륜당 마당이나 강당 옆의 협문으로 들어가는 세 군데의 문을 사용하면 된다. 마을에서 오르는 길에서 외문(外門)으로 들어가든지 명륜당 마당으로 연결된 문을 들어가면 작은 마당이 나오고 다시 대성전의 정문 출입문인 내삼문(內三門)으로 향하게 된다. 사당 공간은 둥글 넓적한 돌로 아래는 큰 것을 놓고 위쪽으로 가면서 작은 것을 놓는 방식인 막돌허튼층 쌓기를 한 축대 위에 자리하고 있다.

별도의 담장 안에 중정공간을 따로 꾸민 대성전 공간 배치

▲ 길 없는 가파른 언덕에 세워진 신문(神門)의 의미로 꾸며진 대성전 외문

제향공간인 내삼문 앞에서 본 향교의 전경

내삼문의 건축적인 특징을 살펴보자. 이곳 향교의 내삼문은 둥글넓적한 커다란 자연석의 주춧돌 위에 둥근 기둥을 세워 만든 정면 세 칸, 측면 한 칸 규모의 홑처마 맞배지붕 건물이다. 높은 축대 위에 자리한 내삼문의 출입 계단은 동측 전면에만 놓여 있는데, 이는 동쪽문으로 들어오는 것을 원칙으로 하는 입구 역할을 수행하고, 나가는 것은 전사청 남측에 달린 협문으로 나가는 출구로서의 역할을 수행하게 한 것 같다. 성주향교의 내삼문은 기둥 위에 주두 없이 소로를 수장한 도리 첨차를 두고 장혀와 보아지를 이용하여 기둥머리를 공포집으로한 세련된 건축적인 특징을 표현하고 있다. 이것이 성주향교에서 볼 수 있는 내삼문의 멋이다.

토벽으로 측면을 막고 자리한 내삼문

내삼문으로 보는 서무와 사당공간

특히 곡선의 홍예보와 사다리꼴 대공은 규모는 작지만, 건축적인 아름다움을 살린 당당한 품격을 지니고 있다. 더욱이 단청도 간결미를 강조하는 조선시대 제향건물들과 같이 가칠단청을 하였다. 가칠단청은 나무 부재에 한 가지 색깔의 단청을 채색하고 밋밋하다 싶으면 부재 끝 부분에 선긋기나 간단한 주화 문양을 그려 넣는 정도로만 채색을 하는 방법을 말한다.

이렇게 단청이 칠해진 내삼문은 각 기둥마다 두 짝의 판문을 달고 판문 전면에 단청으로 태극 두 개를 그렸다. 문 상방 위에는 중앙에 태극문의 화반과 같은 판재를 꾸민 홍살을 마루도리를 받치는 장혀

대성전 앞의 제향공간

에 연결하여 벽을 꾸몄다. 옷매무새를 단정히 하고 살며시 오른쪽의 판문을 열고 들어서면, 사당 마당 좌우로는 동무와 서무가 자리하고 있으며, 전면에는 잘 다듬은 장대석을 이고석쌓기 한 기단 위에 다포로 짜여진 당당한 모습의 대성전이 자리하고 있다.

그리고 서쪽으로 나가는 협문 옆으로 서무의 뒤편에는 정면 두 칸, 측면 한 칸 규모의 판문으로 짜고 바닥이 마루로 꾸며진 홑처마 맞배지붕 건물인 전사청(典祀廳)이 자리하고 있다. 사당공간은 대성전을 배경으로 매우 장중하며 위엄이 느껴진다.

전면에 장대석을 세 줄로 쌓아 올린 세벌대 기단 위에 둥글고 높은

앙증맞은 협문과 담장의 어울림

잘 다듬어진 장대석 기단 위에 자리한 대성전

주춧돌을 사용하고 그 위에 원형 기둥을 세운 대성전의 모습은, 격조 높고 장엄하게 느껴지면서 기둥이 안정감을 더해주는 아름다움이 있다. 또한 기단의 잘 다듬은 장대석들은 세월의 무게를 지탱하면서 아름답게 멋을 풍기고 있다. 기단 전면의 면석 중 가운데에서 약간 오른쪽으로 이단 기단석에 목을 길게 빼고 기어가는 거북 모양을 사실적으로 새겨놓았다. 그러나 현재 관리하는 사람들도 거북이를 본적이 없다고 하였다. 지금도 나는 성주향교에 가면 귀여운 거북이를 보러 왔다고 말한다. 그러면 관리인은 나를 정신 나간 사람인줄 알고 아래위로 처다보곤 한다. 그러던 어느 날 거북이를 같이 만나 보았

대성전 기단에 새겨진 거북이

다. 거북이를 만나게 해주던 날, 너무 신기해 하는 이분들 덕택에 나는 맛있는 떡과 차를 대접받았고 방명록에도 떳떳이 이름을 쓰게 되었다.

왜 거북이를 이렇게도 정교하게 새겨 놓았을까. 더욱이 커다란 면석의 중앙에 작은 거북이를 양각으로 새겨 놓기 위해서는 주변의 면을 깎아야 하는 어려움이 있을 것이고, 특히 우리나라에서 나는 화강석은 석질이 단단해 작은 형상을 표현하기가 어렵다. 그럼에도 불구하고 정교한 거북이를 새겨 놓은 특별한 메시지가 있었을 것이다. 토끼와 거북이가 달리기에서 느리더라도 꾸준히 노력하면 승리한다는 우화를 생각한 석공이 유생들에게 주는 메시지인지도 모른다. 그러나 이 궁금증은 보는 이들에게 생각의 자유로 남기고 싶다.

대성전의 다포 구성과 절제된 단청

한편, 성주향교의 대성전은 화려한 다포 건물로 정면 세 칸, 측면 세 칸의 맞배지붕 겹처마 건물이다. 특히 기둥에 꾸며진 공포는 매우 드문 예이며 바깥 모서리의 외주는 한옥의 지붕선과 과학적인 구조의 아름다움이라 하는 안쏠림 기법을 발견할 수가 있다. 이와 같이 대성전을 꾸민 곳은 전국의 3백여 개가 넘는 향교 중에 서울의 문묘와 가까운 대구향교, 전라도에서는 익산향교 등이다.

대성전의 전면 구성을 살펴보면, 둥근 주춧돌의 머리 상부를 일부 따내어 문 하방을 기둥 사이에 걸고, 그 위에 전면 세 칸 모두에 문을 달아 놓았는데 문들은 삼단의 배목으로 나눈 쌍여닫이 넌출문(당판문)으로 꾸며졌다. 기둥들은 배흘림이 약간 있는 원형 단면의 기둥을 세워, 고려시대 목조건축에서 볼 수 있는 배흘림이 표현된 세련된 기법을 볼 수 있다. 그리고 당판문은 널문의 배목의 맞춤 부분에 거므쇠를 대어 더욱 튼튼하고 묵직한 느낌을 주며, 장식적인 아름다움도 보여주고 있다. 특히 이들 넌출문들의 위치를 보면 매우 이색적인 방향성을 갖고 있다. 중앙의 어간, 신문(神門)의 경우 넌출문은 중앙에 자리하고 있으나, 좌우 칸의 협간은 각각 어간쪽 기둥에 문선이 닿도록 꾸며져 있다.

기둥 상부의 꾸밈을 살펴보자. 기둥과 기둥 사이에 창방이라는 수평부재를 걸고 기둥 위와 창방 위에 포작을 장식하는 다포식으로 구성하였다. 외부에 돌출된 살미의 형상은 초제공과 이제공은 앙서(仰舌)로 하고, 삼제공은 구름모양으로 조각하여 외부로 돌출된 보머리를 받고 있다. 더욱이 내외 이출목의 살미라고 하는 앞으로 돌출된 부재의 모양을 소의 혀모양처럼 내민 쇠서(牛舌)모양으로 장식하고 있어 교두형의 첨차와 어울린 가구 모습은 절제된 장엄함을 보여준다. 겹처마는 하늘로 솟을 듯하게 깎은 부연과 일정한 원형의 서까래의 규칙적인 나열의 아름다운 선율을 보여준다. 그리고 단순하게 끝에만 검정색 선으로 띠를 표시하여 마감한 긋기단청은 화려한 공포로 꾸며진 다포 건물과는 약간 어색한 감을 느낄 수 있으나, 이는 대성전이라는 제향공간의 엄숙함과 절제된 표현의 단청이 조화를 이루려는 모습으로 매우 인상적이다.

대성전의 일반적 출입문인 우측의 문을 열고 내부의 가구를 살펴보자. 이 건물의 기둥은 중앙 어간에는 평주(平柱)로 기둥의 높이를 맞추고, 좌우 측벽에서는 이고주(高柱) 오량집으로 되어 있다. 그리고 천장을 가로지르고 있는 모접기한 대들보가 거의 휨 없이 반듯하게 전면과 후면의 기둥 사이를 당당히 건너지르고 있다. 그 위에 네모나고 반듯한 동자주를 이용하여 종보를 받치고, 거의 네모난 대들보의 모서리만을 부드럽게 굴려 깍은 보와 기둥이 만나는 곳에는 모접은 보를 받치는 나무인 보아지를 받치고 있다. 매우 직선을 강조한 느낌으로 나무를 가공하여 사용함으로써, 엄숙한 사당의 분위기를 한껏 고취시킨다. 천장의 가장 높은 곳의 종도리를 받치는 부재는 여러 판재를 이어 세운 제형 판대공으로 뜬창방과 장혀를 결구하여 종도리를 받치고 있다. 대들보 위에서 동자주를 거는 내목도리에 만들어진 상벽은 벽체로 꾸미고 주간포 후면 상부에는 내목상벽화반이 있어 천장이 매우 높고 넓어 보이도록 꾸며 놓았다. 그리고 네모난 판재로 창방 위에 표현한 화반은 흰색과 검정색을 꼬아 당초문을 하늘로 올라가는 모습으로 그려 놓음으로써, 공자의 가르침이 무한한 전진을 이루기를 바라는 마음을 표현하는 듯하다. 다포계로는 특이하게 반자를 꾸미지 않고 서까래를 그대로 노출시켜 가로 세로로 건너지른 나무들이 조립된 천장 모습들과, 그 아래에 모셔진 향상(香床)과 위패가 모셔진 제기들이 어울려 대성전만의 엄숙하고 절제된 간결한 공간감을 느끼게 한다. 이곳에는 공자를 비롯한 중국의 오성현과 송조이현, 해동 십팔현의 위패를 모시고 있다.

비교적 좁은 느낌의 사당 공간은 장엄한 대성전 앞의 좌우를 호위하듯 서 있는 동무와 서무를 갖추고 있다. 이 두 건물은 기단 위에 동일한 모습의 정면 세 칸, 측면 한 칸 규모의 익공계 맞배지붕 건물로 대칭을 이루고 있으며, 막돌 쌓기한 낮게 조성된 기단 전면 좌우로 한단으로 된 계단을 각각 두었다. 특이하게도 두 건물은 전면 남측 귓기둥 초석만 원형으로 되어 있고 나머지는 자연석 초석을 놓았다.

문은 나뭇결이 아름답게 표현된 판자를 이용하여 대성전과 같이 거므쇠와 삼단으로 배목을 댄 이분합 넌출문을 달고, 남쪽 측면에는 수평 가로재를 연결하는 수직으로 나무를 대고 중앙에 격자무늬 광창(光窓)을 설치하여 방안에 한지를 바른 창문을 통하여 들어오는 햇빛을 받아들이고 있다. 기둥머리에는 초익공을 구성하였는데 남측 칸 전후 귓기둥을 제외한 나머지는 전·후면이 서로 다른 형태의 익공재로 되어 있어, 보수시 일부 변형이 있었음을 말해주고 있다. 기둥 사이에는 화반으로 꾸며지는 것이 일반적인 모습이지만, 여기서는 대신 소로를 수장하였고 초익공의 사절한 쇠서(牛舌)로 되어 있으며

대성전 담장 아래 축문을 태우던 정료대 항아리

긋기단청으로 당초문이 시문되어 있다. 기단 전면에는 좌우에 계단을 두어 오르게 하고 중앙의 신문(神門) 전면에는 계단을 두지 않아 대성전은 제사를 지내는 공간임을 밝혀주고 있다.

전사청의 뒤쪽 담장 아래에는 대성전에서 제사를 지내고 축문을 태우는 정료대를 항아리로 만들어 땅에 묻어 둔 것이 인상적이다. 특히 향교 담장 위에는 퇴화된 귀면이 자리하여 향교를 지키고 있다. 담장 아래로 펼쳐진 향교 앞들판에는 비닐하우스가 바다를 이루고 있는데, 대부분 성주 참외를 농사짓고 있다. 노오란 참외의 귀여운 꽃이 만발할 때면 농부들의 손길이 더욱더 분주해지고, 뜨거운 여름 태양의 기운으로 열릴 참외의 수확을 기대하면서 어려움을 잠시 잊을 수 있으리라. 이처럼 성주향교에서 공부하던 유생들도 학문의 열매 맺기를 기다리며 주경야독하였을 것이다. 자신의 학문이 맛있는 성주 참외처럼 달콤하고 성숙된 과일이 되는 날을 기다리며 자신과의 치열한 싸움을 하였으리라.

대성전 담장에 장식된 원심을 그려 넣은 망와

통일신라 궁성에 자리한 학문의 중심

경주향교

(경북유형문화재 제191호)

소재지 : 경상북도 경주시 교동 17-1

경주는 통일신라 궁성이 있던 도시요, 한국 사람이면 모르는 이 없는 역사의 도시이다. 특히 학창시절 수학여행의 단골 코스이고, 시내 한가운데 잘 정리된 거대 고분이 들어찬 이색적인 풍경에 이끌려 나이 들어서도 몇 번이고 다시 찾게 되는 매력적인 도시이다. 이러한 경주는 천년 신라의 도성으로 많은 유적이 가득하고 남산에는 신라의 탄생설화가 깃들어 있다. 이와 같이 유구한 역사는 조선시대에까지 이어지게 되고 그 한가운데는 교동마을이 자리하게 된다. 교동에 가면 조선시대 세워진 한옥들이 가득하고, 그 가운데 커다란 느티나무가 가득한 마을 뒷산을 배경으로 우뚝 솟은 고래등 같은 기와집의 향교 대성전이 자리하고 있다.

경주향교의 주변 풍경을 살펴보면, 전면으로는 마을과 남산이 바라다 보이고 동쪽으로는 월성(月城)이라는 신라시대 궁성이 있던 나지막한 산등성이가 지척에 자리하고 있다. 또한 향교 뒷편으로는 달처럼 커다랗게 솟구쳐 올라있는 신라시대 고분군들과 계림의 울창한 나무들이 시야에 가득히 들어온다. 서쪽으로는 향교의 담장을 사이에 두고 경주 최부자집으로 유명한 조선시대 한옥이 함께 어울려 자리하고 있다.

좀 더 구체적으로 주변의 환경을 살펴보자. 평평한 대지 위에 자리한 경주향교는 커다란 외곽 담장을 두르고, 다시 그 안에 요새처럼 내 담장을 둘러 제향공간인 대성전을 두고 있다. 신라시대 궁성이 있었던 지역이어서인지 외성과 내성을 갖춘 궁궐의 배치와도 흡사한 모습을 하고 있다. 경주향교의 동쪽 편인 월성과 계림으로 향하면 별도의 담장으로 구획된 고직사가 자리하고 있다. 서편으로는 조선시대 양반이면서 소작인들에게 최대한 권리와 이득을 나누는 미덕으로 조선팔도에 유명하던 경주 최씨댁과 그때의 모습을 기억할 수 있는 거대한 곳간 창고가 자리하고 있다. 그리고 향교 앞으로는 신라시대

신라시대부터 사용했던 고직사의 우물

밤마다 강을 건너 도성 밖으로 나가는 어머니가 안쓰러워 어머니의 궁궐 밖 야간 출입을 돕기 위해 만들었다는 다리, 신라 젊은이의 어머니에 대한 사랑을 표현한 효불효교(월정교)가 있다. 그 아래로는 문천이라는 개울이 흘러 마을 앞을 지나간다. 도시 한복판에 자리한 경주 향교이긴 하지만, 나지막한 언덕을 배산으로 마을 앞으로는 물이 동에서 흘러 남으로 빠져나가고, 개울 건너에는 남산이 자리하여 배산임수 형태의 모습을 하고 있다.

한편, 향교 주위로 양반들의 살림집이 들어서게 된 시기는 조선 중기 이후로 추정된다. 이는 향교의 기능이 제향공간으로 비중이 바뀌게 되면서 마을의 구성도 변하지 않았나 하는 생각이다.

경주향교처럼 신라시대부터 조선시대에 이르도록 천 년 이상 같은 자리에 교육기관이 존재한다는 것은 매우 보기 드문 사례이며, 삼국시대 월성 아래에서 공부하던 신라시대 귀족들의 생활까지 엿볼 수 있는 중요한 장소이다. 고직사에 있는 우물도 신라시대 만들어진 석정(石井)으로, 둥글게 조각된 두 개의 돌을 합쳐 놓은 널찍한 면적의 우물 돌은 신라인의 세련된 조각술을 느끼기에 손색이 없다. 더욱이 고직사 곳곳에 오랜 세월이 느껴지는 아름답게 조각된 돌들이 뒹굴고 있는 것을 보면 보물찾기에서 보물을 찾는 것처럼 신비스럽기까지 하다. 그 중에서도 대성전과 명륜당의 돌계단과 계단 옆을 막은 소맷돌 등은 화려하지는 않지만 세련미가 물씬 풍기고 세월의 멋이 돌 위에 새겨져 한옥을 더욱 아름답게 꾸며 주고 있다.

경주향교는 주변에 교동 한옥마을의 다른 기와집들과 한 곳에 모여 있는데 특이하게도 외삼문을 담장으로 하는 커다란 강학공간에,

가운데 새가 알을 품듯이 중앙에 내삼문을 둔 별도의 담장을 만들고 그 안에 대성전을 배치하였다. 이러한 배치는 평지형 향교에서도 보기 드문 구성이다. 이러한 경주향교는 교동마을 깊숙한 동쪽 골목 끝에 자리하고 있다. 교동에서 월성이 있는 계림으로 가는 골목길을 들어서면 토석으로 쌓은 긴 담장의 중앙에 '경주향교(慶州鄕校)'라는 현판이 걸린 외삼문(外三門)이 자리하고 있다. 기품과 고풍스런 모습의 의연함으로는 경주향교의 외삼문이 단연 으뜸이다.

이와 같은 외삼문은 정면 세 칸의 크기에 중앙에 담장을 이어 댄 모습으로 지붕은 방풍판을 측면에 달고 있는 단층 맞배지붕 건물로 되어 있다. 세월이 흘러 비바람에 마모되어 모서리가 자연스럽게 둥글게 되어버린 장대석으로 된 단층기단 위에, 잘 다듬은 둥근 주춧돌

기둥과 문의 크기에 의미를 달리한 경주향교 외삼문

상인방의 높이로 구분하는 경주향교 외삼문의 천장가구

을 정연하게 놓고 그 위에 원형 기둥을 세웠다. 세 칸의 기둥 사이는 쌍여닫이 형식의 넌출문이다. 중앙 칸인 어간(御間)의 문은 신문(神門)으로 폭이 넓으며 좌우에 있는 협문은 약간 작게 꾸며져 있다. 또한 어간의 신문은 위계의 표시로 태극문의 단청을 크게 표현하여 좌우의 균형감을 이루고 있다. 그리고 그 위에는 유생들이 공부하는 신성한 장소에 불미스러운 일이 생기지 말라는 의미로 홍살을 꾸며 놓아 벽사의 의미를 표현하고 있다. 밖으로 돌출된 측면은 판재로 하단을 막고 상단은 회벽으로 마무리하였다.

한편, 외삼문의 주춧돌은 다양한 모습을 하고 있다. 특히 비바람이 치면 가장 쉽게 손상이 생기는 모서리 기둥을 받치는 주춧돌은, 주좌를 조금 높게 하여 목재기둥 아래가 빗물에 썩지 않도록 한 지혜가 돋보인다. 이렇게 심사숙고하여 표현된 섬세함 속에서 한옥의 참모습과 아름다움을 발견하게 된다. 기둥머리를 살펴보면, 둥근 기둥머리에서 보와 도리를 직접 사괘 맞추고, 보와 장혀를 결구한 위에 도리를 얹어서 일체화시키고 있음을 알 수 있다.

문의 하중을 받치는 신방목이 받쳐진 문을 열고 들어서면, 전면에 대성전을 감싸는 담장이 가로막고 있다. 외삼문과 축을 같이 하는 내삼문은 외삼문과 크기는 비슷하지만, 현판부터가 내삼문이 아닌 신삼문(神三門)이라 걸려 있어 매우 특별한 만남이 기다려진다. 신삼문은 전면 세 칸, 측면 두 칸의 홑처마 맞배지붕 건물이다. 외벌대 기단 위에 턱을 앞으로 내민 잘 다듬어지고 시원스럽게 길쭉한 장대석으로 만든 기단 위에는 네모난 돌에 둥근 기둥자리 모양을 깎아 만든 주좌의 주춧돌이 사용되었다. 그리고 그 위에 원형 기둥을 세워 초익공의 홑처마 맞배지붕을 올렸다.

신삼문으로 표현한 현판이 있는 대성전 정문

신삼문인 내삼문 기둥 위의 가구법을 살펴보자. 내삼문은 전면에 서 있는 외삼문보다는 조금 세련되게 사괘를 틀고 익공재를 이용하여 도리방향으로 첨차를 결구한 다음 짤막한 익공재를 결구하였다. 도리 방향의 첨차와 직교하여 짜이는 초각을 한 살미와 첨차의 형태는 대성전과 거의 같다. 문지방에는 신방목을 끼우고 그 밑에 신방석을 깔았다. 신방석은 고려시대까지는 건물에 사용된 예가 많으나 조선시대에 건축된 사례는 극히 드물다. 주춧돌은 신라시대부터 사용되던 모서리를 둥글게 굴리고 기둥을 놓는 주춧돌 형식이다. 이는 문지방을 받치기 위해 길게 연결된 고막이의 결합 방법으로, 당시의 우수한 석재가공 기술을 발견할 수 있다.

신삼문은 중앙의 어간이 넓고 각 판문에 그려진 이태극 문양도 크게 그려져 있다. 또한 대문의 크기도 크게 만들어 일반인의 출입문이 아니라 대성전에 모신 분들의 출입문인 신문(神門)임을 강조하고 있

신라의 향기가 느껴지는 고식의 신삼문의 문지도리와 주춧돌의 멋

다. 이 문은 제사가 있을 경우에만 여는 특별한 문이다. 그리고 향교 내에 있는 문이어서인지 외삼문과 같이 측벽을 만들지 않았고 대문의 나무 널의 조립도 비교적 성글게 되어 있어 외삼문과 차별되는 모습이다.

지붕의 가구 수법을 살펴보면, 도리에 첨차를 받치고 종도리 장혀와 함께 보 방향으로는 구름 모양의 운공(雲工)으로 부드럽게 초각을 하고, 대문 위에는 벽사의 의미를 갖은 붉은색으로 칠해진 살가지의 홍살을 두었다.

내삼문을 조심스럽게 열고 들어서면, 축구장처럼 널찍하니 잔디를 심은 대성전 마당이 시원스럽게 펼쳐진다. 마당을 중심으로 내삼문인 신삼문과 대성전의 중심축을 이어주는 판석 돌로 깔아 놓은 답도(踏途)가 있다. 이 길이 끝나는 대성전 앞에는 중앙에 잘 다듬어진 장대석을 사용하여 만든 소맷돌을 갖춘, 장대석 돌계단이 좌우로 구성

신삼문에서 바라 본 대성전의 제향공간

된 멋진 계단에 다다른다. 대성전 서쪽 앞에는 불을 밝혀주던 명대석(=정료대)이 있다. 그리고 방형의 석함(石函) 형태로 된, 제사에 사용하던 축문을 태우는 시설인 망료위(望燎位)가 자리 잡고 있다. 중앙의 이중계 계단은 신라시대 건물의 양식을 갖고 있는데, 안압지에 사용되었던 계단을 가져다 사용하였다는 기록이 있다.

이렇게 멋지고 아름다운 석공의 솜씨는 부석사 무량수전, 불국사 대웅전, 구례화엄사 각황전 앞의 계단 등 신라시대 전·후에 만들어진 전통 건물에서 볼 수 있는 기법으로, 보는 것만으로도 우리문화의 우수성을 느끼게 한다. 특히 커다란 장대석과 판석으로 기단을 쌓고 그 위에 빗물이 기단을 타고 흐르면 무너질 수 있기 때문에, 빗물이 기단 밖으로 떨어지도록 기단 상부에 납작한 갑석을 약간 빼내어 준 기법은 매우 우수하다. 이 기법 또한 조선전기 이전에 유행하던 기단의 축조방식이다.

장엄함이 느껴지는 대성전

제사를 지내기 위하여 제향하는 유생들이 오르는 계단을 양 측면에 만들어 놓았다. 대성전의 출입 방향인 동쪽의 계단을 올라서면, 장엄함이 느껴지는 대성전이 나타난다. 대성전의 기단 윗면은 전돌을 깔고 기둥의 자리인 주좌(柱座)가 표현된 잘 다듬은 주춧돌을 놓고 원형기둥을 세웠다. 기둥머리는 외일출목의 헛첨차로 꾸며고 기둥 위에만 공포를 조립한 기법인 주심포 양식의 겹처마로 전면 세 칸, 측면 세 칸 규모의 주심포계 맞배지붕이다. 특히 이 건물은 횡방향으로 도리를 거는 칠량 건물로 매우 규모가 큰 건물이다. 건물의 네 귀퉁이 모서리 추녀 아래에는 원형 기둥 모양의 팔각석주를 받친 추녀에 세운 활주가 매우 인상적이다. 팔각 활주는 천·지·인(天·地·人)을 나타내며 팔각 주춧돌은 땅을 나타내고 원형 기둥은 사람을, 그리고 지붕의 처마는 하늘을 나타낸 것이다. 대성전은 칸의 수보다 큰 건물로 두 개의 긴 기둥을 말하는 고주(高柱)를 사용하고 있다. 높은 지붕과 그로 인해 건물로 들이치는 비바람을 막기 위해 꾸며진 방풍판도 매우 크다 못해 거대하다고 표현하는 것이 맞을 것이다. 또한 평주(平柱)와 우주(隅柱)의 높이를 이용하여 뚜렷하게 표현된 추녀 끝이 하늘로 솟아 세우는 귀솟음, 그리고 기둥에는 약간 배흘림이 표현되게 깍은 시원스런 모습과 그 높이에서 멋스러움이 느껴진다. 전면 어간 상부에 대성전(大成殿) 현판이 걸려 있다.

우리나라 사람들은 일본이나 중국을 여행하면서 커다란 규모의 목조건축을 보고 그 규모에 감탄을 한다. 그러나 잠깐 우리 주위를 둘러보자. 우리의 전통 건축물 또한 웅장하고 아름다울 뿐 아니라, 이를 더욱 아름답게 표현해주는 단청의 회화를 가미해 건축 예술의 극치를 보여준다. 한편, 일본의 경우는 연속성과 단절된 직선을 강조하여 단순하게 칠한 단청의 건물이며, 중국의 경우는 거대하기가 나라만큼이나 크다. 그러나 우리나라 한옥 건물처럼 크면서 부드러운 초각, 절제된 표현은 주변 나라에서는 찾아보기 힘든 우리만의 고유한 멋이다. 거추장스러울 정도로 많은 조각품이 표현된 중국전통건물이나 커다랗고 단순하며 둥근 부재보다는 각진 부재를 사용하는 일본의 건축물을 보고 아름답다고 표현하는 경우도 있다. 그러나 이를 비교하여 우리나라 한옥은 모자란 것처럼 표현하는 사람들을 보면, 우리 주변을 세세히 둘러보고 우리 건축물의 아름다움과 우수성을 다시 한 번 평가하자고 하고 싶다. 즉, 각 나라마다 고유한 생활방식이 있고 그들이 추구하는 건축의 의장이 다를 수 밖에 없다. 그러나 자신이 태어난 나라의 민족이 느끼는 감정은 고유하기에 한옥의 참 모습도 우리들이 발견 할 수 있는 것이다.

따라서 경주향교의 대성전 건물을 보고 절제된 한옥의 아름다운 모습을 생각해 보자. 좀 더 자세히 살펴보기 위해 거대한 대성전의 발밑을 보자. 커다란 방형 주춧돌 위에 기둥의 자리를 표현하고 석공의 정성이 느껴지는 원형의 주좌를 이중으로 두었으며, 활주는 부드러운 각을 표현한 팔각형의 모습, 건물벽을 따라 벽체 하단에 잘 다듬은 장대석을 깔아 바닥으로부터 습기를 막아 흙벽과 나무를 보호하는 지혜가 돋보인다. 그리고 신방목에는 이중의 원호(圓弧)를 음각하여 생명력을 느끼게 하며, 신방석 역시 신방목 형태에 맞추어 받치고 있다. 이렇게 아름답고 세련된 기법들은 다른 향교에서는 찾아볼 수 없는 경주향교만의 특별한 아름다움이다. 벽체의 구성도 매우 특이하다. 정면에는 대성전의 현판이 걸려 있는 중앙 어간의 판문이 협간보다 크다. 얼른 보기에는 같아 보이나 각 칸마다 둔테가 달린 쌍여닫이 넌출문(당판문)이 조금 크다는 것을 기둥과 넌출문 사이의 하얀 벽체의 여백을 보면 알 수 있다. 대성전의 넌출문은 안으로 열게 하였으며, 출입문 문지방 아래는 신방석을 깔고 신방목으로 구성하였다.

대성전은 배흘림기둥에 주심포 양식의 매우 고식 건축기법을 사용하고 있다. 살펴보면, 기둥과 보 및 도리가 만나서 연결되는 공포는 쌍을(乙)로 초각한 주심포 양식이다. 살미의 형태는 끝이 날카롭게 쇠서를 길게 빼내고, 이를 받치는 헛첨차의 길이는 살미보다 짧으나 모양은 동일하다. 이러한 가구기법은 전체적으로 조선시대 중기의 건축양식을 보여주고 있다. 헛첨차는 기둥 위에서 살미를 받치는 부재로 기둥에 조립되어 있으며 주심포 양식에서만 나타나는 특수한 부재이다. 그리고 기둥과 기둥 사이의 창방 위에는 윗면이 넓은 파련화반을 표현하고 있다. 문을 열면 대성전 내부가 나타나는데 위패를 모시는 제사상과 그 아래는 향을 피우는 조그만 탁자인 향상을 가지런히 줄을 맞추어 나열해 놓고 있다. 가구의 구성은 매우 소박하게 처리하고 있지만 종도리의 높이가 높게 만들어져 장엄하다. 그러면서도 긋기단청으로 절제하여 표현된 단청과 어울린 실내 장식은 단아하고 엄숙한 느낌을 준다.

한편 이 향교에서만 볼 수 있는 또 다른 건축적 특징이 있다. 경주향교의 대성전은 공자의 위패를 모셔놓는 별도의 공간을 구획하였는데, 대성전의 중앙의 후면 반 칸, 중앙의 한 칸의 천장을 우물정(井)자 모양으로 반자틀을 짜고 우물 반자로 꾸몄다. 좌우에 모셔져 있는 중국 오성(聖), 좌우에 해동(海東) 십팔현과 송조(宋朝) 이현의 위패에 비

동무의 아름다운 표현 예술 벽체

해 상대적으로 그 권위를 높이고자 건축에 정성을 들인 부분을 발견할 수 있다.

대성전 좌우로 호위하듯 서 있는 동무와 서무는 각각 전면 열두 칸, 측면 한 칸의 삼량집의 규모이며, 초익공의 공포로 구성된 홑처마 맞배지붕 건물로 큰 규모를 자랑한다. 동무와 서무가 크다는 상주 향교도 전면 열 칸, 측면 한 칸의 규모에 지나지 않는다. 동무와 서무는 단층 기단 위에 대성전과는 다르게 다양한 모습의 주춧돌을 놓았다. 원형 기둥과 벽체는 회벽으로 마감한 심벽의 구조이며 가칠단청으로 간결하게 채색되어 있다. 특히 이 건물들은 좌우 끝의 한 칸은 회벽으로 두고, 두 번째 칸에 궁판을 달은 띠살무늬 이분합문을 두고 두 칸의 회벽 건너 한 칸은 이분합문이 꾸며져 있다. 대성전의 좌우를 호위하듯 늘어선 동무·서무는 일정한 간격의 기둥이 연속적으로 나열되어 직선의 연속성이 아름답다. 하인방과 중인방의 연속성을

명륜당 뜨락으로 보이는 동재와 고즈넉한 강학공간

강조하고, 중인방에 창문을 달아 시각적으로 긴 벽의 지루함을 완화하여 절제된 품위를 보여주고 있다.

대성전의 별도 공간의 동쪽 후면 담장 아래로 기둥 두 개로 귀엽게 지붕을 받친 '일각문'이라 부르는 협문이 있다. 이 문을 통하면 강학공간으로 가는 길이다. 강학공간에는 명륜당과 동재(東齋), 서재(西齋)가 자리하고 동쪽으로는 고직사로 드나드는 출입문이 있다.

명륜당(明倫堂)은 대성전과 일직선의 축으로 두었고, 좌우에는 이를 호위하듯 유생들이 기거하는 동재와 서재가 배치되어 있다. 그리고 명륜당 중심축의 정면으로 박석을 깔아 답도를 두었다. 건물의 위계질서에 따라 대성전보다는 규모를 작게한 외벌대의 갑석으로 된 기단과 계단의 모습을 보면서, 건축을 통해서조차 예(禮)를 실천하고자 했던 모습을 발견할 수 있어 매우 인상적이다.

경주향교의 명륜당은 둥글게 모를 굴리고 기둥이 놓일 자리를 표현한 주좌가 있는, 정성스럽게 만든 주춧돌 위에 둥근 기둥을 세워, 전면 다섯 칸, 측면 세 칸 규모로 지어진 겹처마 맞배지붕 건물이다. 건물의 측면은 방풍판을 달아 비바람을 막을 수 있도록 하고 있다. 특히 전면에 한 칸을 물려 앉혀서 툇마루를 꾸미고 그 뒤로 중앙의 세 칸은 대청마루요, 좌우는 온돌방으로 꾸며 유생을 가르치던 선생들이 기거하는 공간으로 사용하고 있다. 특징적인 것은 대청마루가 있는 중앙의 기둥 간격을 넓게 잡아 건물의 중심을 강조하고 있다는 것이다. 또한 툇간의 구성에 의해 대청마루에 고주를 세우고 창방 상부에는 포벽으로 막아 공간을 아늑하게 느껴지도록 하였다. 그리고 명륜당의 중앙에는 한 개의 높은 기둥인 고주를 세우고 측면에서 이 고주를 세워 넓은 대청과 당당한 규모의 오량집으로 꾸며져 있다. 기둥머리의 공포는 외일출목의 주심포 양식을 하고 있다. 살미와 창방이 직교하는 헛첨차의 모습을 보면, 모양은 대성전과 비슷하나 끝이 날카롭지 않고 누그러진 모습이어서 절제된 선비의 모습을 표현하는 듯하다. 수평으로 가로지르는 도리를 받치는 첨차는 마구리를 직절시키고 소로를 받친 교두형이다. 특히 귀기둥의 기둥머리 공포는 창방의 구름모양으로 표현된 교두형 마무리와 첨차가 만나 공포의 세련됨이 아름답게 표현되고 있다. 창방 위에는 초각이 아름답게 곡선으로 표현된 화반을 기둥 사이에 꾸며 한층 장식적이고 안정적인 모습을 보여주고 있다.

천장을 바라다보자. 서까래가 그대로 노출된 연등천장에 반듯반듯하게 가공한 나무를 이용하여 유생들이 곧은 마음의 실천을 배우는 장소로의 이미지가 나타난다. 이러한 부재들이 만나 짜여진 천장 가구기법은 몇 가지 건물의 특징을 보여준다. 첫째는 대청마루 툇간을 구성하는 내진주 상부에는 첨차를 4단으로 쌓아 대들보와 툇보를 받게 하고, 그 위에 중도리를 받게 구성한 시원스런 천장이다. 둘째는 고주 위에 결구된 중대공의 모습이다. 일반적으로 다른 건물에서 보이는 보 방향으로 네모 모양의 기둥을 세우는 동자주가 아니라, 판대공을 놓고 도리 방향으로 첨차와 뜬창방을 결구하여 세련된 한옥의 결구 모습을 보여주고 있다. 셋째는 대들보를 받치는 종대공인데, 파련대공으로 둥글게 초각하고 역동적인 당초문을 채색하여 생동감이 느껴진다.

명륜당의 대청마루 후벽은 회벽으로 꾸미고 있으며, 머름대 없이 중앙에 널판으로 만든 이분합 바라지창을 두고 있다. 그리고 온돌방

간결한 느낌과 장엄함이 함께 느껴지는 명륜당 대청마루

팔각무늬가 정겨운 온돌방의 불발기창

의 벽체는 전면으로 띠살무늬 이분합문을 두고, 대청마루 사이에 있는 중앙의 벽체의 구성은 온돌방 문으로 중앙 칸에만 두 짝 불발기문을 내어 출입하도록 하였다. 불발기문은 중앙에 여덟 모진 창을 내고 창호지를 바른 맹장지문으로 되어 있다. 선생이 기거하는 온돌방의 커다란 방문은 대청의 회벽과 어울려 매우 엄숙하고 세련된 분위기가 감돈다. 대청마루의 후면을 막고 있는 바라지창을 활짝 열면 담장 너머로 소나무 숲과 신라시대 고분의 높은 봉분이 보여 특별한 분위기의 옛 정취가 느껴진다.

넓은 뒤뜰에는 장대석으로 축대를 만든 기단 위에 전면 두 칸, 측면 한 칸의 맞배지붕 건물인 존경각(尊經閣)이 동쪽 편으로 자리 잡고 있다. 이곳은 도서관의 역할을 하는 곳으로 하단부와 전면은 판벽으

단촐한 두 칸 존경각의 정겨운 풍경

로 마감되어 있다. 출입문은 궁판을 달은 띠살무늬 외닫이문을 각 칸의 중앙에 하나씩 달았다. 또한 존경각은 창호지를 이용한 나무벽과 한지를 바른 문으로 꾸며 습도에 민감한 종이나 경각을 잘 보관하기에 용이하도록 되어 있다. 이처럼 건물의 특성에 맞게 통풍과 조명을 대신하는 장치로 문과 창호를 이용한 것에서 조상의 지혜를 찾을 수 있다.

명륜당의 커다랗게 꾸며진 바라지창을 통해서, 토석으로 쌓은 기와 담장 지붕으로 수백 년은 훨씬 넘은 커다란 소나무들이 어울린 아름다운 풍경과 그 사이로 보이는 신라시대에 만들어진 거대한 봉분의 멋스러운 경치가 몰려온다. 이 풍경은 경주향교에서나 볼 수 있는 수천 년에 걸쳐 이어진 문화유산의 아름다움을 볼 수 있는 특별한 만남이다. 그리고 대청마루에서 대성전을 바라다보면 담장 위로 대성전의 높고 커다란 지붕의 기왓골이 장엄함을 느끼게 하고, 그 사이로 멀리 남산의 봉우리 끝자락이 지붕에 걸려 보인다.

이제 명륜당 좌우로 호위하듯 서 있는 동재(東齋)와 서재(西齋)를 살펴보자. 동재와 서재 역시 대성전과 명륜당의 위풍당당함에 어울리게 지어져 있다. 이 건물들 또한 잘 다듬은 장대석으로 기단을 만들고, 그 위에 각각 전면 다섯 칸, 측면 두 칸 규모의 일고주 오량의 홑처마 맞배지붕을 올렸다. 유생들이 거주하던 이 건물은 전면 반 칸을 툇마루로 하고 나머지는 온돌방으로 꾸며놓았다. 그리고 방문은 동살을 상·중·하로 세 무리를 지어 만든 띠살무늬 이분합문을 달고 있다. 이 문들은 각 칸마다 동일한 크기와 모습으로 꾸며져 규칙적인 질서를 느끼게 한다. 이들 동재와 서재의 건물은 동일한 모습이나 섬돌의 모습이 다르다. 섬돌은 중앙에 가장 긴 장대석을 놓고 좌우로 가면서 점차 작은 것으로 놓아 건물의 중심을 표현하고 있다.

예전에는 엄숙하기만 하던, 또는 폐쇄되어 있어 우리와 멀기만 한 향교였지만, 최근에는 향교를 개방하고 주말마다 명륜당 마당에서 전통혼례식이 열리고 있다. 다소 어수선하지만 답사를 다니다 보면 항상 만나게 되는 굳게 닫혀 있던 향교의 을씨년스러운 분위기와는 사뭇 다르게 활기차고 친근하다. 한옥을 통하여 이러한 분위기에 한번 빠져보는 것도 현대인들에게는 우리의 역사와 문화가 생생하게 살아나는 시간과의 만남이 아닌가 한다.

배타된 조선시대 불교의 자취가 함께 하는

현풍향교

(대구문화재자료 제27호)

소재지 : 대구광역시 달성군 현풍면 상리 326-1

대구의 남산에 해당되는 1,000m가 넘는 비슬산과 조화봉이 연결되는 남서쪽 산아래에 현풍면소재지가 자리한다. 현풍은 달성군을 거쳐 흘러내려오는 낙동강 강변에 자리하는 곳으로, 사오리 더 가면 김굉필 선생을 배향하는 도동서원이 있는 곳이기도 하다. 또한 현풍에는 향교가 만들어지던 당시의 현풍의 규모를 짐작하게 하는 커다란 석빙고가 시내 한복판에 자리하고 있다. 산 좋고 물 좋은 지형을 가진 현풍은 넓은 들판이 있어 곡식이 풍부하였으며 이렇게 풍요로운 자리에 현풍향교가 자리하고 있다. 향교는 면사무소에서 북쪽 산아래 위치하고 있다.

마을길에서 향교 방향으로 발길을 돌리면, 특이하게도 입구에 고직사가 있는데, 외삼문 서측으로 향교 영역의 밖에 위치한다. 대부분의 향교의 고직사는 향교 영역의 좌우측의 담장 아래 별도의 공간에 자리하고 있는데, 이곳은 외삼문 전면에 두고 있다.

이제 현풍향교의 건물 배치를 살펴보자. 고직사를 지나 외삼문을

현풍향교 전경

들어서면 전면 중앙에 명륜당이 자리잡고 있으며, 좌우측으로 각각 동재와 서재가 위치하고 있다. 명륜당의 측면을 돌아 후면의 내삼문을 통과하면 또 하나의 영역인 제향공간으로 중앙에 대성전이 놓여 있고, 좌우측에 동무와 서무가 자리잡고 있다. 이 향교는 산지형 대지에 자리한 전학후묘(前學後廟)의 대표적인 향교 배치를 하고 있다.

현풍향교에서는 사찰에서 사용했던 것으로 보이는 부재들이 곳곳에서 발견된다. 명륜당의 초석으로 사용된 탑의 상륜부, 연화문 주춧돌로 사용된 연등대석, 대성전 앞에 세워진 연화문 면석, 그리고 사용하다 남은 장대석들이 외삼문 옆에 쌓여 있다. 이는 숭유억불(崇儒抑佛)이라는 사회적인 변화가 준 결과로 다른 두 종교관이 마주치며 빚어진 모습으로, 건축물을 통해서도 이렇게 뚜렷하고 생생하게 남

목백일홍이 아름다운 외삼문

아 있는 것이다.

이제 현풍향교를 통하여 작지만 찾아볼수록 옛스러움과 그것이 어울려 보여주는 아름다운 학교건축의 멋을 들여다보자. 향교의 출입은 외삼문(外三門)으로부터 시작된다. 외삼문 옆으로 껍질없는 하얀나무에서 선비들이 좋아한다는 빨간 목백일홍이 담장 아래에 피어오르면, 향교의 운치가 더욱 아름답게 느껴진다. 이 외삼문은 정면 세 칸, 측면 한 칸 규모의 솟을지붕 건물이다. 외벌대의 단층 자연석 기단 위에 자연석 주춧돌을 놓고 그 위에 원형 기둥을 세웠다. 출입문은 전면에 각 칸마다 두 짝 판문을 달고 중앙에 음양오행을 나타내는 이 태극문양을 그리고 모로단청으로 말끔하게 꾸며져 있다. 최근 들어 현풍향교는 외삼문과 내삼문을 평대문에서 솟을대문으로 바꾸는 공사를 완료하였다. 지금의 외삼문의 모습은 얼마 전까지만 해도 단청도 하지 않고, 평대문에 판재를 세 개에서 네 개로 이어 만든 소박한 대문이었다.

새롭게 세워진 솟을대문 형식을 가진 외삼문의 오른쪽 문으로 들어서면 강학공간인 명륜당이 있는 공간으로 들어선다. 좌우로는 유생들이 기거하는 동재와 서재가 자리하고 있다. 특히 서재의 남쪽 끝인 외삼문 옆에는 이 향교를 이건하면서 가져온 사찰에서 사용하던 석재들이 남아 있다. 연화대좌의 반쪽과 장대석 그리고 석탑재 등이

기둥 간격이 다른 좌우측 선생이 기거하던 온돌방의 크기에 차이가 있을까?

가지런히 놓여 있다. 이 석재들은 향교를 세우면서 사용하다 남은 석재로 조선시대 숭유억불 정책으로 사찰을 폐기하고 향교를 지으면서 사용하던 것들이다. 특히 명륜당이나 대성전의 주춧돌로 사용하는 석탑부재나 당간지주가 있다. 그리고 재물의 신선함을 확인하기 위해 올려놓던 계생석은 석탑의 몸돌로 사용하고 있다. 또한 삼문의 디딤돌이나 축대의 면석 등에 탑의 기단부에 새겨 넣는 구름모양의 안상이 조각되어 있는 여러 석재들을 대성전 기단에서 발견하게 된다. 이처럼 현풍향교에서 만나게 된 사찰건물의 흔적은 조선시대의 사회적인 배경이 건물에 미친 영향을 생각해 보게 한다.

강학영역(講學領域)의 중심축 선상 전면에 정면 다섯 칸, 측면 두 칸 규모의 익공계 맞배지붕을 한 명륜당이 자리한다. 지붕의 측면에 방풍판을 단 명륜당(明倫堂)은 강돌을 이용하여 막쌓기 한 축대 위에 자리하고 있다. 기단 아래는 화계를 만들어 작은 향나무 등을 심어 놓았는데, 이것이 다른 향교와는 좀 색다른 분위기이다. 이 화계가 원래부터 있었던 것일지는 불확실하지만, 작은 향나무와 꽃들을 심어 단장하고 있어 봄에 꽃들이 활짝피면, 현풍향교의 명륜당은 화사한 봄 기운으로 가득해진다.

명륜당의 계단은 정면 중앙에 장대석 계단 한 개를 돌출시켜 두고, 좌우로는 축대와 같은 강돌막쌓기 공법으로 안으로 밀어 넣어 쌓은 계단을 두고 있다. 명륜당은 중앙의 기둥 아래에 넓적한 석탑의 옥개석으로 주춧돌을 사용하고 있어 인상적이다. 그 위에 원형기둥을 세우고 기둥머리에 꾸며진 공포 전면은 이익공으로 되어 있으며, 배면은 초익공으로 되어 있는 익공계 건물이다.

탑재를 주춧돌로 사용한 명륜당

조선시대 후기에 들어와 건축은 많은 변화를 나타내는데, 현풍향교의 명륜당처럼 앞뒤의 가구 구조가 다른 모습으로 표현된 것이 그 중 하나의 예이다.

유생들이 공부하던 명륜당 건물의 구성을 살펴보자. 명륜당 중앙의 세 칸은 대청마루로 유생들이 공부하던 강의실로 사용하였으며, 좌우의 한 칸은 선생님들의 생활공간인 온돌방으로 되어 있다. 그리고 전면 전체의 다섯 칸의 반 칸을 물러 툇마루를 꾸미고 있다. 특히 온돌방 앞의 툇마루는 난간을 만들어 누마루와 같은 느낌이 드는 것이 매우 인상적이다. 좌우의 툇간 마루 아래는 온돌방에 불을 지피던 아궁이를 설치하였다. 여기서 불을 때면 명륜당 후면과 좌측면 굴뚝으로 연기가 빠져나가게 만들어져 있다. 대청마루 후벽은 하단에 머름대가 있는 쌍여닫이 바라지창과 널판을 이용한 벽으로 꾸며져 있으

명륜당 현판과 익공계의 천장가구

며, 문틀 위에 만들어진 벽체에는 명륜당의 현판과 건물 중수기 등의 현판이 가득 걸려 있다. 특히 명륜당에는 전면과 후면의 창방 아래 명륜당의 현판이 각각 하나씩 걸려 두 개의 현판이 간직되어 있다.

찬바람을 막는 바라지창은 나뭇결을 배려하면서 배목을 띠장과 머름동자로 문틀에 연귀맞춤으로 하고 있다. 그리고 명륜당의 온돌방은 전면으로 툇마루로 나가는 쌍여닫이 띠살무늬 창살의 문을 달고, 벽의 상부에는 광창을 꾸미고 있는 특징을 갖고 있다. 이 광창을 통하여 방안에서 기거하는 선생님들이 방을 최대한 자연광을 들여 쾌적한 공간으로 만들어 주고자 하였다. 우측면 온돌방 배면에는 벽장을 꾸며 생활에 필요한 물건들을 보관할 수 있도록 하였다. 그리고 온돌방과 대청이 만나는 두 곳에 외닫이 띠살무늬문이 꾸며져 있다. 하나는 머름대를 대어 꾸미고, 안쪽으로는 마루 바닥에 맞추어진 문을 달아 외형적인 변화의 멋이 표현된 조형감이 돋보인다. 이렇게 벽의 윗 부분에 광창을 만드는 사례는 경상도 지방의 주택에서 많이 나타나는 남부지방 주거공간의 특징이다. 명륜당의 온돌방도 사람이 기거하는 공간이므로, 주택과 같이 작은 광창을 상부에 두어 방안을 환하게 만들고자 사용한 것으로 보인다.

한편 동쪽의 온돌방 기둥 간격이 서쪽방의 기둥 간격보다 넓게 되어 있는 공간 구획의 변화가 눈에 띈다. 또한 동쪽 외벽에서 보면 가운데 기둥 아래 두 개의 주춧돌을 겹쳐 놓고 지붕의 높이를 조절하고 있는데, 나무 기둥이 짧은 것을 슬기롭게 처리하면서도 의장적인 아름다움을 준다. 이렇게 재료간의 만남을 통해 만들어진 변화의 조형미를 감상할 수 있는 것도 현풍향교의 매력이라 할 수 있다.

명륜당 기둥머리에 꾸며진 익공의 공포구조는 창방 위에 소로를

명륜당 동측 벽면에서 느끼는 한옥 벽의 조형

익공공포와 화반의 아름다움, 그리고 명륜당 온돌방 앞 난간의 세련미

세 개 수장한 화려하게 피어나는 꽃을 도식화한 화반으로 꾸미고 있다. 그리고 좌우 툇간에는 소로를 한 개 수장한 화반을 꾸며 장식적인 아름다움을 표현하고 있으나, 배면은 화반 없이 소로만 끼워 놓은 특징을 보여준다. 보머리는 봉황두로 초각하고 직절된 헛첨차와 쇠서(牛舌)는 구름이 뭉게구름으로 피어오르듯 그려놓아 생동감이 느껴진다.

천장을 꾸리는 가구의 구성은 대들보 위에 동자주를 세우고 종보를 받치도록 하였다. 그 위의 마루대공과는 초각장식이 없는 보아지를 끼우고 대공의 목적만을 표현한 사다리꼴 판대공으로 매우 간결하게 표현하고 있다. 단청은 주화를 표현한 부재의 끝에만 단청을 채색하는 머리초 단청으로, 공포는 단순하지만 절제된 단청으로 명륜

명륜당 대청마루에 앉으면 느낄 수 있는 강학공간의 포용

당을 꾸미고 있다. 특히 중앙 상부에 걸려 있는 명륜당의 현판은 '退溪先生書崇禎癸酉五月刊'이라는 퇴계 선생의 글씨를 집자하여 만든 현판이다. 비록 집자한 현판이지만, 조선시대 성리학의 대학자이신 퇴계 선생의 성리학을 기린다는 의미가 있다. 명륜당 마루에 앉아 앞산을 바라보면 한적하게 자리 잡은 위치 덕택에, 들판에 익어가는 황금들판과 아름답게 물들어가는 앞산의 단풍을 볼 수 있어 마음이 더없이 풍요로워짐을 느낀다.

이제 동재와 서재를 한 번 살펴보자. 유생들이 기거하였다는 동재와 서재를 보면, 몇 가지 공통점을 찾을 수 있다. 정면 세 칸에 측면 한 칸 규모의 삼량집으로 된 맞배지붕의 건물 형태가 동일하다. 그리고 자연석으로 두 단을 쌓은 단층 기단 위에 자연석 초석을 놓고 그 위에 방형 단면의 기둥을 세웠으며, 기단 전면 중앙에 놓인 디딤돌은 탑의 면석을 사용하였다. 그러나 선배와 후배의 구분이 있었던 두 건물 사이에는 건축적인 차이도 당연히 나타난다. 선배들이 기거하는 동재는 전면의 벽체를 구성하는 문의 모양이 다른데, 두 칸은 두 짝 띠살문을 달고 북측 한 칸은 내부를 부엌으로 사용하며 전면에 두 짝 판문을 달았다. 유생들이 기거하는 곳에 아궁이가 있는 부엌 칸을 별도로 만든 것은 최근에 내부가 변형되면서 고직사로 사용하기 위해 변화된 것으로 보인다. 그러던 것이 외삼문 앞으로 고직사를 새롭게 지으면서 지금처럼 외삼문 앞에 고직사가 자리하게 되는, 다른 향교에서 볼 수 없는 배치가 된 것이 아닌가 한다. 따라서 동재와 서재는

고즈넉한 화방벽과 부엌이 갖추어진 동재

추운 겨울에 온돌방을 데우는 방법이 다르다. 동재는 부엌이 마련된 아궁이에서 불을 지피게 되어 있는데, 서재는 후면을 보면 특이하게도 각 칸마다 별도로 아궁이와 굴뚝이 자리하고 있다. 이런 점에서 볼 때 서재는 세 개의 방에 필요에 따라 별도로 난방을 운영하는 특별한 이유가 있는 듯하다. 또한 배면의 벽을 살펴보면, 각각 다른 창문의 창틀만 있을 뿐 창이 없는데, 그 이유를 가늠할 수 없어 사뭇 궁금증을 준다.

균일한 모습의 세 칸 입면을 갖춘 서재

서재 배면에 각각 설치된 아궁이들과 벽체 골격의 질서

한편, 동재와 서재는 툇마루 없이 신발을 벗고 바로 방으로 들어가도록 방문 앞에 섬돌을 놓았다. 선배들의 방인 동재는 남쪽을 바라보고 중인방 위에 들창을 두고 있어, 자연채광이 방안 가득히 들어오고 들창을 열면 멀리 앞산의 경치를 감상할 수 있다. 내부 가구의 모습은 간략한 삼량집으로 대들보는 판재를 이용한 제형 판대공을 두고, 천장은 연등천장으로 되어 있다. 지붕은 서까래만을 사용하는 홑처마로 막새 없이 아귀토로 하얗게 마감하였다. 따라서 어두운 회흑색의 기와와 지붕의 하얀색의 대비가 어울리는 한옥 기와의 멋을 느낄 수 있다.

서재의 남측 모서리 전면에는 귀부(龜趺)를 갖춘 비석 두 기가 놓여 있다. 하나는 비바람에 풍화되어 세월의 흔적이 뚜렷한 귀엽게 움추린 거북이의 등에 얹혀진 비석이 향교의 중수 역사를 나타내고 있다. 그 옆에는 최근에 같은 내용을 기록한 깨끗한 비석이 자리한다. 거북이와 비석은 향교를 이건했던 현감 김광태의 공덕비이다. 세월의 흔적으로 풍화된 거북이의 모습이지만, 움추린 발과 표정은 금방이라도 앞으로 기어나갈 것 같은 생동감이 보인다.

해학적인 거북이 등에 얹어진 서재 앞 선정비

한편, 명륜당 뒤편으로 돌아가면 약간 높은 자리에 별도의 담장으로 꾸며진 명륜당과 축을 같이 하는 내삼문과 대성전이 있는 제향영역(祭享領域)이 자리하고 있다. 내삼문 옆의 담장 기단에는 넓은 판석을 대고 동자주를 이어 만들었다. 사찰에서 사용하던 석재를 이용하여 운치 있게 쌓고 그 위에 큰 강돌을 놓고, 작은 돌을 그 위에 순차적으로 쌓아 올려 만든 토석 담장이 있다. 그리고 토석 담장 위에는 기와를 올려 놓아 운치있는 한옥 담장의 멋을 느낄 수 있다. 내삼문은 세 칸, 측면 한 칸으로 전면에 담장 열에 맞추어 문을 달아 놓았다.

사당공간을 구성하는 벽체에서
나타나는 토석담의 조형

잘다듬은 장대석을
기단으로 꾸민 내삼문

명륜당의 바라지창으로 보이는 내삼문과 대성전 판문

얼마 전까지 있었던 평대문인 내삼문은 최근의 복원과정에서 만들어진 건물로 맞배지붕의 삼량집의 규모이다. 기둥에 칠해진 석간주 안료의 빛깔이 선명하게 나타나고 있어 고색적인 멋은 없으나, 엄숙한 제향공간의 출입문 역할을 다하고 있다. 특히 신도문인 중앙 어간 앞에는 계단이 생략되어 있고, 좌우의 계단을 통하여 출입하도록 하는 향교의 규율에 맞추고 있다. 내삼문의 오른쪽으로 문을 살짝 열고 들어서면, 대성전(大成殿)과 좌우로 동무와 서무가 자리한다.

내삼문의 좌우로 연결된 답도 앞에 계단을 두고, 좌우 협간으로 직선상의 축을 이루고 대성전이 자리한다. 향교에서 중심축을 강조하는 이유는 엄격한 우주철학과 학문에 앞서 공자의 사상을 공부하는 장소로, 질서와 예의를 덕목으로 삼는 유교사상을 공부하는 곳이기 때문이다. 이처럼 향교는 건물의 배치에서조차 엄격한 철학이 숨겨져 있는 것이다. 대성전 기단 정면 중앙과 우측 계단 우측편에는 배례석(拜禮石)을 두고 있다.

단아한 맞배지붕을 갖은 대성전

사찰에서 사용하던 연꽃무늬 배례석으로 장식한 대성전 기단

사찰에서 사용하던 안상이 조각된 탑의 기단석으로 꾸며진 대성전 기단

또한 안상(眼象)이 새겨진 석재를 기단상면에 갑석을 대신하여 두기도 하였다. 연화꽃이 활짝 핀 모습과 고려시대 이전에나 유행하던 판석세우기 방법으로 만든 돌쌓기법이 우리들의 시선을 잡아끈다. 사찰이나 궁궐에서 사용하는 기법으로 향교건축에서는 보기 드문 고급스런 기법이다.

연화대석으로 아름답게 표현된 대성전 주춧돌

계단을 올라서면 정면 세 칸, 측면 세 칸 규모의 익공계 맞배지붕 건물에 겹처마로 세워진 대성전이 자리한다. 전면에 배열된 주춧돌은 양각이 또렷한 연화문양이 새겨져 있는 것을 사용하고 있다. 후면에는 자연석의 덤벙주춧돌, 탑신석, 석등 하대석 등을 사용하고 있

대성전의 파련무늬 첨차와 절제된 단청의 멋

다. 이렇게 조각이 아름다운 사찰 석재들은 대성전의 품격과 아름다운 한옥의 모습을 보다 색다르게 표현하는 것 같다. 정성스럽게 놓은 주춧돌 위에는 배흘림이 약간 있는 원형기둥과 그 위에 외일출목 이익공으로 조립하였으며, 서까래와 모로단청으로 주화문양을 그려 놓아 꽃이 활짝 핀 모습으로 표현되어 있어 엄숙함 속에서 화사한 모습을 보여주고 있다. 기둥 사이의 창방 위에는 하늘을 향해 피어나는 느낌의 화반으로 받치고 있다. 공포를 꾸민 살미는 앙서로 하여 연화와 연봉을 초각하고, 그 위에 보머리는 봉황두(鳳凰頭)로 초각하였다. 주심첨차는 첨차 끝을 직각으로 자른 모습으로 교두형으로 하고, 자른면에는 매화꽃을 형상화한 하얀 매화점 꽃무늬를 그려 두어 품격 있는 공포구조를 하고 있다. 이와 같이 출목첨차의 사절된 마구리의 표현이나, 어간을 조금 크게 하고 좌우의 대칭이 뚜렷하게 표현된 전면의 모습은 제향공간으로서의 엄숙하고 세련된 건축의 절제미를 보여준다.

또한, 기둥 사이에 꾸며진 동일한 크기와 모양을 가진 전면 각 칸의 쌍여닫이문은 배목을 대어 견고하게 표현하고 있어, 내부에 모셔져 있는 공자를 비롯한 오성(聖)의 신위에 대한 예의와 엄숙한 법도를 일깨워준다. 문을 열고 안으로 들어가면 천장의 가구 모습은 두 개의 높은 기둥을 대들보 위의 중도리에 받치고 벽체를 구성하고 있으며, 도리를 다섯 개 대들보와 직각되게 건너지른 오량의 모습이다. 약간 휘어진 대들보 위에 동자주를 세워 중보를 걸치게 하였고, 대들보는 향교건축물에서 흔히 사용하는 파련대공을 올려 종도리를 받고 있다. 바닥은 정성스럽게 왕골로 만든 돗자리를 깔아 청결하게 꾸며 놓았다.

필자는 요사이 향교의 대성전이나 동서무와 같이 신위를 모신 바닥의 마감 재료에 대한 의문이 많아졌다. 필자는 문화재위원으로 향교와 서원과 같은 건물에 자문을 많이 다니게 된다. 그런데 이를 운영하는 유림들은 대성전 바닥에 대한 교체를 요구한다. 제사를 지내는데 바닥에서 하기가 어려우니 마루로 교체하자는 제안이다. 최근 현풍향교도 대성전내의 바닥에 장마루를 깔았는데 이전에는 전돌로 바닥을 마감하였다고 한다. 우리나라의 전통 건축에서 사찰이나 이와 같은 제향공간에서는 조선전기까지만 해도 바닥에 전돌을 깔았었다. 즉, 제향공간은 매일 사용하는 공간이 아닌 특별한 날에만 사용

향교의 축성시기가 기록된 기와와 유생들을 보살피 듯한 표정의 인면와

하는 공간이고, 사찰의 경우도 스님들만 법당 안으로 들어갔기 때문에 이와 같은 재료를 사용하였는지 모르겠다. 이유가 무엇이든지 지금 중요한 것은 보존과 전승이다. 우리는 전해 내려오는 그대로의 모습을 간직하고 보존해야 하며 그 역사의 흔적을 후손에게 최대한 본래 모습대로 물려줘야 할 사명을 갖고 있다. 그러나 편리를 추구하는 현대인들은 원래의 모습을 불편하다 하여 바꾸려 하니 지나친 욕심이 전통을 잃게 하는 것이 아닌가하여 사뭇 걱정이 된다.

현풍향교에는 매우 다양한 문양의 와당(瓦當)들이 지붕을 장식하고 있는데, 지붕에 올려진 조선시대 기와들은 번와 시기에 대한 명문이 많이 남아 있어 상량문과 함께 매우 중요한 학술적 자료가 된다. 예를 들면, '乾隆二十三年'(1758년)이라는 글귀가 새겨진 망와를 비롯하여 해맑게 웃고 있는 사람 얼굴 모양의 망와(望瓦)가 있다. 또한 '萬曆三十三年三月 書院造瓦'(1605)년이라는 명문이 새겨진 막새가 사용되고 있는데 이 기와는 근처에 있는 도동서원에서 사용하는 기와로 어떤 연유에서 현풍향교에도 사용하게 되었는지 서원(書院)이라는 글자가 무색하다. 궁금증을 풀어보자면 이 잘 만들어진 기와는 도동서원 설립 이후 향교에서 기와를 교체하는 시기와 비슷한 것으로 볼 수 있다.

한편, 한옥은 사람이 사는 공간에서는 조왕신이 지켜준다고 믿어 부엌이나 장독대에 조왕신을 모시고 살았다. 지붕은 천상의 세계를 뜻하여 구름무늬 공포나 승천하는 모습의 단청의 무늬 등을 그려 놓음으로써 건물에 사는 이를 지키려 하였고, 같은 의미로 건축의 연역에 관한 기록을 기와에 남기는 풍습이 있었다.

엄숙하고 정돈된 향상 위에 성리학 해동 십팔현을 모신 서무

이제 제향영역에 있는 동무와 서무에 대하여 살펴보기로 하자. 동무와 서무는 대성전에 모신 공자 이외에 해동 십팔현을 모시기 위하여 추가적으로 만든 제향공간이다. 동무와 서무의 이름은 풍수사상에 입각하여 방향을 설정하고 동쪽편에 있다 하여 동무(東廡), 서쪽편에 있다 하여 서무(西廡)라 하며, 이 두 건물은 동일한 크기와 모양을 갖는 것이 일반적이다. 이 향교도 동무와 서무는 동일한 형태이며 정면 세 칸, 측면 한 칸 규모의 익공계 맞배지붕 건물로 되어 있다. 내부는 세 칸의 크기로 벽의 구분없이 한 개의 칸으로 만들고 내부에는 제상과 향상이 질서정연하게 놓여 있다. 동무(東廡)와 서무(西廡)의 기단은 잘 다듬은 외벌대의 장대석으로 기단을 돌리고, 그 위에 자연석의 덤벙주춧돌 위에 배흘림이 있는 원기둥을 세웠다. 기둥 위에는 초

익공 건물로 살미는 끝이 아래에서 위로 깍은 앙서(仰舌)로 한 연꽃으로 장식한 연화앙서이다. 보머리에는 봉황의 머리모양을 초각하여 끼워 장식하고 있다. 특히 대성전과 같이 주화문의 단청을 그려 놓았는데, 기둥과 보는 세월의 흔적이 느껴지는 나뭇결의 갈라짐이 선명하여 고즈넉하게 느껴진다.

문은 정면 각 칸 모두 배목을 대어 묵직한 느낌을 주는 두 짝의 널문으로 대성전 문과 같은 모양이다. 이 세 건물은 위패를 봉안하기 위한 동일한 목적의 건물임을 알 수 있다.

문을 열고 건물을 들어다 보면, 바닥은 마루로 되어 있고 종도리는 제형 사다리꼴 판대공으로 꾸며져 있다. 창방에는 주화머리초에 바자휘로 정리되는 단청이 채색되어 있지만 보머리는 녹화 병머리초로

동무와 같은 모습이며 내부도 녹화머리초인 서무

단청을 그려 놓아 균형적인 질서와 조형미를 보여준다. 천장은 서까래가 그대로 노출된 우물마루의 연등천장으로 되어 있다. 제향공간은 매우 협소한 공간이다. 그러나 대성전의 기단에 꾸며진 연화꽃이 부조된 아름다운 배례석과 주춧돌로 사용된 아름다운 연꽃무늬 연화대석, 석탑의 옥개석, 명륜당에서 동쪽으로 돌아 대성전으로 가는 마당 가운데 있는 우주와 탱주가 조각된 탑신석등이 있어, 이러한 석재들에 의하여 조형감이 아름답게 느껴진다. 그러나 불교를 배척한 시대에 나타나는 하나의 종교의 말살 정책이 빚어낸 조화이기에 사회의 변화에 순응하려 하던 당시의 모습을 보면서 많은 생각에 빠져들게 된다.

제사 음식을 검열하던 계성대

최근에는 향교 앞쪽으로 택지공사가 이루어지면서 앞을 아늑하게 막았던 산등선은 없어지고 말았다. 또한 향교 초입에 있었던 한옥마을과 문중의 재실인 한옥건물마저 사라지고, 현대식 2층 건물이 자리를 바꿔 앉았다. 혹시나 향교가 사찰을 이용하여 지은 것에 대한 현대인들의 반항일까? 안타깝게도 주변의 자연경관들이 서서히 사라져 가고 있어 지금의 향교 건물만이 도시의 빌딩 숲 안으로 묻혀 버릴 것 같다. 이러한 측면에서 이 책을 쓰는 시기가 늦기는 하였지만, 지금의 모습 그대로만이라도 책으로 남기면 이 만큼이라도 우리들에게는 사라져가는 문화재의 조그만 끈을 잡을 수 있지 않을까 생각한다.

Ⅲ. 서원

자연과 인간의 만남,

그리고

교육장소

순흥 소수서원 / 함양 남계서원 / 안동 도산서원
안동 병산서원 / 경주 옥산서원 / 달성 도동서원
논산 돈암서원 / 장성 필암서원 / 정읍 무성서원

삼국시대부터 진한 역사의 내음이 살아 숨쉬는 순흥의

소수서원

(사적 第55호)

소재지 : 경상북도 영주시 순흥면 내죽리 151

우리나라에서 가장 오래된 서원이면서 초기 서원건축의 효시로 대표될 수 있는 서원을 꼽으라면 누구든지 순흥에 있는 소수서원(紹修書院)을 말할 것이다. 소수서원은 무량수전 배흘림기둥으로 유명한 영주 부석사로 가는 길목에 있어 자연스럽게 답사자들의 발길을 잡는 곳이기도 하다. 이 일대는 신라시대 풍수사상을 이론화시킨 도선선사가 화엄의 불법을 포교하고자 찾은 곳으로, 이곳 주변은 산이 많고 물이 맑으며 경치가 아름다워 곳곳에 유명한 사찰과 명승지가 숨어 있는 곳이기도 하다.

예전에는 산이 높고 험준한 고개를 넘어야 다다르던 요새와 같은 곳이었지만, 지금은 고속도로가 있어 전국 어느 곳에서든지 쉽게 접근할 수 있게 되었다. 그러나 조선시대에는 한양에서 소백산 약 1,350m가 넘는 연화봉과 도솔봉 사이로 힘겹게 넘어가는 죽령고개를 넘어야 안동으로 들어가는 길목에 풍기라는 곳에 다다른다. 순흥은 풍기 옆에 위치하고 있다.

▲ 묘실을 지키는 역사상을 그려 놓은 영주 순흥벽화

꽃창살로 유명한 영주 성혈사 나한전

묵념에 든 영주 성혈사 나한상

독서하는 영주 성혈사 나한상

한편, 소수서원 주위에는 매우 유서 깊은 문화 유적이 많다. 그 중 하나는 순흥 읍내리 벽화고분이다. 이 벽화고분은 남한에서는 거창 둔마리 벽화고분과 함께 몇 안 되는 매우 귀한 벽화고분이다.

지금 우리가 볼 수 있는 것은 재현된 고분이고 실제 고분은 비봉산 등성이로 한참을 올라가야 볼 수 있다. 그리고 국도를 따라 소백산 국망봉을 향해 가는 길을 한참 따라가다 보면, 국망봉 자락에 꽃창살로 유명한 유서 깊은 사찰인 성혈사가 나타난다. 이곳에는 작지만 단아하고 아담한 자태로 사람의 마음을 잡아끄는 나한전이 있다. 나한전 안에는 석조비로자나불을 중심으로 16나한이 모셔져 있는데, 다양한 표정에 크기가 아담하여 매우 다정하게 느껴진다.

영주 성혈사 나한전 창살(물고기와 게)

영주 성혈사 나한전 창살(연꽃에 앉은 동자승)

영주 성혈사 나한전 창살(학과 우렁이)

나한전은 최근에 보수되었는데, 문짝은 예전의 것으로 물고기를 쪼는 두루미와 연잎 위에 앉은 개구리, 연꽃 위에 앉아 연가지를 쥐고 있는 다정하고 귀여운 동자승, 연잎 아래 노니는 물고기, 게와 같은 모습을 양각으로 표현하고 있다. 창살을 보면서 부처님 세계의 이상향과 매우 한가로운 연못의 풍경을 구경할 수 있다. 조선시대 억불정책으로 선비들은 종교에 대한 운신의 폭이 한정되었지만, 당시의 선비가 불사에 시주를 하였을 것이고, 그들이 원하는 극락세계에 대한 미련은 국망봉 자락에서 푸르디 푸르게 살아 숨쉬고 있었으리라.

성혈사를 내려와 부석사로 가는 931번 국도를 따라가면 순흥이라는 마을이 나오는데, 소수서원이 있어 선비를 따라온 하인들과 이들 선비들의 생활에 필요한 용품들을 공급하는 상인들이 모여 커다란 학교마을이 형성되었다고 한다. 최근에 박물관과 전통마을 재현단지를 만들어 다시 사람들이 모여들어 북적북적한 마을의 풍경이 되살아나고 있지만, 지역 주민들이 사는 면소재지는 조용한 시골마을의 풍경을 보여주고 있다.

옥려봉의 죽계계곡을 따라 흐르는 물길은 순흥향교를 지나 청다리 아래로 흐르며, 감싸 안은 형상의 용소 옆에 소수서원이 자리하고 있다. 시멘트 다리 옆에 강희년(1710년)에 만들어 세운 '죽계 제월교(竹溪 霽月橋)'라고 적혀 있는 비석이 있다. 이 다리는 추녀 끝에 따라 흐르는 달을 감상한다는 의미로 매우 서정적이고 풍류가 느껴지는 이름이지만, 이곳 사람들은 '청다리'라 부른다. 마을 사람들에 의하면, 아이가 말 안 듣고 속을 썩이거나 엉뚱한 행동을 잘하면 "다리 밑에서 주워 왔다"고 하는 말을 자주 하는데 그 말의 기원의 장소라고 한다. 이 말을 거슬러 올라가면 서원의 역사와도 함께 한다. 당시 소수서원에 공부하러 오던 유생들이 마을의 여인과 사랑을 하게 되고, 아이가 생겨나면 유생들이 이곳 다리 밑에 아이를 놓고 가도록 하였고, 고향집에 가서는 다리 밑에 불쌍한 아기가 울고 있어 데리고 왔다고 하면서 자기 자식을 데려갔다는데서 기원하였다고 전한다.

청다리라 불리는 죽계 제월교

청다리 아래로 흐르는 초가을의 죽계천

수많은 유생들이 거쳐간 이 서원은 주변의 환경적인 특징을 발견할 수 있다. 대부분의 서원이 향교와 거리를 두고 있는 것에 반해, 소수서원은 순흥향교로부터 개울을 따라 아래쪽으로 지척에 두고 있다. 또한, 서원은 성균관이나 향교와는 다르게 산천경계가 수려하고 한적한 곳에 자리하게 되는데, 그만큼 향교에 비해 교육적 효과가 크다고 하였다. 그러나 이곳은 향교가 더욱 자연의 환경에 묻혀 있는 모습을 갖추고 있다. 또한 대부분의 서원이 자리한 곳은 커다란 산을 배산으로 등을 기대고 있는데, 소수서원이 자리한 이곳은 비교적 평평한 대지에 약간의 언덕 아래 자리하고 있다. 이처럼 소수서원은 초기의 서원으로서 향교와 서원의 개념이 완전히 구분되던 16세기 후반과는 다르며, 서원의 초기 도입 단계의 모습으로 볼 수 있다. 특히

소수서원 조감도

소수서원의 기원은 조선시대 최초의 서원인 백운동서원이다. 창건자 주세붕 선생은 서원을 유지하기 위하여 유생들의 공부에 필요한 서적을 구입하여 도서관에 보관하게 되었다. 이를 유지하기 위해 노력하였고, 그 뒤 1550년 풍기군수로 임명된 이황 선생의 도움으로 국가로부터 많은 장서와 토지를 받게 되는 최초의 사액서원이 되었다. 그 이후로도 주세붕 선생은 임백령과 이언적 선생 등의 도움을 받아 교육을 위한 기반인 서책들을 구입하여 공부하는 유생들에게 도움을 주었다 한다.

서원은 성리학자인 성현들을 받들어 모시기 때문에 입지하는 위치는 그 성현이 사시던 곳에 세우는 것이 일반적이다. 소수서원도 회헌

안향(晦軒 安珦)을 주향자로 모시던 곳이기에 선생의 고장에 세워진 곳이다. 지금의 서원은 국도를 등지고 소나무 숲이 울창한 곳에 남향으로 세워져 있다. 서원을 들어가는 초입은 서원의 오른쪽으로 돌아 들어가는데, 뜻밖에도 절에서나 볼 수 있는 당간지주가 소나무 밭 오른편 개울가 쪽으로 서 있다. 이곳은 통일신라시대에 창건한 숙수사(宿水寺)라는 절이 있던 곳이다. 조선시대 숭유억불 정책에 의하여 사찰의 관리가 어려웠던 당시에 일부분의 사찰들은 서원에게 자리를 내 주게 된다. 그 예의 하나가 이 서원이 자리한 터이다. 그래서인지 연화문 와당조각과 기와들이 서원 주변에서 간혹 발견된다. 이러한 예는 현풍향교와 같이 가끔 향교의 마당에서도 그 자취를 찾아볼 수 있다. 즉, 향교나 서원 마당에 연화대석이 있거나 건물기둥의 초석에 석탑의 부재가 있는 것, 연화문 연등석을 주춧돌로 사용하고 있는 것

옛 숙수사지터에 마련된 소수서원의 초입

을 발견할 수가 있다. 이러한 점은 당시의 사회상을 대변하는 흥미로운 건축 재료들이다.

소수서원은 최초의 서원으로, 건물의 배치구성이 다른 서원들과 다른 독특한 특징을 가지고 있다.

소수서원의 전체적인 배치 모습을 보면, 사당과 강학공간이 앞뒤나 좌우의 배치를 두어 일정한 규율을 갖기 전의 모습이다. 이 서원은 외주문인 삼문이나 누각의 2층이 없고, 단칸의 작은 외주문을 정문으로 사용하고 있으며, 학생들이 공부하는 강당을 정면에 배치하고 있다. 그리고 직방재와 일신재라는 선생님들의 거처를 강당인 명륜당 뒤에 가지런히 두고 장판각을 옆에 이어 두었다. 아울러 이 서원에서 중요한 시설의 하나인 사당은 별도의 담장을 강당에서 약간 서쪽편 뒤로 물리고 내삼문이 아닌 두 군데로 드나드는 일각문을 두었는데, 이러한 점도 다른 서원에서 볼 수 없는 보기 드문 예이다. 사당은 그곳에 출입문을 꾸민 별도의 담장안에 모시고 있는데, 사당의 남쪽을 향한 문은 신문(神門)이고 장판각 옆으로 난 문은 일반적인 출입문으로 사용하고 있다. 사당은 제사를 위해 마련한 공간이므로 매우 엄숙하게 느껴진다. 그러나 학생들이 기거하는 동재와 서재는 죽계천 개울가의 담장 옆, 자연경관이 가장 아름다운 곳에 배치하였다. 자연의 생동감을 느끼며 유생들이 꿈을 이루어갈 수 있도록 배려한 공간 배치일 것이다. 유생들이 기거하는 '一'자형 평면을 하고 있는 맞배지붕의 학구재와 지락재를 'ㄱ'자로 배치하고 있는 모습도 이 서원에서 볼 수 있는 특징 중의 하나다. 학구재 뒷편의 담장 아래는 '영정각'을 두고 현재 국보로 지정된 안향 선생의 영정이 모셔져 있다.

소수서원의 영정각은 서원과 향교의 차이점을 발견하는 중요한 건물로, 서원에서는 영정만을 모시고 향교는 위패를 모시는 것이 다르다.

흰 눈으로 천지가 덮여 있는 겨울에 푸르게 살아 서 있는 소나무 숲을 지나 숙수사지 당간지주를 바라보고 걷노라면, 정면에 '경영정'이라는 현판이 걸린 정자가 커다란 은행나무 앞에 모습을 나타낸다. 가을이면 노오란 단풍잎이 바람에 흩날리는 죽계천의 은빛 물결, 경영정 기와지붕으로 노란 은행잎이 수북이 쌓이는 가을의 풍경은 자연을 벗 삼아 학업에 전념하던 선비들의 고단함을 달랬으리라.

경영정은 진입하면서 측면으로 서 있는 서원 앞으로 우리의 시선을 유도한다. 이는 시각의 포인트로서의 위치이기도 하다. 한옥에서 흔히 볼 수 있는 접근법으로, 그곳에 있다는 표시를 점차적으로 나무나 건물 등과 같은 조형물을 이용하여 유도하는 접근 방법을 쓴다.

소수서원의 송림에서 보이는 경영정과 외문

단청 없이 나무의 결이 드러난 백골집인 정자 경영정

이러한 구성은 우리 조상들의 사람과 사물에 대한 이해에서 표현되는 지혜로운 발상이다. 즉, 성급하게 직접적으로 자신을 드러내지 않고, 타인이 흥미와 관심, 동의가 있을 때까지 여유와 말미를 주면서 자기를 알리는 배려가 있는 방법이다. 이렇게 다가가 경영정 마루에 오르면 사방이 트인 기둥 사이로 서원의 정문이 보이고 아래쪽은 죽계천이 흐르고 있다.

경영정에서 발아래 유유히 흐르는 죽계천을 바라보자. 맑고 깨끗한 물이 잠시 머뭇거리는 이곳이 백운동임을 밝히기 위해 죽계천 바위 아래 흰색으로 백운동(白雲洞)이라 씌여 있고, 그 아래는 주홍색으로 '敬'자가 쓰여져 있는데, 물에 반사되어 붉게 물 위로 떠오르는 듯한 글자가 예사롭지 않다. 경(敬)으로 마음을 곧게 하고 의로써 행

▲ 백운동서원의 성을 실천하는 장소라는 의미를 지닌 암각화

경영정 아래 죽계천과 취한대 정자의 고즈넉한 풍경

동을 반듯하게 한다는 의미이다. 이곳 백운동에서는 예의를 가르치는 심성 교육이 우선이라는 정신수양의 목표를 나타내고 있다.

그 옆으로 취한대(翠寒臺)라는 팔작지붕의 정자가 하나 있다. 강 건너에서 바라보는 경영정과 서원을 둘러싸고 있는 울창하고 시원스레 자라고 있는 소나무 숲은 선비들의 기상을 일깨워 주기에 충분하다. '취한대'는 퇴계 이황 선생이 이름을 지었다. 후학들이 이 정자에서 죽계천을 건너 자연의 숲에 잠시 묻혀 서원 주변의 경관을 보고, 학업에 지친 마음과 몸을 개울의 맑은 물과 솔향이 가득한 바람으로 달래곤 했던 선비들의 휴식 장소였던 곳이다. 이처럼 팔작지붕으로 사방이 트여 있는 취한대는 마음을 재충전하기에 손색이 없는 편안함과 한적함을 지니고 있는 곳이다. 봄이 되면 주변이 온통 진달래꽃이 만발하여 아름다움에 잠시 넋을 잃기 십상이다. 다시 죽계천의 징검다리를 건너 서원으로 향해보자.

외문으로 들어서면서 나타나는 명륜당

명륜당 툇마루와 건너편 일신재

경영정 옆으로 조그마하게 잔디를 심은 언덕이 자리한다. 이곳은 제사를 위해 준비된 재물을 검수하던 곳이다.

담장이 둘러쳐져 있는 사주문으로 만든 정문을 들어서면 정면에 팔작지붕 형식의 박공 부분이 전면으로 보이도록 명륜당(明倫堂)이 자리하고 있다. 명륜당은 잘 다듬은 커다란 장대석을 이벌대로 쌓은 고식 기법에서나 볼 수 있는 갑석을 한 줄 내쌓기하여 기단을 만들었다. 건물은 단변 세 칸, 장변 네 칸의 오량집이며 팔작지붕에 원기둥을 사용하고 있다. 또한 겹처마로 웅장한 모습을 하고 있으며 넓은 지붕의 하중을 처마에서 떠받치기 위한 활주가 기단의 네 모서리에 세워져 있다. 사면에 툇마루를 꾸며 놓은 모습은 박공면을 전면으로 한 모습과 함께 건축적으로 매우 특이하며, 이 서원만의 가구 양식이다.

명륜당으로 오르는 계단은 사당을 바라보는 서쪽을 제외한 삼면에

명륜당 온돌방과 대청과의 만남

한 개씩을 두고 있다. 뒤쪽 계단을 내려서면 유생들의 숙소인 서쪽에 직방재(直方齋)와 동쪽으로 일신재(日新齋)가 하나의 "一"자형의 모습으로 자리하고 있다. 그리고 명륜당 정면에는 중국의 주자가 세운 백록동서원의 이름을 본떠 '白雲洞'의 현판이 걸려 있다. 대청마루로 들어가면 온돌방의 대들보 위에 퇴계 이황 선생이 풍기군수로 있을 때(명종 5년, 1550년) 하사받았다는, 명종의 친필로 쓴 '紹修書院'이라는 현판이 걸려 있어 이 건물이 중심건물임을 알 수 있다. 정면에서 명륜당을 들어서면 어간은 사분합문을 두 개로 접어 올리도록 꾸미고 좌우는 약간 크게 만든 이분합문을 달아, 모양의 변화가 있는 문 구조를 하고 있다. 이러한 문의 개념은 온돌방과 이어진 벽에서도 나타나는데, 가운데와 우측의 협간의 문은 맹장지 분합문을 달고, 왼편으로는 상인방을 조금 낮추고 쌍여닫이 세살무늬 문을 달아 출입

명륜당 대청마루의 창문으로 흐르는 햇살의 표정

문으로 사용하고 있다. 어간과 우측 문은 겨울에는 칸막이로 사용하고, 여름에는 들어서 천장에 등자쇠에 매달아 놓는다. 이렇게 하면 시원스레 넓은 공간을 만들 수 있어 쾌적한 공간을 연출할 수가 있다. 이와 같이 한옥은 서로 다른 성질의 겨울공간인 온돌과 여름공간인 대청이 하나의 건물 안에서 조화롭게 어울리도록 하는 것이 가능하다. 이것이 한옥의 멋이요, 조형적인 아름다움인 것이다. 또한 좌우측 장변에 해당되는 동서쪽의 문을 세 칸이 동일한 크기의 사분합문을 달아 기둥 간의 간격의 차이를 슬기롭게 처리한 부분은 옛사람들의 실용성을 보여준다. 더블어 대청과 초익공의 공포의 세련된 장식과 절제된 조형감이 돋보이는 건물이다. 단청도 부재 끝에만 그리는 머리초 양식이며, 절에서 흔히 그리는 연화꽃이 아닌 주화머리

다소곳이 명륜당 온돌방 뒷편에 매달린 광창

초(=감꼭지)와 쇠꼽으로 엄격히 화려함을 자제하고, 휘에는 인휘를 사용하여 강한 생명력의 기상을 느끼도록 표현함으로써, 선비 정신의 절제된 멋을 보여주고 있다. 용마루를 받치는 대공 또한 판대공 모양에 생명력이 느껴지는 당초문을 주홍색과 육색을 조화시켜 아름답게 표현하고 있다.

명륜당에서 죽계천을 바라보는 동쪽의 기와 담장 아래는 붉은 매화가 심어져 있어, 이른 봄을 알릴 때면 소수서원에서 공부하는 유생들은 매화 향기가 가득한 이곳에서 한 해에 있을 여러 시험이나 계획에 희망을 꽃피웠으리라.

이제 유생들의 숙소를 살펴보자.

아자형 난간이 운치 있는 직방재와 일신재

명륜당을 나서면 유생들이 기거하던 숙소가 나오는데, 서쪽에 직방재(直方齋)가 있고, 동쪽에 일신재(日新齋)가 있다. 특이한 것은 동재와 서재가 하나의 건물로 되어 있다는 점이다. 건물은 잘 다듬은 장대석을 이벌대로 만들고 명륜당과 같은 갑석은 없으나 중앙의 두 칸에는 대청마루를 두고 네모기둥을 세웠다. 그리고 동재와 서재의 좌우 전면에는 원기둥을 세운 홑처마 팔작지붕으로 되어 있다. 툇마루에 원기둥을 세운 것은 흔히들 고급 주택에만 사용되었다고 한다. 그러나 이 건물은 각진기둥에 모서리를 접어 기둥에 옷이 스치는 경우 불편함을 해소하면서 기둥의 둥근 모습처럼 원만하게 경(敬)과 덕(德)을 배우도록 하려 했는지 원기둥을 사용하고 있다. 한편, 내부 구조를 자세히 살펴보면, 중앙에는 두 칸에 궁판을 단 커다란 쌍여닫이문을 달고 좌우에 난간을 두었으며, 반 칸을 뒤로 물러 툇마루를 꾸며 놓았다. 방 뒤쪽으로는 조그마한 벽장을 외부로 돌출시켜 달아 놓았

첨차가 달린 직방재의 공포

다. 또한 건물을 아름답게 보이고 품위 있게 보이기 위한 화려함보다는 소박하게 소로수장집으로 표현하였다. 기둥머리에는 첨차를 받쳐 격을 갖추도록 하였으나 화려함보다는 세련미가 강조되고 있음을 볼 수 있는 것이 이 건물의 특징이다. 또 하나 흥미로운 것은 오르는 계단과 섬돌이다. 동재인 일신재(日新齋) 방향으로 계단과 섬돌을 두고, 들창을 방의 뒤편에 꾸미고 있는데 반해, 후배들의 방인 직방재에는

선생들이 기거하는 대청마루 앞의 대칭의 띠살무늬 문

들창과 섬돌이 놓여 있지 않다. 이는 공간의 위상을 달리하는 좋은 예이다.

여름에는 대청마루를 활짝 열어 시원한 개울 바람을 받게 하고 선배들의 방은 들창을 열어 방안에 시원한 공기와 뒷산의 아름다운 경치를 볼 수 있도록 하고 있다. 그러나 후배들의 방은 들창이 없고 벽장만을 두었으니 이는 부족한 공부에 주경야독을 실천하도록 만든 건 아닐까? 이러한 의도라면 환경적 차별에 섭섭함도 만만치는 않았을 것이나, 오기를 갖고 학문에 더 정진하게 되었을 수도 있겠다. 만약 그런 것이라면 조상들은 이렇게 공간적 장치를 통하여 자신들이 의도하는 가르침이나 목적을 달성하려 했고, 말로 하는 꾸지람이나 채근이 아닌 건축적으로 접근하여 승화시킨 점이 매우 지혜롭게 느껴진다.

선생님의 기숙사 배면의 표정

▲ 일신재 앞 돌란대 이음의 세련미

툇마루 널과 난간의 조형감이 잘 어울리는 일신재

명륜당에서 계곡물 소리가 들리는 담장 구석으로 개울이 보이는 곳에 전면 세 칸, 측면 한 칸의 크기에 작은 온돌방이 달린 넓은 마루로 꾸며진 건물이 있다. 이 건물의 이름은 지락재(至樂齋)로 숙수사에서 사용했을 법한 그랭이의 주좌를 조각한 세련된 주춧돌을 이용한 단아한 건물이다. 뒤편에 죽계천으로 내려가는 협문을 두고 있다. 유생들은 이곳에서 자연에 심취하고 달콤한 휴식을 취하고, 또다시 학문을 연마하는 기(氣)를 얻었으리라. 직각 방향으로 약간 떨어진 곳에는 학구재(學求齋)가 있는데, 건물의 평면이 매우 흥미롭다. 어간이 좁고 좌우 온돌방은 넓으며 이분합 세살문으로 꾸며져 있다. 유생들

유생들의 휴식공간으로 담장 너머 물소리가 잘 들리는 곳에 자리한 지락재

선비의 기개를 느끼게 하는 지락재의 대청마루

유생들의 기거공간이면서 평면이 특이한 학구재

의 숙소인 직방재, 일신재와 다르게 대청마루에 앞뒤로 문이 달려져 있지 않는 모습이다. 그리고 평면 형태가 공(工)자 모양을 하고 있는데, 일반적으로는 소리가 나는 의미인 공(工)자형을 하지 않는 것이 관습이었다. 당시의 정서와는 다르게 역발상으로 공부할 때의 글자로 해석하여 열심히 공부에 매진하라는 독려의 의미로 건축을 표현하였다 한다. 그래서 현판도 학문을 갈구하는 마음을 담은 '학구재'인 것이리라.

일신재와 나란히 서 있는 우측편에는 자연석으로 기단을 쌓고 그 위에 전면 두 칸, 측면 한 칸의 책을 보관하는 장서각(藏書閣)이 자리한다. 이곳에서도 건축적으로 흥미로운 부분을 발견할 수 있다. 첫째는 기단 아래 놓인 섬돌이다. 좌측이나 우측에 하나씩 놓으면 편리하게 사용하련만, 중앙에 섬돌을 놓고 불편하게 만들어 책을 꺼내 쓰는 소중한 마음을 다시 한 번 가다듬도록 건물의 섬돌 하나로 조정하고

문의 모습을 달리하여 의장적인 멋을 가진 장서각

있는 듯하다. 둘째로는 양쪽에 있는 출입문이다. 좌측에는 두 줄의 수평대를 댄 이분합 판문으로 꾸미고 사당 방향인 우측에는 이분합 문을 반 나누어 상부는 세살무늬 창문에 한지를 바른 창을 두고, 아래쪽은 널판을 댄 문으로 꾸며져 있다. 외형적인 변화의 멋도 있지만, 창호지를 바른 문은 창문과 출입문의 역할도 하고, 창문으로 조명의 역할도 하도록 꾸미고 있다. 이처럼 도편수는 건물의 용도에 따라 효율성과 조화미를 함께 살렸다. 장서각은 작지만 흰색의 회벽과 소나무의 널판문이 기둥에 나타난 어두운 빛을 발하는 소나무 나뭇결과 대비되어 고상한 아름다움을 준다.

장서각 서편으로는 작은 협문이 보이는 별도의 담장으로 꾸며진 사당이 있다. 사당은 전면 세 칸, 측면 세 칸으로 맞배지붕에 방풍판을 박공면에 매단 비교적 큰 규모의 건물이다. 사당은 커다랗고 사시사철 푸르른 소나무 숲 아래에 있어, 명륜당에서 공부하는 유생들이

명륜당 후편의 전경으로 멀리 문성공의 사당 박공이 보인다.

사당을 바라보면 푸르고 높게 자란 거대한 소나무 숲 아래의 사당이 매우 엄숙하게 보였을 것이다. 그곳에 자신들이 추구하는 성리학의 이상향, 스승이신 안향, 안보, 안축과 주세붕 선생을 함께 모시고 있으니 더욱 그러한 마음이 들었을 것이다. 뒤편에는 전사청(典祀廳)

명륜당 처마 아래로 보이는 사당

세 칸 규모의 다양한 문의 배열이 흥미로운 전사청

옆으로 겹처마 지붕을 하고 단청을 화려하게 칠한 영정각(影幀閣)이 자리하고 있다.

이와 같이 구성된 배치는 우리나라 최초의 서원의 모습을 보여주는 좋은 자료이다. 조선시대 초기의 정치와 사상을 이끌던 수많은 선비들을 배출하던 장소로서 그 의미는 더욱 크다. 그리고 향교와는 다른 사설교육기관의 시초로, 죽계천의 시원스런 물소리와 푸르른 송림을 보며 선비의 절개와 기상을 배우면서 자연의 철학과 우주의 섭리를 배울 수 있었던 것이다. 또한 당시의 성리학의 산실로서의 아름다운 건축물과 자연의 조화는 우리들에게 선비들의 발자취를 생생하게 이야기해 주고 있다.

▲ 안현 선생의 영정을 모신 영정각과 건너편에 전사청이 자리한 모습

담장 넘어 죽계천의 아름다움

실천 유학의 선구자인
정여창 선생의 발자취를 따라 도착한

남계서원

(경상남도 유형문화재 제91호)

소재지 : 경남 함양군 수동면 원평리 586-1

남덕유산에서 발원한 남강물은 서하면을 따라 1,000m가 훌쩍 넘는 산들 사이를 흘러 만들어진 풍부한 수량을 가지고 북쪽의 황석산과 남서쪽의 괘관산을 거쳐 덕유산의 깊은 계곡의 사이를 시원스럽게 흐른다. 이 계곡물은 커다란 바위 암반의 매끄러운 돌 위를 유유히 흐르고, 계곡물에 떠 있듯 거대하게 서 있는 암반 위에 자리 잡은 '거연정' 을 시작으로, 커다란 돌 하나를 정자의 기단으로 통째로 사용한 멋이 기묘한 '군자정'을 만난다. 이어진 계곡의 시원한 물을 따라 마음과 시선을 떠내려 보내면, 하얀색의 넓적하고 기묘한 암반에 시선을 멈추고 계곡물을 등으로 흘려보내는 암반위에 또 하나의 정자인 '동호정'이 자리한다. 이곳은 일두 정여창 선생의 발길이 닿던 곳이다. 이어 세찬 계곡물은 평지와 만나 커다란 소(沼)를 만드는 곳 바로 못미처 '농월정'이라는 정자가 있다. 한강 정구 선생의 문인인 '지족당 박명부'가 세웠다는 이곳은 옛날 선비들이 자연을 벗하며 휴식을 취하고 풍류를 즐기던 곳으로, 많은 학자들의 발길이 닿는 곳이기도 하다. 달을 희롱하겠다는 선비들의 기개있는 풍류를 간직하고 있던 농월정은 지난해 홍수로 떠내려가고 이제 그 자리는 빈터만 남아 안타깝게도 추억의 뒤안길로 사라져 버렸다. 옛날부터 우리 조상들은 달을 사랑하면서 즐길 줄 알았다. 말 못할 고민이 있거나 외로울 때 달을 바라보면서 소원을 빌기도 하고 스스로 외로움을 달래기도 하였다.

아늑한 송림이 품고 있는 남계서원

계곡물이 못을 이루고 넓게 펼쳐진 시야 앞에는 햇살에 반짝이는 물결과 하얀 돌 위에 선비들이 써 놓은 글귀(지족당장구지소: 지족당 선생이 지팡이를 짚고 노닐던 곳)들만이 남아, 이 자리에 많은 선비들이 발길이 있었음을 짐작할 뿐이다. 농월정은 사라졌지만 계곡물이 만들어낸 넓은 반석과 계류가 산수경석(山水景石)을 보는 느낌이다. 농월정 앞을 흐르는 물은 안의를 거쳐 정여창 선생의 고택이 있는 지곡면을 따라 흐른다. 그곳에 승안산이 있고 승안산 남쪽 아래에 정여창 선생의 묘소와 그 아래 '남계서원(藍溪書院)'이 자리하고 있다.

조선시대 한양(지금의 서울)에서 이 서원으로 가려면, 덕유산이라는 거대한 산을 넘고 육십령이라는 한도 없이 꼬불거리는 고개를 넘어 또 쉼 없이 넘고 넘어야 했다. 지금은 대전-통영간 고속도로가 만들어져 쉽게 고개를 넘어가고 지곡 IC로 나가면 바로 목적지에 도달할 수 있게 되었다. 그러나 편리한 고속도로는 아름다운 무주구천동을 지나면서, 수려한 남덕유산을 돌아 내려가면서 자연에 흠뻑 젖어들 수 있는 기회를 빼앗아 버렸다.

남계서원은 정여창 선생이 사시던 고택이 있는 개평리에서 국도 3번을 타고 약 3㎞ 정도 동남쪽의 강을 따라 남쪽으로 가면 수동면 원평리라는 마을에 자리한다. 이 마을의 전체가 전부 남계서원의 토지로 최근에 이곳에 살던 수 십 가구가 고향을 떠나던지 아니면 새 이주 지역인 마을 뒤 서원 뒷산 넘어에 새 둥지를 틀고 있다. 남계서원 옆으로는 1900년대 초반에 남계서원으로부터 토지를 받아 지은 '청계서원(경남 문화재자료 56호)'이 자리하고 있다. 이렇게 두 서원의 사당이 머리를 맞대고 있을 정도의 지척에 두 개의 학교가 있는 것도 다른 지역에서 볼 수 없는 새로운 모습이다.

두 서원이 이렇게 자리한 이유에는 사연이 있다. 청계서원은 역사의 준엄함과 문필에 종사하는 선비로서 사관(史官)의 역할이 무엇인가를 일깨워준 탁영(濯纓) 김일손 선생을 모시는 서원이다. 그런데 일두 정여창 선생의 부관참시의 원인이 되었던 연산군 4년(1504년 4월)에 발생한 무오사화에 연루되어 훼철(毁撤)되었다고 전해진다. 이후 서원은 후손들에 의하여 1921년에 다시 세워졌다. 정여창 선생은 김일손 선생과 뜻을 같이 하였고 선생의 40세에 약 16일간 두륜산 산행을 같이 하는 등 막역한 친분을 갖고 있었기에, 1917년 남계서원으로부터 토지를 받아 이곳에 김일손 선생을 모시게 된 것이다. 이로써 유일하게 두 개의 서원이 어깨를 맞대고 자리하게 된 것이다. 서원의 문은 약간 방향을 달리하나 정여창 선생이 모셔진 묘소를 향하여

남계서원 초입에서 본 풍경, 왼쪽 산아래에 청계서원이 보인다.

김일손 선생을 모신 청계서원의 사당이 기울어져 있다. 멀리서 보면 어깨를 나란히 하고 다정한 대화를 나눌 수 있을 것처럼 보이는데, 죽어서도 벗이 되어 함께 대화할 수 있도록 후손들이 배려한 모습을 보게 된다.

남계서원은 순흥에 있는 소수서원 다음으로 우리나라에서 두 번째로 지어진 서원이지만, 점차 서원의 건축 방법이 어떠한 법식과 기준을 만들어가는 단계에서 지어진 것이므로, 건물의 배치나 모습에서 소수서원과 많은 차이를 보이고 있다. 그리고 이렇게 변화된 서원 건축의 모습은 그 이후로 전국에 있는 모든 서원에 영향을 미친다. 서원들이 남계서원의 기본 형식을 따라가면서 새로운 건축의 모습이 자리하게 되었으므로, 이 서원은 건축학적으로 매우 중요한 서원 건축물이 되었다.

서원 건축의 효시가 되는 남계서원은 풍수사상에 맞추어 승안산을 등에 기대고, 남으로는 남강이 내려다보이고 멀리는 백암산이 바라다 보이는 곳에 자리잡고 있다. 국도에서 서원을 들어가는 초입에는 최근에 세운 정여창 선생 서거 500주년 기념비가 서 있고, 그 옆으로 홍살문과 하마비가 서 있다. 홍살문을 등 뒤로 풍영루(風永樓)라는 2층 누각이 세 칸의 규모로 서 있고, 그 뒤로 강당인 명성당과 언덕 위 붉게 핀 목백일홍 나무가 좌우로 호위하듯 서 있는 높은 곳에 사당의 지붕이 보인다.

풍영루(風咏樓)는 일부 서원의 정문에 세워져 있는 2층 누각 형식과 동일하며, 아래쪽으로 세 칸, 두 칸의 크기를 하고 있다. 그러나 남계서원의 정문은 다른 서원의 정문 건물과 세부 구성에서 독특한

▲ 외삼문의 누정으로 된 풍영루의 아름다운 건축

풍영루의 현판과 겹처마선의 어울림

차이점이 나타난다.

첫째는 돌로 주춧돌을 놓고 그 위에 1층 전체를 담당하는 긴 팔각 장대석 기둥으로 2층 누마루를 받치고 있다는 점이다. 둘째는 측면 두 칸의 가운데 기둥선에 대문을 꾸미고 그 선에 맞추어 토석 담장을 두르고 기와지붕으로 마감하였다는 점이다. 이 부분도 매우 흥미로운 부분이다. 따라서 풍영루는 하얀 색의 네 개 돌기둥과 세월의 흔적으로 빛바랜 나뭇결의 어두운 색상이 어울려 학문의 배움터를 지키고 서 있는 문지기 같은 늠름한 이미지를 보여준다. 이와 같은 연출은 홍살문 밖에서도 주의의 시선을 압도하는 매력이 있다.

풍영루의 구조는 외벌대의 기단을 두고 그 위에 앞뒤로 석주를 세우고, 문이 꾸며진 중앙에는 나무기둥을 세운, 2층 누각 형태의 겹처마 팔작지붕 구조를 하고 있다. 2층 누마루에 올라서면 좌우로 굽은

용을 그린 충량부재와 대들보의 화려한 단청의 아름다움

금방이라도 피어오를 듯한 풍영루의 화반과 상량문

충량 부재를 대들보에 걸치고, 청룡과 황룡을 그려서 좌우 방향을 표시하고 있다. 더욱이 익공계의 공포는 봉황 장식으로 꾸며져 있으며, 두 개의 건너지른 커다란 대들보에는 금방이라도 하늘로 박차고 오를 것 같은 용맹스런 표정의 용이 그려져 있다. 기둥과 기둥 사이의 창방에도 국화를 양각으로 조각하여 매우 화려하게 꾸며져 있는데, 금방이라도 향기가 날 것 같이 사실감 있게 조각되어 있다.

이와 같은 모습의 꽃 화반은 정여창 선생이 처가가 있어 자주 찾았다는 '동호정'의 공포에서도 찾아 볼 수 있다. 그리고 머리초 사이에도 유생들이 공부하고 자연의 아름다움을 느낄 수 있는 선비들의 이상향을 그림으로 표현한 화폭들이 사방에 가득하다. 또한 추녀 끝 부연 사이의 부연개판에는 흰색으로 입신양명을 나타내는 봉황을 그려

연화쇠서를 화려하게 조립한 풍영루의 귀공포

놓아, 성공을 꿈꾸는 선비들의 마음을 독려하는 것처럼 느껴진다. 누마루에 앉아 멀리 남강을 물끄러미 내다보며 넓은 평야와 저 멀리 산들을 바라보노라면, 시원한 남풍이 2층 누마루를 살짝 감싸 안고 지나간다. 오른편 멀리에는 정여창 선생이 사시던 개평리 마을이 보인다. 이곳에서 사당에 모셔진 정여창 선생을 떠올리며 선생의 생전 모습을 생각하기도 하였으리라. 특히 남쪽으로는 연화산이라는 산을 두고 있어, 선생이 좋아하던 연꽃을 동재 아래 연못에 심고 그 동재를 애련헌(愛蓮軒)이라 지었으니, 선생이 좋아하던 꽃을 눈앞에 두고 멀리는 연화산이 보살펴 준다고 유생들은 믿고 열심히 학업에 전념하였을 것이다.

좌우 축의 균형이 뚜렷한 풍영루에서 바라본 강학공간

남계서원에 있는 정여창 선생 신도비각의 화려한 용무늬 단청

특히 남계서원은 부속건물인 전사청까지도 아름답게 단청을 하고 있는 특징을 보이고 있다. 그리고 강학당인 명성당(明誠堂)으로 오르는 길 옆으로 묘정비각이 자리하고 있다. 묘정비각은 사각 석주의 주좌를 가진 초석 위에 둥근 기둥 네 개를 세우고 맞배지붕에 박공 부분을 치마널처럼 만든 방풍판을 달고 있다. 이 묘정비각은 비석의 옥개석 부분에도 연화단청을 하여 엄숙하고 화려한 서원 단청의 진수를 보여 주고 있다. 비각 천장 반자에는 금방이라도 하늘로 날아 비상할 것 같이 생동감 있게 그려진 청룡과 황룡이 있다.

그 옆에 있는 유생들이 생활하던 동재와 서재를 살펴보자. 이 건물들은 기단을 만들고 온돌방을 한 칸 두고, 한 칸의 대청마루는 앞으로 빼내어 누하주를 세워 대청으로 꾸몄다. 하늘로 날아갈 듯 앞으로 돌출된 누마루는 자연의 섭리에 최대한 접근하고자 하는 건물임을

▲ 양정재와 애련헌이라는 현판이 걸린 동재의 모습

연지에 어울리는 배경이 아름다운 동재와 그 주변

보여주고 있다. 아울러 동재와 서재에는 온돌방과 누마루에 별도의 현판을 걸어 방과 누마루에서의 마음가짐을 구분하고 있다. 누마루에 쉬면서는 자연과 벗함을 강조하는 현판을 달리한 것이 매우 흥미롭다.

동재는 온돌방 출입문 위에 양정재(養正齋)라는 현판을 걸고 누마루에 애련헌(愛蓮軒)의 현판을 걸고 있는 정면 두 칸, 측면 한 칸 규모의 건물이다. 지붕은 맞배지붕 형식이며 공포에 초익공의 날렵한 쇠서를 장식하고 주화머리초 단청에 난간을 두었다. 남쪽과 동쪽에는 판벽과 바라지창문을 두어 평소에는 묘정비와 강학공간만이 시야에 들어오도록 꾸며 유생들의 학문의 분위기를 정숙하게 하려는 의도가 있어 보인다.

서재에는 온돌방 출입문 위에 보인재(輔仁齋)라는 현판을 걸고 누마루에는 영매헌(咏梅軒)이라는 현판을 걸어 두었다. 동재의 누마루

보인제와 영매헌이라는 현판이 걸려 있는 서재의 모습

앞에는 돌로 정성들여 쌓은 애련지에 연꽃을 심어, 여름에는 연꽃들이 아름답게 서원을 밝힌다. 그리고 서재의 누마루인 영매헌 앞에는 한 그루의 매화나무가 있어, 눈이 녹는 3월말 덕유산의 산등성이에 하얀 눈이 녹아 봄을 재촉할 때면, 서재 앞의 매화가 선비의 기상을 표현하듯 한 해의 시작을 알리는 봄 햇살과 함께 서원의 기운을 일깨운다.

명성당(明誠堂) 동쪽 기단 아래에는 장판각이 있다. 이 건물은 한자 정도의 석주를 주춧돌로 하고 그 위에 정면 두 칸, 측면 한 칸 크기로 바닥은 마루로 깔고, 판벽에 두 개의 이분합 판문을 달은 우진각 지붕의 아담한 건물이다. 남계서원에서는 배롱나무와 커다란 소나무가 있는 사당 아래의 양지바른 곳에 장판각을 두어 통풍이 잘되도록 만

유생들이 공부하던 책을 보관하는 장경각

들었고, 그 안에 유생들이 공부하는 책들을 보관하였던 것이다. 장판각인 장경각의 판문 위에 좌우로 백호(白虎)와 황호(黃虎)를 가운데 기둥을 바라보도록 그려놓았는데, 익살스런 표정의 호랑이 옆에는 소나무에 앉은 까치가 그려져 있다. 하늘을 바라보고 있는 호랑이의 놀란듯한 둥근 눈과 태연히 바라보는 까치의 모습은 남계서원의 흥미로운 볼거리 중 하나다. 이 그림은 조선시대 민화 가운데 가장 많은 관심과 인기가 있었던 유명한 "까치 호랑이"이다. 민화로 단청을 그린 화사(畵史)의 솜씨가 유감없이 발휘된 그림으로 매우 귀엽고 천연

장경각의 백호와 까치의 해학적인 표정 (좌측)

장경각의 황호와 까치의 해학적인 표정 (우측)

덕스러운 그 모습에 보고 있으면 나도 모르게 빙그레 미소가 지어진다. 예전 이 장판각에는 많은 책들이 소장되어 있었으나 지금은 아쉽게도 관리 소홀로 대부분 사라졌다고 한다. 나는 문화재보존을 가르치는 사람으로 이러한 이야기를 들을 때마다 아쉬움이 너무도 크다.

유생들이 공부하던 강당인 명성당에는 남계서원(藍溪書院)이라는 현판이 걸려 있어 이 건물이 서원의 중심건물임을 알려주고 있다. 강학당인 명성당(明誠堂)은 장대석 모양으로 잘 다듬은 석재를 네 단 쌓

좌우 대칭이 강조된 남계서원의 강당

남계서원의 강당에 걸려 있는
'명성당' 현판

고 둥글 넓적하고 듬직한 돌로 기초를 세우고, 둥근 기둥으로 건물을 받쳐 세웠다. 그리고 그 위로는 부드럽게 구름처럼 조각한 공포인 몰익공으로 조각하고 횡부재인 도리 다섯 개를 보와 직각으로 건너지르게 한 오량집의 건물로, 겹처마 팔작지붕의 모습을 하고 있다. 그 위에 단청은 매우 화려하게 채색되어 있다. 마치 불교 사원처럼 느껴지는 연화머리초에 휘를 두르고 있는데, 화려한 휘인 끈의 꼬아진 모양이 사람인(人)자 모양을 하고 있다. 또한 서까래가 노출되어 있는 우물천장의 서까래 사이를 붉은색 석간주 색깔로 칠하여 매우 강한 이미지를 주고 있다. 서까래는 푸른색의 하엽을 칠하였고 머리초 중간에도 다양한 금문이 칠해져 있다. 포벽에는 학생들이 공부하면서 배움의 이상향을 실천해 가는 과정을 그리고 있다.

화려한 전통 단청의 멋이 느껴지는 명성당의 천장가구

벼랑 건너 꽃을 따기 위한 방법을 신선에게 묻는 동자

남계서원의 이름을 강당의 현판으로 사용하고 있는데, 남계와 서원을 나누어 두 자씩 묶어서 양쪽 대청마루 기둥 사이의 전면 처마 아래에 매단 모습이 매우 인상적이다. 선생님이 기거하시던 방문 위 포벽에는 아름답게 핀 하얀 꽃으로 나비가 날아드는 모습을 그리고 있는데, 성(誠)을 이루고 예(禮)와 덕(德)을 실천하면 약하지만 아름다운 많은 백성들이 도움을 청하러 온다는 의미로 보고 싶을 정도로 단아하게 그려져 있다. 특히 단청은 서원에서는 보기 드물게 연화단청을 사용하고 있는데, 이는 정여창 선생이 연꽃을 좋아하셨기에 후손들이 연꽃으로 단청을 한 것으로 보인다.

서원의 단청은 매우 절제된 단청이 사용된 것으로 보는 일부 학자들의 의견이 있다. 그러나 소수서원과 남계서원의 명륜당을 보면 조선시대 초기 서원은 사찰의 단청 양식을 따르거나 화려하게 사용하였음을 알 수 있다. 조선 말기로 내려가면서 더욱 엄격한 서원의 분위기에 부재 끝에만 단청하는 머리초 단청이 유행한 것으로 여겨진다.

남계서원의 강학당을 살펴보다 보면 건축적으로도 여러 특징들이 발견된다. 먼저 온돌방 위의 천장가구인 대들보와 중보와는 동자주를 세워 보를 구분하고 있는데, 대청 가운데로 건너는 보는 중보를 동자주 없이 중보를 얹는 모습으로 되어 있다. 그리고 그 위의 용마루는 화반동자주에 당초무늬를 백색과 흑색을 어울려 힘차게 표현하고 있다. 또 하나는 전면 후면 등에 전체적으로 인방 위에 소로를 받쳐, 더욱 화려하고 품격 있는 건물로 꾸민 점도 벽화와 함께 매우 인상적인 모습이다. 그리고 주두 위에 꾸며진 초각으로 생동감 있게 표현된 첨차가 아름다우며, 그 사이에 놓인 화반은 화려하게 피는 연꽃을 조각하여 단청을 그려 놓아 강학 공간의 주변에 핀 목백일홍과 어울려 화려하게 관을 쓴 것 같은 분위기를 자아내고 있다.

종보와 대들보 아래 호랑이를 그려 놓은 단청이 흥미로운 강학공간인 명성당의 천장가구

또 하나 놓치지 말고 보아야 할 것이 있는데, 건물 뒤쪽에 쪽마루로 꾸민 서편 끝에 조금 내밀어 매단 벽이다. 비가 오거나 추운 겨울, 또는 야심한 밤에 서재 아래에 있는 측간에 가기가 불편하신 연로한 선생님이 쪽마루에서 내려서지 않고 용변을 보게 하기 위하여 소변기를 만들어 놓은 점이다. 선생님을 모신 당시의 유생들 마음의 일부분을 보는 것 같아 매우 감동적이다. 그리고 그 옆에 툇마루 중간이 방으로 연결되는 작은 개구부의 흔적이 있다. 알 수 없는 이것에 대하여 남계서원을 답사하는 사람들에게 질문으로 남기고 싶다.

강학당인 명성당을 좀 더 자세히 살펴보자. 이 건물은 정면 네 칸에 가운데 두 칸을 대청마루로 꾸미고, 북쪽으로 회벽에 바라지창을 꾸미고 있다. 그 위에 동쪽 기둥 사이에 명성당(明誠堂)이라는 현판을 걸고 좌우 두 칸은 온돌방으로 동쪽에는 거경재(居敬齋), 서쪽에는 집의재(集義齋)라는 현판이 걸려 있다. 남계서원에서는 경(敬)과

선생의 편리를 위해 명성당 서쪽 온돌방 뒷편에 마련된 소변대

의(義)를 실천하고 배우는 것을 최고의 목표로 하고 있음을 알 수 있다. 두 칸인 대청에서 명성당이라는 현판을 동쪽 바라지창 위로 잡고, 바라지 창문을 열면 사당으로 오르는 가파른 돌계단이 명성당 현판이 걸린 축과 직선을 이루도록 되어 있다. 이와 같이 일부 특징적인 배치 구조는 한옥을 이해하는데 매우 중요한 점이다. 한옥은 여러 개의 건물을 짓더라도 일정한 철학과 배치 논리가 정립된 후에 건물을 짓기에 무심코 지나쳐 버리기 쉬운 곳에 건축의 철학과 아름다움이 내재되어 있다는 점이다. 이러한 숨은 뜻을 발견하는 순간 전통한옥의 멋과 아름다움 그리고 집주인의 사상과 철학을 이해할 수 있는 것이다.

이제 사당공간을 살펴보자. 명성당에서 가파른 계단을 올라서면 내삼문이 정면을 지키는 사당공간이 보인다. 내삼문의 좌우에는 수

배롱나무가 호위하는 듯한 풍경이 아름다운 내삼문

특별하게 단을 만들고 신도를 마련한 내삼문

백 년은 족히 넘을 것 같은 커다란 목백일홍나무(=배롱나무)가 좌우에 한 그루씩 호위하듯 지키고 서 있다. 그 옆에는 존도(尊道)라고 쓰여 있어 더욱 엄숙히 해야만 하는 공간임을 알리고 있다. 내삼문은 사당쪽에서 보면 매우 흥미로운 것을 발견하게 된다. 외벌대 장대석으로 별도의 내삼문 구역을 만들고 사당 마당과 단의 차이를 이용하여 가운데에는 신도인 계단을 두고 있다.

듬직한 머슴같은 주춧돌 위에 세운 대성전의 위엄있는 자태

그리고 삼문의 외주에 맞추어 사당의 담장을 두르고 있다. 엄격히 규칙을 정하는 서원이나 향교에서는 사당의 출입도 오른쪽으로 들어가고 나올 때는 서쪽문으로 나와야 한다. 엄격한 규칙 때문에 일 년에 두 번 지내는 제사 때만 여는, 가운데 문인 신문 위에는 중문불입(中門不入)이라고 방이 붙여져 있다. 그리고 삼문의 오른쪽 이분합 문을 열면 좌우에 계단을 둔 기단 위에 비교적 큰 규모의 사당이 서 있다. 정면 세 칸, 측면 한 칸 규모의 사당건물 뒤로는 커다란 소나무들이 빼곡히 사당의 담장 밖을 두르고 있어 장엄함을 느끼게 한다. 이 사당에는 조선중기 학자이면서 정여창 선생의 원통한 일을 풀어드리려 상소를 올렸던 강익(姜翼) 선생과 동계 정온(鄭蘊) 선생을 배향하고 있다.

대성전은 전면을 뒤로 물러 툇간을 두고 있으나 대들보가 전면의

반칸 퇴를 물러 전이공간을 둔 대성전

▲ 제향하기 전에 손을 씻는 관수대와 불을 켜두는 정료대가 있는 대성전 앞뜰

대성전 동쪽에 자리한 전사청 내부에 표현된 당초문의 화반과 공포

기둥 위로 연결되어 매우 답답한 느낌의 퇴공간을 이루고 있다. 그러나 커다란 두께의 대들보가 밖으로 노출되어 시각적으로는 아름다운 대들보의 모습을 볼 수 있다. 건물의 외관은 좌우 박공에 풍판을 댄 맞배지붕 건물로 연목과 부연을 두어 처마를 길게 내민 겹처마로 꾸며져 있다. 주두 위에 공포는 연꽃으로 조각하여 만든 생동감이 전해지는 화려한 단청으로 옷을 입은 채 조용하고 엄숙한 사당의 분위기를 더해 준다.

초석의 주좌인 중간 부분을 둥글게 처리한 초석을 주춧돌로 세우고 그 위에 둥근 기둥으로 익공형식의 주상포를 꾸미고 있다. 어간에는 쌍여닫이 세살무늬 문으로 꾸미고 있으며, 좌우 협간에는 외닫이 세살무늬 문으로 만들어 어간과의 문의 모습에서 위계를 표현하고 있다.

엄숙하고 단정하게 꾸며진 사당의 마당 동쪽에는 담장을 뒤로 밀

사당 앞으로 보이는 남계서원

어 세운 세 칸, 한 칸의 전사청이 있다. 전사청은 한 칸은 부엌으로 꾸며져 있고, 두 칸은 제사 관련 물건들을 보관하고 있다. 내삼문 앞 전사청에서 서원의 앞을 내다보면 이 서원에서 가장 아름다운 경치를 구경할 수 있다. 발 아래 서원의 강학공간이 자리하고 외삼문 용마루 지붕 위로는 멀리 남계천이라 부르는 남강이 흐르는 것이 보여 시원스런 경관에 빠지게 된다. 발 아래 펼쳐진 사당 언덕에 심어져 있는 큰 배롱나무는 강학당인 명성당을 포근히 감싸고 있어 남계서원과 자연의 만남의 아름다움을 느낄 수 있는 곳이다.

남계서원 옆에 나란히 어깨를 같이 하는 청계(靑溪)서원을 둘러보자. 청계서원은 백여 년 전에 지으면서 조선초기부터 점차적으로 변하는 서원의 건축 양식과는 차이가 있어 보인다. 그러나 정여창 선생을 모신 남계서원을 표본으로 지었음을 곳곳에서 보게 된다.

첫째, 강학당 앞의 좌우측에 세워진 동재와 서재는 지형을 이용하여 한 칸의 온돌방과 한 칸의 대청마루를 꾸미고 있으면서 누마루 형식의 누하주를 높게 세우고 있다.

둘째, 동재 아래는 자그마한 애련지를 만들어 연꽃을 심고 있다. 그리고 강학공간인 애락당(愛樂堂)의 경우 청계서원(靑溪書院)이라는 현판을 두 자씩 나누어 대청마루 도리 아래를 받치는 장여에 별개의 편액을 만들고 걸러 둔 방식도 남계서원과 같다.

세째, 사당의 경우 가파른 경사와 폭이 좁은 계단을 만들어 강학당 지붕 끝 용마루 보다 높이 앉혀서 사당인 청계사(靑溪祠)가 강학공간인 애락당 위에 올라앉은 것처럼 만들었다. 예(禮)를 존중하던 유학에 기초를 둔 건물의 배치 계획으로 볼 수 있다.

넷째, 내삼문이 있는 언덕 좌우에 선비수라는 목백일홍을 심고 있다. 한여름에 뜨거운 태양을 머금은 붉은 빛이 학문을 하는 유생들에게 아름다운 경관과 정열을 심어주고, 겨울에는 하얀 몸에 껍질이 없는 나무의 모습과 용트림하는 것처럼 자라나는 나무의 특성상 그것을 보면서 미래에 대한 자신감과 용기를 주었을 것이다.

한편, 이 서원은 남계서원을 모방한 것만 있는 것이 아니고 독창적인 규율을 갖고 있어 직접 독자들이 가서 숨은 그림 찾듯 답사하는 것도 흥미로운 일일 것이다.

이 서원을 만든 도편수나 김일손 선생의 자손, 후학들은 남계서원의 도움을 받은 예(禮)를 지키려는 뜻을 건축적인 면에서 표현하고자 했음을 찾을 수 있다. 첫째, 외삼문이 누마루 2층 구조가 아닌 평범한 삼문 구조를 하고 있다. 둘째, 동재와 서재 앞에 남계서원이 바라다 보이는 쪽에만 애련지를 두고 있다. 셋째, 강학건물에 화려한 단청의 남계서원과는 다르게 매우 검소한 석간주 색깔(다갈색 계열)만을 칠해 표현하고 있다. 넷째, 비각을 남계서원이 향하는 동쪽 담장 아래 두어 정여창 선생과의 우애를 보여주는 모습도 발견된다. 다섯째, 사당을 오르는 계단도 남계서원의 반 정도 규모로 만들어 꾸며져 있다. 이상의 건축적인 특징들은 매우 흥미로워 남계서원과 청계서원 건축을 이해하는데 도움이 되는 부분이다.

이러한 사례는 이황 선생을 모신 도산서원과 그 제자인 류성룡 선생을 모신 병산서원의 건축의 특징을 통해서도 발견된다. 건축물을 통해서 조차 위계질서와 예(禮)를 지키려는 참모습은 현대의 능력 위주로 살면서 예의를 뒷전에 두면서까지 앞으로만 전진하려는 사람들에게 좋은 교훈을 준다.

영남학파의 거두인 퇴계 이황 선생의

도산서원

(사적 제170호)

소재지 : 경상북도 안동시 도산면 토계리 680

안동시에서 북쪽으로 봉화로 가는 길을 따라가다 보면 35번 국도가 나타나고, 영지산 옆을 돌아 송티재를 꼬불꼬불 넘어가면 새지산 남쪽으로 낙동강이 보이는 곳에 다다르게 된다. 안동댐 옆을 지나가는 댐의 상류쪽으로 발길을 돌리면, 예안향교를 비롯하여 퇴계선생의 태실인 노송정(老松亭)과 종택, 묘소와 도산서원(사적 제170호)이 자리하고 있다.

도산서원으로 가는 길은 안동댐이 생기기 전에는 개울 아래에서부터 걸어 올라오면서 점차적으로 서원이 보였을 것이나, 지금은 산허리로 가로지르는 길을 따라 다다르게 되어 있다. 도산서원의 입지는 풍수지리학적으로도 명당이었던 것 같다. 특히 이중환의 "택리지"에서도 강이 있으면서 사람이 살기에 가장 적당한 장소로 예안의 도산과 풍산의 하회마을을 이야기한다. 즉, 물이 풍부해야 농경생활을 하던 당시 풍부한 수확을 약속할 수 있었을 것이고, 풍부한 먹거리도 강에서 얻었을 것이기에 이러한 입지 조건을 명당으로 보고 있다. 또한 인근에는 소백산이 있고 고개에서 멀리 떨어지지 않은 곳이라 난

좌우의 산이 포근히 감싸안은 도산서원

세에도 은닉하며 지내기에 알맞았을 것이다. 따라서 지금은 도로가 잘되어 있지만, 아직도 꼬불꼬불 산길을 넘어 도착하는 이곳 도산마을을 이황 선생은 요새와 같은 보금자리로 자리를 잡았던 것이다.

이곳은 이황 선생이 61세인 1561년에 자리를 잡았다고 전해진다. 서원 앞으로는 강이 흐르고 커다랗게 튀어 오른 산모퉁이를 돌아 서원 앞에 다다르면 좌우의 산이 포근히 감싸 안고 있고, 앞은 시사당의 둥근 동산이 강 건너 보이고 시야가 넓게 펼쳐진다.

도산서당을 앞에 두고 크게 세 영역으로 나누어 자리한 봄날의 서원풍경

서원 앞에는 넓은 광장이 있고 정문을 들어서면 농은정사와 도산서당을 하나로 묶고 하고직사를 두어 관리하도록 하였다. 특이하게도 도산서원은 크게 세 영역으로 나눌 수 있다. 먼저 도산서당과 농운정사(隴雲精舍), 하고직사로 구획된 공간과 또 하나는 위쪽으로 강학공간인 전교당과 동서재, 그리고 부속시설인 장서각과 장판각, 상고직사를 하나의 영역으로 볼 수 있다. 마지막으로 사당과 전사청을 또 하나의 영역으로 묶을 수 있다. 일반적인 서원에서는 강학공간과

제사공간으로 구분하고 있다. 도산서원의 공간구분이 이러한 방법과 차이가 나는 것은 도산 선생이 생전에 학생을 가르치던 도산서당과 농은정사가 있다가, 1570년 선생이 돌아가시자 후학들에 의하여 다시 서원의 면모를 재정비하게 되는 과정에서 생긴 배치의 모습이다. 우리나라 서원에서 이러한 배치는 오직 이곳에서만 볼 수 있는 건축 배치의 특징인 것이다.

서원과는 다른 직선 축을 따라 올라가면 다시 외삼문이라기보다 중문에 해당되는 두 번째 정문인 진도문(進道門)이 나타나는데, 도덕경을 실천하는 문이라는 뜻을 가진 현판을 걸고 있다. 그리고 좌우로 광명당의 장서각을 두고 있다. 이곳부터는 강학공간으로 구분할 수 있다. 강당인 전교당(典敎堂)을 두고 좌우로 동재와 서재를 배치하였다. 장판각은 전교당 동쪽 옆으로 배치하고 있는데, 별도의 담장을 만들어 서원에서의 문고의 중요함을 강조하고 있다. 이 서원의 사당은 강당인 전교당의 중심축에서 약간 동쪽으로 치우쳐 가장 높은 대지를 마련하고, 두 동의 전사청을 하나의 담장으로 꾸며 그곳에 세 칸, 한 칸 규모의 상덕사(尙德祠)를 두고 있다.

한편, 도산서원은 중심축의 동편 초입에 있는 도산서당으로부터 시작된다고 볼 수 있다. 정문을 들어서면 좌측으로 농운정사가 있고 두 갈래 길로 나누어지는데, 전면에는 잘 다듬은 장대석 기단을 사벌대로 축대가 만들어져 있다. 축대의 정면으로 난 계단은 두 번째 정문인 진도문(進道門)으로 향하는 길이요, 오른쪽 길로 가서 계단을 오르면 별도의 토석 기와 담장으로 구획된 도산서당이 된다. 이 도산서당은 약 네 칸 반 크기의 정면에 두 칸 크기의 측면을 가진 맞배지붕의 건물이다.

눈썹지붕이 인상적인 도산서당

여기 도산서당에서 건축적인 특징들을 몇 가지 발견할 수 있다.

출입문은 특이하게도 서정적인 느낌의 사립문으로 꾸며져 있다. '바른 것을 행하는 장소의 문'이라는 선비의 곧은 절개를 강조하는 의미의 유정문(幽貞門)이라 이름붙였다. 기와 담장과는 매우 대조적인 재료의 사용으로 더욱 검소하면서 싸릿대처럼 곧은 강직함을 느끼게 한다. 또한, 내부구조가 매우 조밀하게 만들어진 이 건물은 동쪽으로는 대청마루와 이어 만든 살평상을 덧붙이고, 눈썹지붕으로 맞배지붕의 머리와 이어 붙인 지붕선의 조형미가 매우 흥미롭고 특이하다. 담장은 지나가는 하인들이 보이지 않는 시선 범위 내에서 담장을 생

유정문인 사립문 사이로 보이는 도산서당

략하여 협문의 역할을 하고 있다. 그리고 두 칸에 만들어진 문들은 모습을 달리하고 있다. 한 칸의 온돌방의 문은 창문으로 세살무늬 외닫이 문으로 꾸며져 있고, 서쪽의 방은 넉살무늬 들창을 상인방 아래 꾸미고 기둥에 맞추어 사람하나 간신히 다닐 수 있는 폭의 궁판을 붙인 세살무늬 문으로 꾸며져 있다. 이처럼 문의 모습을 달리하여 멋스러운 조형미를 갖은 벽을 표현하고 있다.

또한 산이 솟은 모양을 본뜬 상형문자를 사용한 도산서당의 현판은 대청마루와 온돌방의 가운데 기둥에 내려 쓰기로 주련처럼 걸어 놓아 운치를 더해주고 있다. 대청과 온돌방의 문은 네 짝의 불발기 문으로 되어 있다. 두 장은 판문으로 되어 있고 두 장은 창호지를 바른 세살무늬 이분합문으로 만들어 여름이나 공간을 넓게 사용하고자

살평상을 덧댄 대청마루가 인상적인 서당의 풍경

할 경우, 대청 천장에 등자쇠로 걸어 놓을 수 있도록 만들어 놓았다.

현재 겨울의 북서풍을 막기 위해 만들어진 널판으로 만든 대청마루의 바라지창은, 동편으로 살평상을 만들면서 본래의 임무는 사라지고 벽으로만 존재하는 모습으로 변했다.

대청마루 바라지창 위에는 암서헌(巖棲軒)이라는 현판을 걸고, 온돌방에는 취침의 편안함을 즐긴다는 의미로 완락재(玩樂齋)라고 부르고 있다. 또한 공부하는 유생들의 정서를 위하여 동쪽 모서리에 네모난 연못을 만들고 정우당(淨友塘)이라는 이름을 붙였다. 더러운 연못에서 깨끗하게 피어나는 연꽃을 자신의 마음을 정화시켜주는 친구로 자연으로부터 삶의 철학을 배우고자 했던 것이라는 생각이 든다. 퇴계 선생은 연지 담장의 벽을 생략하여 동쪽 언덕에 작은 계단식단을 만들고 심어 놓은 매화나무와 소나무, 국화 등 선비들로부터 사랑받던 꽃과 나무를 가꾸어 유생들이 공부하면서 자연의 아름다움을 체

도산서당의 대청마루와 온돌방의 고즈넉한 풍경

험하게 하는 것도 잊지 않고 있었다. 또한 담장을 생략하여 산으로 가는 길을 만들어 자연과 함께 하면서 호연지기를 배우고 우주의 변화와 철학을 자연에서 배우려 하였다. 이처럼 한옥에서의 담장은 공간과 공간 사이의 단절이 아닌 구분의 역할을 할 뿐이므로, 항상 자연을 곁으로 가까이 끌어들여 인간과 자연이 함께 할 수 있다는 것을 손수 실천하였다고 볼 수 있다. 이 또한 폐쇄되지 않고 열린 공간, 한옥에서 찾아볼 수 있는 담장 배치의 매력일 것이다. 그런 예로 도산서당은 대청마루에 앉아 바라보면 하고직사로 드나드는 머슴들의 시선만을 막고 있을 뿐, 멀리는 강변 가운데의 시사단과 동쪽 산등선에 자라는 커다란 느티나무나 소나무의 멋진 모습을 감상할 수 있으며 그 아래 자라는 다양한 들꽃들이 담장 안을 거쳐 마당과 하나가 됨을 보여준다.

도산서당의 건너편에는 학생들이 기거하는 기숙사를 지어 농운정사(隴雲精舍)라고 불렀다. 농운정사는 중앙 세 칸, 측면 한 칸을 직각으로 이어 만든 배치의 형식으로 공(工)자형 평면을 갖고 있다. 이러한 공자 모양은 좌우측 뒤편 공간에 햇빛이 들지 않는 건축적인 문제도 있지만, 공(工)자는 소리가 나는 시설의 이름에 붙여지므로 공부를 하는 학교에는 적당하지 않다하여 건물의 배치에서는 사용하기를 꺼린다고 알고 있다. 그러나 퇴계 선생은 이것을 공부(工夫)라고 해석하여 더욱 공부를 열심히 하는 장소임을 뜻한다고 생각하여 지었던 것으로 생각된다. 가까이에 있는 소수서원에서의 유생들의 기거 공간에서도 이러한 배치구조를 발견할 수 있다.

농운정사의 세부구조를 살펴보자. 건물은 중앙에 세 칸을 배치하고 전면에는 쪽마루를 달고 있으며, 좌우로는 반 칸의 마루를 두고 이분합 판문을 꾸미고 있다. 그 뒤편으로 온돌방이 꾸며져 있다. 특히 중앙 세 칸의 가운데 칸에는 궁창이 꾸며진 이분합 세살무늬문을 두고 좌우로 눈꼽재기 광창을 두고 있다. 반면, 좌우방은 중앙을 향해 외닫이 문이지만 중앙의 이분합 문보다 큰 크기로 문을 만들고, 광창은 좀 작은 크기로 만들어 균형을 이루도록 한 조형미가 돋보인다. 두툼한 창틀에 자유스러운 모양을 갖은 창문은 반듯한 기둥과 수평, 수직으로 연결된 인방들과 어울려 선비의 강직한 정신과 모습이 떠올려지는 인상을 갖게 한다. 더욱이 이 집은 퇴계 선생이 설계하신 것이라 하니, 좌우의 성리학에만 능한 것이 아니라 조형적인 감각도 매우 뛰어나신 것 같다. 농운정사 뒤인 서쪽편에는 별도의 담장 안에 도산서당으로 가는 협문과 농운정사 뒤뜰로 다니는 문을 두어 두 건물에서 공부하는 선비들의 불편함이 없도록 배치되어 있다. 건물은

도산서원으로 오르는 화계에 핀 매화나무의 정취

'ㄷ'자 형태로 일반 살림집처럼 안채와 날개채를 두고 있다.

서당을 지나 서원으로 오르는 길은 잘 다듬은 장대석을 이용하여 몇 개의 단을 만들며 오르게 되는데, 도선서당이 있는 방향으로 계단의 높낮이에 맞추어 만든 화계에는 매화나무와 부귀영화를 상징하는 모란꽃을 심어져 있다. 하얀 매화꽃이 피는 이른 봄에는 한옥의 중후함에 어울려 따뜻한 분위기를 주고 봄이 깊어가는 계절에는 정열적이고 소담스런 모란꽃이 화단을 가득 메워 형연할 수 없는 아름다움으로 자연과 건축의 만남의 앙상블을 보여준다. 이 광경은 너무나 아름다운 서원의 풍경으로 인상깊게 남는다. 특히 도산서원은 다른 서원과 다르게 많이 심어져 있는 나무가 매화나무로, 선생이 사랑하신 나무를 많이 심어 서원의 대표적인 나무가 되었다.

진도문(進道門)인 외삼문에 해당되는 구역에는 높은 단을 이용하여 진도문 좌우로 동·서 광명실이라는 정면 세 칸, 측면 한 칸 크기에 책을 보관하는 건물을 누마루 형식으로 배치하고 있다. 이 건물은 전열을 누하주를 세우고 기둥 후면 열은 전교당 마당의 높이에 올려놓은 형식으로 앞에서 보면 높은 누마루가 시원스럽게 서 있으나, 동서재가 있는 강학공간 안에서는 외벌대의 기단 위에 세워진 단층 건물처럼 보인다.

이 건물의 건축적인 특징으로는 두 개의 광명실이 동일한 크기와 모양을 갖고 있는데, 사면에 계자각을 꾸민 난간을 만들어 놓아 별도의 누각 건물로 사용하고 있다. 또한 정면 세 칸의 어간 부분과 좌우 협간 부분의 문의 모양이 다른데, 중요한 책을 보관하는 건물이라는 이미지를 갖도록 문을 네 칸 배목으로 구획하고, 위에는 채광을 위해 넉살무늬창이 달린 넌출문으로 꾸미고 있다. 어간에는 이분합 당판문(=넌출문)을 달고, 좌우에는 외닫이 당판문을 달아 꾸민 것이 특이하다. 이는 외삼문을 한 칸의 진도문으로 만들었기에 세 개의 출입문을 두는 삼문이 규율처럼 되어 있는 서원에서 이를 대신하여 바로 옆에 있는 장서각의 문에 삼문의 형식으로 표현한 것으로 보인다.

동광명실과 서광명실은 19세기 이후에 지어진 건물이긴 하나 중요한 책들을 보관하기 위하여 만든 건물이다. 따라서 책을 보관하기에 가장 좋은 조건의 하나인 통풍을 위하여 누마루로 만들고 햇볕이 잘 드는 양지쪽에 건물을 배치하였으며, 당판문 상부에 창호지를 바르는 창을 두어 조명이 없었던 당시 조명의 역할을 하도록 하였다. 실용성과 조형미가 잘 어우러진 한옥의 멋과 건축적인 지혜가 돋보이는 건물이다. 동광명실은 이황 선생이 소장하던 책과 사액으로 왕에게 하사받은 서적을 보관하는 실로 사용하고 있다고 전한다.

서당의 영역을 지나 오벌대로 높게 쌓은 계단을 이용하여 진도문(進道門)으로 들어서면 서원의 영역이 된다. 진도문은 앞으로 기단을 약간 빼내어 네모반듯한 사각 주춧돌 위에 방형 기둥을 세운 맞배지붕의 한 칸짜리 사주문이다. 진도문의 가구 형식은 중간에 판벽을 대고 이분합 널문을 달았다. 판벽은 중간에 두 줄의 배목을 대고 대문 위에는 박쥐무늬 풍혈을 만든 궁판을 달았고 그 위에는 살가지를 세운 중간에 진도문(進道問)의 현판을 달았다. 특히 이 문은 퇴계 선생을 배향하는 공간의 시작이라는 의미를 가지고 있어서인지 격식있게 화

지형의 단을 이용하여 통풍을 고려한 동편의 광명실

서편에 자리한 광명실과 세월의 멋을 느끼게 하는 매화나무

려하지는 않으나 기둥 위에 주화주의초를 내리고 부재 끝에만 칠하는 머리초단청이 칠해져 있다. 계단을 한 발짝씩 올라서면 진도문 안으로 강당인 보물 제210호 전교당(典敎堂)의 처마에 걸린 도산서원의 현판과 대청 안쪽에 걸려 있는 전교당 현판이 검정과 흰색의 대비에 의해서 매우 선명하게 시야에 들어온다. 이 영역부터는 아름다운 꽃과 나무는 한 그루도 심어져 있지 않고 엄숙하고 정숙한 분위기만이 가득할 뿐이다. 특히 하얀 현판에 쓴 검정글씨는 조선중기의 대표적인 명필이신 한석봉 선생의 글씨로 보기만 해도 가슴 벅찬 만남이 된다.

도산서원의 내삼문인 진도문

쌍여닫이 당판문으로 만든
진도문의 모습

문을 들어가면 좌우로 동재와 서재가 있는데 전면에는 잘 다듬은 반듯한 모습의 장대석을 사벌대로 쌓고 좌우에 계단을 두고 있다. 그 앞에는 긴 돌기둥 위에 꽃 모양의 석재를 오려 놓은 정료대가 자리하고 있다. 정료대는 조명이 없던 당시에 관솔이나 기름통을 올려서 불을 밝히던 조명기구 같은 것이다.

전교당은 납작하니 갑석으로 마감한 기단 위에 자연스럽게 생긴 덤벙주춧돌을 놓고 그 위에 방형기둥을 세운 정면 네 칸, 측면 두 칸 규모의 홑처마 팔작지붕이다. 지붕이 날렵하고 화려한 겹처마의 지

반듯한 부재를 사용하여 강직한 사상을
느끼게 하는 대청마루 가구 부재

반듯한 글자체가 일품인 전교당 현판

병머리초로 정성드려 그린 전교당 기둥과 가구구조

붕은 아니지만, 네모반듯한 기둥의 강직한 선율과 서까래 사이의 여백에 붉은색을 칠하여 표현한 강한 인상은 궁궐에서나 볼 수 있는 잘 짜여진 기단과 어울려 위엄을 더해준다. 전교당의 구성을 살펴보면, 동쪽의 전면 세 칸은 대청마루이고 서쪽의 한 칸은 유생들의 교육을 맡았던 선생님의 방으로 온돌방이다. 대청마루에서 보면 온돌방의 벽은 창호지를 앞뒤로 바른 맹장지문으로 가운데는 이분합문을 별도로 구분하였다. 그리고 좌우에는 커다란 통 칸의 맹창지 불발기창을 달고 위쪽에 돌저귀를 달아 문과 벽 전체를 대청마루 천정의 등자쇠에 걸도록 만들었다. 대청마루와 함께 넉넉하게 공간을 사용할 경우는 전체 벽의 맹장지 불발기문을 들어올리면 된다.

전교당의 천정가구 구조를 살펴보기로 하자. 굽음이 없는 반듯한

반듯한 대들보에서 선비정신의 강직함이 느껴지는 선생의 기거방

대들보를 건너지르고 기둥과 대들보와 만나는 보 아래는 보아지를 대고 초각을 표현하고 있으며, 팔작지붕에서 꼭 있어야 하는 박공의 힘을 받는 충량보를 대들보에 얹혀 놓았다. 충량보 위에는 서까래가 부채 모양으로 모아지는 선자연 서까래와 용마루가 만나는 아래는 반자를 꾸미고 반자틀에는 연화반자초를 그려 아름다움을 더해 준다. 단청은 나무를 보호하고 아름답게 하기 위한 칠로 여인들의 아름다운 화장기법과 비교하면 이해가 될 듯싶다. 이러한 단청의 아름다운 표현은 대들보의 단청에서 매우 섬세하게 연화병머리초 단청에 서로 색이 교차하는 바자휘로 그렸기에 가능하다. 보물 제210호로 지정받을 때는 역사적·학술적·미술사적 가치를 인정받았기 때문이다.

이 건물은 특히 우리나라 목조건축에서 가장 오래되었다는 대표적인 건물인 봉정사 극락전이나 부석사 조사당에서나 볼 수 있는 용마루를 받치는 대공으로 복화반을 쓰고 있다. 또한 중보를 받치는 동자주도 복화반에서 변형된 사다리꼴 형식의 대공을 사용하고 있다. 대청마루의 동쪽과 북쪽은 머름대와 머름중방을 꾸미고 머름동자 없이 한 장의 긴 판재로 머름착고를 꾸며 매우 시원스럽고, 군더더기 없이 처리하여 선비들이 공부하는 장소다운 간단명료한 느낌을 들게 한다. 바라지창들도 판장문 가운데에 문설주를 세워 문고리를 걸게 함으로써, 한 짝씩도 열 수 있고 바람이 불어도 흔들림이 없이 견고한 형태로 되어 있다. 특히 일반적인 바라지창은 한 장이나 두 장 정도의 널판으로 짜여 있는 경우가 대부분이나 전교당의 바라지창은 세 장의 판재를 이용한 것도 흥미롭다.

전교당 앞의 좌우로는 유생들이 기거하는 동재인 박약재(博約齋)와

전교당의 대청마루 불발기창과 하늘을 나는 듯한 지붕선의 아름다움

서재인 홍의재(弘毅齋)가 자리하고 있다.

전교당의 북동쪽으로는 별도의 담장으로 구획된 장판각이 있다. 장판각에는 퇴계 이황 선생의 문집을 판각한 목판이 보관되어 있다. 장판각은 장방형으로 반듯한 외벌대의 장대석과 전돌을 깔은 기단을 두고 둥글넓적한 모양의 자연석을 덤벙주초로 놓고 그 위에 방형 기둥을 세워서 정면 세 칸, 측면 두 칸 규모로 만든 맞배지붕 건물이다. 자연석 주춧돌은 강이나 산과 들에서 밑면이 비교적 평탄하고 윗면은 중간부가 불룩하게 된 돌을 가져다 사용하였다. 돌의 상면 중간부가 불룩한 이유는 기둥이 많은 표면적을 만나게 함으로써 안정성을 극대화시킬 수 있기 때문이다. 이에 나무를 돌의 모양대로 하부를 깎는 그랭이 기법이 사용된 것이다. 특히 이 건물은 네 면이 길이가 일정하고 반듯한 사고석(四塊石) 쌓기로, 높게 쌓은 담장에 옆면은 추녀만 남을 정도로 꽉 끼인 느낌으로 세우고 뒤로는 두 개의 단을 두어

문의 외형적 차이에서 느껴지는 의장성과 조형미가 돋보이는 장판각

판벽, 판널, 그리고 살가지를 갖춘 장판각

앞뒤로 넓게 만들었다. 이는 바닥을 띄워 세운 마루형 바닥과 함께 앞뒤로 바람이 통해 통풍이 원활하도록 함으로써, 장판각 안에 들어 있는 장판을 벌레로부터 안전하게 보존하려는 목적을 가지고 있다. 동서광명실의 누마루 누각 건물과 같이 자연의 변화를 이용한 자연과학적이고 공학적인 원리를 같이 하고 있다. 장판각은 서원 영역에 있는 건물 중에서 단청이 칠해져 있지 않은 백골집으로 단청집의 화려함과 장엄함은 없으나 소나무의 부드러운 색상과 결이 드러나 매우 포근한 감을 준다. 한편, 장판각 문의 모습이 매우 이색적이다. 특히 출입문의 모습이 눈에 들어오는데, 좌우 협간은 판재를 이용한 널출문의 형식이고 가운데 어간은 띠살무늬 이분합문으로 되어져 있다. 서로 다른 모습의 문을 꾸미고 있는 것은 도산서원보다 먼저 건립된 소수서원의 장판각 건물과 양식을 같이 하는 것으로 볼 수 있다. 그리고 남계서원과 같이 판벽과 판문이 세 칸이며 문 위에 살가지를 꽂아 표현한 것은 같은 까치호랑이를 문 위에 벽에 그려 넣어 벽사의 의미를 표현하는 것과 같은 의미로 볼 수 있어 흥미롭다. 학문을 하는 장소에서는 책이나 장판이 더없이 중요한 재산이므로 이를 소중히 보관하고 보존하겠다는 간절한 소망의 표현으로 생각된다. 이처럼 조상들은 집을 지을 때에도 세세한 부분까지 정성을 들여 지었기에 지금의 우리들은 아름답고 세련된 한옥을 볼 수 있는 것 같다.

입교당의 동쪽으로 돌로 깔은 답도를 따라 장판각 담장 축을 따라 뒤편으로 가면 이중의 높은 기단 위에 별도의 담장을 꾸미고 세운 상덕사(尙德祠)가 자리한다. 상덕사는 퇴계 이황 선생과 제자인 조목(趙穆)의 위패를 모시고 있는 사당이다. 상덕사와 정문은 보물 제 211호로 지정되어 있다. 상덕사로 출입하기 위해서는 내삼문을 이용해야

정성스럽게 가공된 석재를 이용하여 엄숙함이 느껴지는 내삼문

한다. 내삼문은 잘 다듬은 장대석을 이고석 쌓기로 쌓아 축대를 만들었고, 정면 세 칸, 측면 한 칸 크기의 규모이며 맞배지붕 문을 꾸미고 좌우에 계단을 두고 있다. 삼문은 이분합 널판문으로 가운데는 사당임을 알리는 태극문을 그려 놓았다. 방형 기둥으로 세운 기둥 위에는 장식없이 민도리집으로 되어 있고, 단청도 목재를 보호하기 위한 정도인 단청 중에 가장 소박한 기법인 긋기단청을 써 서당의 엄숙함과 경건함이 묻어난다.

출입문의 형태를 보면 좌우의 협간과 가운데 어간인 신도문과는 특별한 차이를 보여 준다. 어간의 신도문은 계단을 꾸미지 않고 문지방의 문틀을 달팽이 모양의 구름문양으로 조각하여 특별한 곳임을 보여준다. 특히 신도문은 일반인의 출입을 금지하는 표시로 계단을 만들지 않아서 출입하려는 생각조차 할 수 없게 하였다.

이와 같이 우리 조상들은 건물을 만들 때 실용성과 편리성을 우선

사당인 상덕사의 처마로 보이는 내삼문

으로 만들었지만, 건축물을 이용하는 용도를 분명히 하였음을 알 수 있다. 현판을 통하여 의미를 전달하기도 하고 입체적인 건축물로서 사상이나 철학, 금지나 제한 등 그 의미를 전달하는 지혜로움이 묻어난다.

도산서원의 상고직사는 서원 유생들의 생활을 도와주는 건물로 제법 양반집의 규모를 갖추었다. 이 건물은 동재와 연결되는 대문이 있고, 밖으로도 연결되는 출입문을 두고 있다. 상고직사의 건축적인 특징을 보면, 경상도 지방의 민가 주택의 평면구조인 폐쇄형 'ㅁ' 자형

경상도 지방의 'ㅁ' 자형의 평면을 가진 상고직사 안마당

상고직사 아랫방 굴뚝과 담장

▲ 강당 마당과 이어진 상고직사 아래채인 곳간채 널판의 부드러움

상고직사 대문으로 시원스레 보이는 시사단의 원경

으로 안채에는 대청 세 칸에 좌우 한 칸의 온돌방을 두고 안방과 건너방을 배치하였다. 그리고 이고석 쌓기의 기단을 3벌대로 만들고 그 위에 덤벙주춧돌을 이용하여 방형 기둥을 세웠으며 홑처마 팔작지붕 형식을 하고 있다. 그리고 아래채는 높이를 달리하여 좌우로 맞배지붕의 날개채와 대문간이 있는 아래채로 되어 있다. 특히 아래채는 대문을 중심으로 좌우에 온돌방을 두고 있는데, 동쪽 끝에 있는 방의 굴뚝구조가 매우 흥미롭다. 이 굴뚝은 상고직사에서는 찾을 수가 없다. 이 방에서 나오는 굴뚝은 서재와 만나는 담장 속으로 연결되어 서재가 있는 쪽의 담장 아래에 굴뚝을 두고 있다. 무심코 지나가기 쉬운 부분인데, 숨바꼭질 하듯 숨은 굴뚝 찾기도 매우 흥미로운 일이다. 한편, 상고직사는 일반 주택과 다르게 비교적 창고가 많은 편이다. 이는 서원에서 공부하는 유생들의 생활에 필요한 물건들과 배향에 필요한 음식 재료들이 많이 필요했음을 알 수 있게 해준다. 또한

옛 사람들의 손때 묻은 정취가 느껴지는 아궁이와 무쇠 솥

상·하에 두 개의 커다란 고직사를 갖추고 있는 것에서 도산서원이 대규모 서원임을 알 수 있다.

상고직사의 대문을 열어 젖히면, 농운정사 지붕선 너머로 유유히 흐르는 낙동강이 보인다. 건너로는 시사단(試士壇)이 높은 언덕 위에 정자와 함께 우뚝 솟아 있고, 안동댐 건너의 산봉우리들이 대문 가득히 들어오는 아름다운 경치를 볼 수 있다. 이 모습은 강학당인 입교당 대청마루에서 더욱 잘 볼 수 있는 풍경이다. 도산서원 건너 언덕 위에 앉아 있는 시사단은 1792년 정조가 영남에 있는 사림들을 위하여 도산서원에서 과거를 보도록 하였을 때 사용하던 건물이다.

한편, 도산서원의 모든 담장은 석재를 반듯하게 치석한 사고석 쌓기 담장에 기와를 올려놓은 방법을 사용하고 있는데, 이러한 담장의 모습은 우리나라 서원 건축에서는 이곳에서만 볼 수 있는 특별함이다. 상덕사의 담장도 사고석 쌓기 담장을 하고 있다. 그러나 내삼문 앞의 기단은 사고석보다 긴 이고석 쌓기로 만들어져 있는데, 재료적으로는 담장과 같으면서도 건물의 아래쪽에 이고석 쌓기를 하여 매우 안정적인 느낌을 주고 있다.

우리 조상들의 담장의 개념은 공간의 분리가 아닌 경계로서의 최소한의 높이를 유지하여 지나가는 사람들이 담장의 머리가 밖에서 보일 정도이고, 더욱이 같은 공간 안에서는 칸막이 정도였다. 그러나 1970년대 이후에 만든 사고석 쌓기 담장과 높은 담장의 모습은 복원과정에서 만들어진 산물이다. 이러한 담장은 우리의 전통적인 담장이 갖는 매력, 자연과 함께 벗하면서 단절되지 않고 남에게 위엄적인 표현을 자제하던 것과는 사뭇 다르다. 이렇게 복원과정에서 변화된 높은 담장은 서울의 종로 뒤쪽 궁궐이 있는 거리에서나 봄직한 담장 모습으로, 지나치게 권위적으로 느껴지기에 전통적인 우리의 옛 모습을 찾기는 어렵게 되었다.

한편, 도산서원은 안동 하회에 있는 병산서원과 연결지어 생각해 볼 필요가 있다. 이 두 서원을 건축적으로 비교해 보면 흥미로운 점을 발견할 수 있다. 퇴계 이황의 제자인 류성룡을 배향하는 병산서원은 스승의 도산서원보다는 차이가 있어야 예의를 실천하는 길이라 생각했던 모양이다. 병산서원에서 제자들의 스승에 대한 예법을 볼 수가 있다. 도산서원은 낙동강 상류에 있고 한참 내려가는 하류 쪽에 병산서원이 있는데, 그 이유는 선생님보다 제자를 위쪽으로 모실 수 없다는 이유에서였다고 한다. 강학당을 비교해 보더라도 도산서원의 전교당은 잘 다듬은 장대석으로 이고석 쌓기를 하고 단청을 칠한 건물을 하고 있는 반면, 병산서원의 입교당은 자연석 막돌 막쌓기로 기단을 하고 그 위에 단청 없는 백골집으로 되어 있다. 그뿐만이 아니다. 기단 아래 온돌방에 불을 때는 아궁이도 커다란 함실아궁이가 좌우로 있는 병산서원의 모습과 달리 도산서원의 아궁이는 철판으로 깔끔하게 아궁이문으로 마무리하고 있다. 특히 선생님을 모신 상덕사는 병산서원의 존덕사에 비하여 세련된 조형미와 견고함을 보여준다. 상덕사는 박석을 이용하여 바닥을 깔고, 잘 다듬은 장대석으로 이고석 쌓기 기법으로 축대를 만들고 기단에는 전돌을 깔아 마무리하고 있다. 이러한 건축적 차이는 물론 건물에 붙여진 편액 역시 상덕사와 존덕사, 전교당과 입교당이라는 이름에서도 상당한 위계의 의미가 표현되어 있다. 이러한 차이점을 표로 만들어 비교해 보면, 성리학에서 예의를 실천하려 하던 옛 선비들의 깊은 마음을 이해할 수 있게 된다.

* 도산서원과 병산서원의 편액에 대한 비교

구 분	도산서원	병산서원
사당의 편액	상덕사(尙德祠)	존덕사(尊德祠)
강당의 편액	전교당(典敎堂)	입교당(立敎堂)
동재의 편액	박약재(博約齋)	동재
서재의 편액	홍의재(弘毅齋)	서재
사당 참도	有	無
풍수사상	主山의 이름을 사용	앞산을 이용

낙동강의 물을 따라 찾아가는 류성룡 선생의

병산서원

(사적 제260호)

소재지 : 경북 안동시 풍천면 병산리 30

낙동강 물줄기를 일곱 폭 병풍으로 담고 있는 병산서원은 풍수비보와 함께 산천경계를 담은 우리 전통 건축물의 걸작품이다. 병산서원(屛山書院)으로 가는 길은 34번 국도에서 풍산을 지나 지보와 상주로 연결되는 916번 지방도 길을 지나다 보면, 풍산읍을 벗어나면서 소산마을 앞을 지나게 된다. 길가 마을 입구 높은 언덕에는 별도의 담장이 마련되고 주변에 커다란 느티나무와 소나무가 서 있는 멋진 장소가 보인다. 이 정자는 화산 김세경이 정자에서 노모가 쉬도록 지은 정면 세 칸, 측면 두 칸의 팔작지붕 건물로 정자 옆에는 거북이 모양의 바위가 세 개 있는데, 김세경은 천 년을 산다는 장수의 동물인 거북이처럼 장수하라는 뜻으로 노모를 위해 지었다는 효성어린 마음이 전해지는 삼구정(三龜亭)이 자리한다. 또한 국도변으로 가곡마을 등 크고 작은 씨족마을이 모여 있는 전통 한옥마을이 줄지어 있다. 이 길을 따라가다 보면, 하회마을과 함께 병산서원으로 가는 갈래길이 나오고, 화산이라는 산을 끼고 돌아가다 보면, 마을과 병산서원으로 가는 길이 나뉘어진다. 화산의 동쪽으로 휘감고 돌아가는 길에 펼쳐지는 풍산 뜰이 끝없이 펼쳐지고 아득히 안동 쪽으로 보이는 산 끝자락에는 보물 제553호인 예안이씨 종택이 보인다. 450년이 된 이 집의 당호인 충효당의 별채인 사랑채 누마루집의 쌍수당(雙修堂)이 보인다. 임진왜란 때 나라를 위해 목숨을 바친 이홍인 선생과 이한오 선생의 충과 효가 지극하다 하여 붙여진 이름이라 한다.

한편, 안동 지방은 공자와 맹자의 고장이라는 추로지향(鄒魯之鄕)이라고 불리는 사림들의 고장이기도 하다. 눈을 돌려 서원으로 향하니 곧 낙동강이 휘감고 돌아가는 절벽길의 비포장도로에 다다른다. 이 길을 따라 십여 리 가면 서원에 다다르게 되는데, 아직도 포장이 되지 않는 이 길은 답사객들에게 과거의 유생들이 공부하러 가는 길의 느낌을 가질 수 있도록 포장을 하지 않고 있다고 한다. 대부분의 답사자들은 하회마을로 가는 길과 나뉘는 지점에서부터 걸어가는데, 가을엔 코스모스와 황금 들녘을 보며 걷게 되는 전형적인 시골 풍경을 선사한다. 뿌얀 먼지를 가르며 가는 길의 좌측으로는 낙동강이 흐르고 봄의 절벽에는 연분홍 진달래꽃이 아름답게 피어오르는 것을 볼 수 있어서, 걸어서 가는 여행을 즐겁게 해준다. 들녘이 끝나는 지점부터는 산으로 향하는 오르막길에 하늘만 보인다. 이렇게 걷다가 지루할 정도가 되면 산 안쪽으로 길이 깊이 꺾이면서 작은 마을과 커다란 느티나무가 길가에 자리하고 있다. 옛날의 유생들이 잠시 쉬어가거나 마을에서 물이라도 한 모금 얻어 먹고 가는 장소가 아니었을까?

이 마을을 지나면 다시 산 아래를 돌아가는 길로 접어들고, 지금부터는 자연과 공부하는 유생들만이 생활할 수 있는 배움과 수행의 공간, 즉 조용한 학교의 영역으로 접어든다. 더욱이 이 마을의 이름이

화산을 등에 기댄 아름다운 병산서원의 여름풍경

효자마을이라 하니 오고 가는 길도 유생들의 교육의 현장이었던 것이다. 길의 좌우에 펼쳐져 있는 푸르른 솔밭을 지나면 멀리 낙동강이 커다란 바위산에 부딪쳐 흐르는 모습이 보인다. 그 아래로는 강물이 유유히 흐르고 넓게 펼쳐진 하얀 백사장이 눈에 들어온다.

병산서원은 이 바위산을 남산으로 두고, 넓은 백사장을 바라보고 자리한다. 지금은 조용하던 서원 주위로 민박촌과 별장이 생겨나고, 산악오토바이 소리가 진동하는 마을이 되었지만, 유생들이 공부하던 과거에는 자연의 아름다운 경치를 벗하며 깨달음을 얻는 장소로 이보다 좋을 수 없었을 것이다.

병산서원은 나지막한 뒷산을 등에 지고 병풍처럼 펼쳐진 절벽산과 푸르름이 깊은 수려한 산으로 둘러싸인 장소로, 유유히 흐르는 낙동강 물을 바라보고 자리하고 있다. 여름의 녹음이 짙어 갈 때면 병산서원 일대는 붉은 목백일홍 꽃이 온통 서원을 감싸 안아 장관을 이룬다. 예전에는 류성룡 선생이 좋아하셨다는 목백일홍나무(=배롱나무)가 사당 앞에 심어져 있었다고 하나, 최근 들어 서원 주변에 온통 목백일홍나무를 심으면서 만들어진 아름다운 경치이다.

병산서원에는 가끔씩 제자들과 답사를 오곤 한다. 내가 학생들과 이곳에 올 때면 시키는 게임이 있다. 서원 앞 백사장에서 기마전과 씨름, 그리고 지금은 조선시대가 아니니만큼 여학생들에게는 닭싸움을 시킨다. '과거의 유생들이 점잖은 체면에도 불구하고 무료함을 달래기 위하여, 또는 체력훈련의 일환으로 이렇게 했을 것이다'라고 나의 추측을 얘기하면서. 그러나 정작 씨름을 하던 사람은 유생들이 데리고 온 머슴일지는 모르지만... 아무튼 병산서원 앞의 백사장은 무엇인가 천진난만하게 모래놀이를 하고 싶은 욕구를 불러일으키는 매력이 있다.

한편 병산서원의 사당인 존덕사에는 서애 류성룡 선생과 그의 아들 류진 선생을 배향하고 있는 곳이다. 이 서원의 역사는 고려시대로 올라가고 안동으로 홍건적의 난을 피하여 내려온 공민왕이 열심히 공부하는 유생들을 위하여 토지를 주는 사액서원의 형식으로부터 시작된다. 그러나 역사 깊은 이 서원도 목조건축물이었기에 임진왜란이라는 커다란 변란을 이겨내기 못했다. 그러나 광해군 2년(1610년)에 류성룡의 제자들에 의하여 지금의 모습을 갖추게 되었다고 한다.

병산서원은 주차장에서 보면 화산을 배산으로 자오선 축을 중심축으로 복례문의 외삼문과 국내의 서원 중 가장 멋진 누마루 건물로 알려진 만대루를 지나 강학공간과 사당공간이 별도로 나뉘어진다. 그 옆으로 전사청과 고직사를 또 다른 담장으로 둘러 동쪽편에 자리하게 배치하였다. 따라서 강학공간 안에는 동재와 서재, 그리고 입교당과 장판각이 하나의 담장 안에 구성되어 있다. 특히 사당을 중심축에서 약간 동쪽으로 치우쳐 배치하였다. 화산이 흘러내려 오는 산줄기의 가장 정점인 곳에 사당을 배치하고, 하회마을이 있는 쪽으로 흘러내린 등선을 따라 강학공간을 두고 있다고 보면 된다. 이 서원은 자연적인 아름다움도 많은 곳이지만, 특별히 건축적인 아름다움에 초점을 맞추어 한옥의 멋을 찾는 이유는 그곳에서 생활하는 사람의 입장에서 보는 관점이므로, 이는 한옥의 멋을 이해하는데 매우 중요한 방법이다.

건물은 몇 개의 단을 만들고 그 위에 솟을지붕 형식으로 된 외삼문인 복례문을 시작으로 하여 그 건물 안으로 들어갈 수 있다. 복례문

예의를 갖추고 출입하라는 서원 복례문

은 '마음과 몸을 낮추고 예(禮)를 갖추라는 뜻'으로 당시의 유생들은 물론 이곳을 출입하는 모든 이들에게 배우게 하려는 의도가 읽혀진다. 복례문은 다른 서원의 외삼문과는 차이가 있으며 민가 건축에서 일반적으로 볼 수 있는 형식으로, 매우 엄격한 서원의 권위적인 생각을 부드럽게 해준다. 정면 세 칸의 맞배지붕 형식의 외삼문은 이분합문으로 여러 판재를 이어 만들었고 창문 없이 하얀 회벽으로 마무리되어 있다. 좌우의 두 칸은 민가주택에서는 청지기방을 두고 있으나 이 서원에서는 가마를 두는 선반을 꾸며 놓았다. 따라서 삼문을 두고 우측문으로 들어가 좌측문으로 나오는 격식이 이곳에는 생략되어 있다. 그리고 문이 있어야 할 곳에는 지금도 그때 사용하던 가마가 그대로 올려져 있어 매우 흥미로운 옛 모습을 맛볼 수가 있다. 이 가마는 현재 서쪽 칸에만 올려져 있는데 서원의 제사를 지낼 때 음식을 나르던 의례용 가마들이다. 동쪽 칸은 비어 있으나 선생님들이 출타할 때 사용하는 가마 보관소가 아니었을까 한다. 그리고 대문의 아래 부분에 문지방을 두지 않고 있는 모습도 눈여겨 볼 모습이다.

문을 열고 앞을 보면 만대루라는 현판을 단 2층 누마루가 늠름하게 자리잡고 있다. 그 아래 누하주의 둥근 기둥 사이로는 입교당(立敎堂)의 현판이 걸려 있는 강학 건물이 보인다. 여기서 한옥의 전개 방법의 진수를 보게 된다. 한옥의 배치는 이와 같이 끊임없는 연결로 시선을 끌어 다음의 장면을 기대하게 하는 방법을 도입하여 아름다움을 조금씩 확대하며 점진적으로 보여주는 매력이 있다. 이러한 배경에는 자연의 모습을 그대로 이용하려는 풍수사상과 철학과의 만남에서 기인한다.

만대루(晩對樓)는 두보의 싯구에서 따온 것이라 하며, 유생들의 쉼

▲ 외삼문 내부의 가마보관소

복례문에서 만대루를 보면서 느끼는 시선의 연속성

▲ 만대루와 강학공간의 만남의 순간

천원사상이 깃든 만대루 앞의 연지에 배롱나무 꽃이 붉게 물들면

터 역할을 하던 곳으로 정면 일곱 칸, 측면 두 칸의 팔작지붕 건물이다. 동서로 긴 장방형 누마루로 벽이 전혀 없이 구성된 이 건물에 오르면, 시간과 공간의 멈춤을 느끼게 하는 특별한 매력이 펼쳐진다. 강학공간과 연결되는 강학마당과 만대루 1층 허리춤 높이의 단 차이를 이용하여 2층으로 오르는 통나무 계단을 연결하여 걸어 놓은 것이 눈에 띈다. 이 통나무 계단은 폭이 좁아 다리가 후들거리기까지 하는 긴장감을 느끼면서, 한 계단 한 계단 살포시 밟고 오르도록 되어 있다. 이처럼 넓고 조망이 좋은 건물을 지어 놓고 오르고 내리는 계단은 이토록 아슬아슬하게 만들어 놓아 곡예하는 기분을 느끼게 하였으니 어찌 생각하면 야속하기도 하다. 또 한편으로는 전통 한옥의 기술적 묘미에 삶을 살아가는 지혜를 자연스럽게 깨닫게 하는 가르침의 연결로 느껴져 새삼 감탄한다. 어떤 일을 새롭게 진행할 때 마음

하늘로 치솟아 올를 듯 날렵한 지붕선이 아름다운 만대루의 여름풍경

햇살이 가득한 병산서원의 여름풍경과 멀리 보이는 문필봉

이 너무 느슨하면 실수와 후회할 일이 생길 수 있는 터, 약간의 긴장감으로 정신을 가다듬고 일을 진행하게 되면 하고자 하는 목표를 이룰 수 있다는 깨달음을 주고자 했던 것은 아닐까? 어려움과 긴장을 이겨낸 후에 느낄 수 있는 심리적 안정감을 만대루에 오르면 만끽할 수 있다. 이러한 과정을 통하여 유생들의 정신일도를 몸으로 체험시키겠다는 의도가 내재되어 있는 듯하다. 건축물로서의 의미는 강학공간인 입교당 마루에서 앉아 만대루를 보면 위풍당당한게 느껴지는 병산이 병풍처럼 펼쳐지고, 만대루의 둥근 기둥들은 시선의 방해 없이 햇살에 반짝이며 낙동강에 흐르는 강물과 백사장의 어울림을 사진의 스크랩처럼 잡아주면서도 시선을 방해하지 않는 묘미가 있다.

또한 강학마당의 공간이 만대루 2층 바닥과 하나로 연결되어 있는 느낌을 들게 한 것은 넓은 공간감을 느끼게 하면서, 이것을 보는 유생들에게 자연의 변화와 넓게 펼쳐진 경관을 한눈에 조망하게 함으로써 호연지기를 느끼게 하려는 의도가 있어 보인다. 만대루의 통계단을 오르고 내리다 보면, 흥미로운 부분이 발견된다. 계단은 완만한 경사이지만, 난간 없이 좁고 긴 통나무를 건물과 띄어 있어 오르기보다는 내려오기가 훨씬 어렵다는 것을 느끼게 된다. 더욱이 당시에는 한복을 입고 건넜을 것이므로 유생들은 더욱 힘들었을 것이다. 왜 이렇게 얄궂게 만들어 놓았을까? 만대루는 단순히 쉼터가 아닌 정신을 가다듬는 장소로의 공간이었다. 이곳에서 마음 넉넉히 병산과 유유히 흘러가는 강물을 바라보면, 자연의 변화를 느끼게 되고 유생들은 병산 옆으로 솟아 있는 문필봉을 바라보면서 류성룡 선생의 존경의 발자취를 생각해 보며, 자기 성찰의 기회를 갖는 휴식이었을 것이다. 그리고 학업을 위해 만대루에서 내려올 때는 편안한 마음을 긴장하라고 말로서 전달하기보다는, 어려운 계단을 만들어 뜻으로 전달하는 건축의 묘미로 체험시켰을 것이다. 현대를 살아가는 우리들이 생활속에서 지나간 일에 대한 여운이 남아서 다음 일을 그르칠 때 항상 하는 이야기는 '정신 차리고 지금 하는 일에 최선을 다하라'는 말로 교훈을 준다. 그러나 선조들은 건축물을 이용하여 말로서가 아닌 몸으로서 느끼고 깨닫도록 하는 지혜를 지녔던 것이다.

만대루는 난간이 둘러 있고, 계자각의 박쥐 모양의 풍혈 사이로 햇살이 스며든다. 둥근 기둥과 기둥 사이로 사방에 펼쳐지는 산과 강, 그리고 나무들의 아름다운 만남을 보면서 복잡한 일상사의 잡음을 잠시 잊게 하는 매력에 빠지게 된다. 둥근 기둥은 나를 지지해 주어 의지가 되는 친구처럼 느껴진다. 살며시 기대어 멀리 펼쳐지는 병산의 위풍당당함과 유유히 흐르는 강물을 하염없이 볼 수 밖에 없다.

만대루에 아침 햇살이 비치면..

이 건물을 만든 도편수나 류성룡 선생의 제자들은 단순히 하나의 건물 축조 이상의 사상과 철학을 품은 건축, 그리고 가슴을 움직일 수 있는 건물이 될 것이라는 믿음이 있었을 것이다. 마루널의 모습도 장방형으로 세 줄을 깔은 장귀틀을 두고, 두 자 정도의 넓은 널판을 마루널로 만들어 수평으로 깔아 나무의 질감에서 오는 부드러움을 살렸다. 장귀틀이 주는 장변으로 통한 긴 시선처리는 건물이 더욱 시원스럽고 짜임새 있게 보이도록 표현되어 더욱 매력적이다. 이렇게 시원스런 마루에서 벌러덩 누워보자. 여름에는 시원한 강바람이 얼굴을 스쳐 흐르고, 봄과 가을에는 상쾌한 바람이 얼굴을 스치는 맛을 느낄 수 있다. 천장을 바라보면, 자라던 모습대로 자연스럽게 휘어진 서까래의 선이 그대로 보인다. 연등천장과 둥근 기둥 사이를 걸치고 지붕을 받치는 대들보들도 자연 그대로 사용하여 자연미를 마음껏 발산한다. 또한 낙동강의 강물과 만대루를 흐르는 바람결이 표현된 듯한 자연미 가득한 이 아름다운 건물은 사람을 편안함에 취하게 한다.

1층에서 2층 누마루의 마루널의 꾸밈새를 보자. 마루널은 가운데 부분이 배처럼 불룩하게 만들어 사람들이 위를 지날 때에 힘의 중심 하중을 적절하게 분배하는 역할을 하고, 또한 뒤틀림도 막는다. 한옥의 마루를 걸어 다닐 때 나무의 움직임에서 나오는 덜컹거림을 없애주는 기능을 하는 것이 마루널의 구조미이다. 마루널 하나에 몇 번의 자귀밥이 깎여 있는지 관찰해 보자. 수없이 많은 자귀 자국이 주는 정성과 자연스런 선의 모습은 정성과 노력의 결정체이다. 이것이 아름다움으로 승화되어 우리들이 전통 한옥의 아름다움을 예찬하게 하는데에 한 몫을 더한다. 정성과 과학이 동시에 발견되는 예술, 병산서원 만대루 1층에서 볼 수 있는 또 다른 전통건축의 아름다움이다.

나뭇결과 자귀밥이 운치 있는 만대루의 누아래 모습

봄날에 만대루에 앉아 동재와 서재 앞을 보면 커다란 매화나무 두 그루가 심어져 있다. 동재 앞에는 붉은 홍매, 서재 앞에는 하얀 백매가 있다. 이른 봄날, 매화나무의 꽃이 마당 가득히 피면 공부하는 유생들의 강학공간은 한옥의 아름다운 조화와 함께 무릉도원 같았으리라.

만대루 아래는 비교적 바닥이 낮게 되어 머리를 숙이고 지나가지 않으면 머리를 부딪칠 것 같이 느껴지기에 지나는 모든 사람들은 무의식중에 고개를 숙이게 된다. 즉, 자연적으로 고개를 숙이고 조심스럽게 지나는 예(禮)를 실천하게 된다.

요사이는 강단에서 강의를 시작하기 전 학생들이 멀끔히 앉아 나를 쳐다본다. 먼저 '한 주 잘 지냈어요'하면 '네'가 학생과 선생이 나누는 인사의 전부이다. 강단에서 문화재보존을 가르치고 한옥의 아름다움을 역설하는 나에게는 이렇게 삭막한 분위기를 반전시키는 방법이 있다. 즉 조상들이 방문을 들어갈 때 문틀 위의 인방을 낮추고 아래 문지방을 높게 하여, 들어갈 때는 옷이 걸리지 않고 머리를 부딪치지 않게 하기 위하여 정중히 고개를 숙이게 된다. 내가 인사를 하려고 하지 않아도 문인방이 낮아 고개를 숙이도록 만들어 생활 속에서 예의를 배우게 만드는 것이 우리 조상들이 건축으로 가르치는 예의범절이라고 말한다. 그리고 우리 강의실을 보자고 한다. 현대 건축물은 뛰어서도 문을 들어 올 수 있게 2미터가 훌쩍 넘는 높이로 문이 되어 고개를 숙일 일이 없기에, 우리도 모르는 사이에 고개를 숙이고 인사하는 일이 사라져가고 있다고 표현한다. 그렇다. 조상들은 한옥을 통하여 기거하려는 단순한 목적뿐만 아니라 더불어 가능한 한 생활속에서 예의범절을 실천하도록 만들었다고 생각한다. 이와

입교당 마당 좌우의 매화나무

같이 전통 한옥은 자연스레 몸과 마음을 추스르고 생각과 행동의 관계에서 실천적 교훈을 주는 선생과 같은 존재감을 갖는다.

만대루의 누 아래를 고개 숙여 지나면서 가파른 돌계단을 오르다 고개를 들면, 정면에 강당인 입교당(立教堂)이 당당한 모습으로 서 있다. '가르침을 바로 세운다'는 뜻을 간직한 강당인 입교당의 좌우 아

병산서원의 강학당인 입교당

래는 오량 규모의 동재와 서재를 두고 있다. 학생들이 기거하는 두 건물은 정면 네 칸, 측면 칸 반의 규모로 기단을 만들고 좌우로 오르는 계단 두 개를 두고 있으며, 맞배지붕으로 입교당과 직각을 이루고 있다. 측면을 약간 뒤로 물리고 마루의 툇간도 꾸며져 있다.

동재와 서재는 가운데 한 칸의 대청마루를 두고 북쪽으로는 한 칸의 방을 꾸미고 남쪽으로는 두 칸의 방을 꾸며 놓았다. 대청마루에는 판재를 이어 만든 바라지창을 달고 있다. 특히 동재의 온돌방에는 건너지른 상·하인방의 중앙에 문설주를 세우고, 넉살무늬로 잔잔하게 꾸민 아래서 위로 들어 올리는 광창을 만들어 놓았다. 들창과 바라지창의 꾸며진 동재 동편의 벽에 아침 햇살이 비추어지면, 좌우로 이어진 나무골격의 짜임새가 매우 아름다운 한옥의 벽을 볼 수 있다. 특히 입교당에 앉아 동재와 서재를 내려다보면, 좌우 평행하게 배치되어 있는 것처럼 나란히 서 있어 보인다. 그러나 동재와 서재는 만대루를 향하여 점차적으로 좁혀져 배치되어 있다. 이것은 기둥에서의 착시 현상을 보완하기 위한 배흘림기둥이 있듯이, 사람의 눈으로 멀리 물체를 보면 볼수록 넓게 펼쳐져 보이는 착시 현상의 보정을 위한 세심한 설계로 한옥에서 볼 수 있는 배치의 미학이다. 이와 같은 건물의 배치를 통하여 자연스런 상태에서 사물을 보고 느끼도록 만든 아름다움을 발견하게 되면 한옥의 이해에서 또 다른 보람을 느끼게 된다.

입교당은 성(誠)과 의(義)를 익혀 실천하는 장소로의 강학당이며 서원에서 가장 핵심이 되는 건물이다. 강학공간인 입교당은 가운데는 마루이고 양쪽에 정면 다섯 칸, 측면 두 칸의 오량 크기 건물로, 다섯 개의 계단을 좌우 양측으로 두고 있다. 그리고 둥근 주좌가 조형적으

▲ 병산서원 중정에서 보는 입교당, 동재·서재의 조화

입교당의 착시현상을 보정한 배흘림이 표현된 입교당 대청마루

로 표현된 주춧돌 위에 둥근기둥을 놓고 겹처마 형식을 한 팔작지붕을 머리에 이고 있다. 건물의 구성은 높은 기단을 이용하여 좌우에 함실아궁이를 두고, 전면 다섯 칸 중 좌우 한 칸 규모의 온돌방을 놓고, 가운데 세 칸은 대청마루로 꾸며져 있다. 온돌방인 동쪽방은 기둥에서 약간 뒤로 미뤄 툇마루를 꾸몄으며, 서쪽방은 유생을 가르치는 선생들이 기거하는 방으로 경의제(敬義齋)이다. 경의제는 전면으로 기둥선 밖에 쪽마루를 달고, 대청 마루쪽의 전면 한 칸은 아래에 머름판을 단 이분합 세살무늬문을 두어 꾸몄다. 뒤쪽 한 칸은 출입문으로, 가운데 넉살무늬를 잔잔하게 꾸민 맹장지 불발기문을 두어 필요에 따라서

병산서원 입교당 경의제

는 문을 들어 천장에 매달아 넓은 공간을 확보하였다.

전면 온돌방 서쪽의 들창문을 열면, 류성룡 선생이 생전에 하회마을 충효당 대청에서 바라보시던 문필봉이 보인다. 뒤쪽 한 칸의 방에서는 밖으로 나갈 수 있는 외닫이문을 달아 놓았다. 장판각이나 방에만 앉아 있기 지루한 선생님이 뒷방 문을 나가 후원에서 목백일홍의 아름다움과 담장 너머에 울창한 소나무 푸르른 숲을 볼 수 있도록 꾸며져 있다. 동쪽 온돌방인 명성재(明誠齋)는 전면을 반 칸 물려 툇마루를 두고 머름판을 단 세살무늬 이분합문을 전면으로 두어 출입하도록 하였다. 뒷방은 경의재와 같이 맹장지문을 달아 넓은 공간이 필요

병산서원 입교당 경성제

▲ 입교당 대청마루 바라지창으로 보이는 그림 같은 뒷뜰 풍경의 액자

자연 속 한가운데 들어가는 듯한 병산서원의 여름 오후의 시간

할 경우 사용할 수 있도록 하였다. 그리고 고직사에서 출입하는 협문이 내려다보이는 동쪽 툇마루 끝에 외닫이 판문을 꾸며 시선을 차단하도록 하고 있다.

입교당은 건축적으로 흥미로운 멋을 찾을 수 있는데, 그 하나는 같은 건물 안에서도 출입문의 방향을 적절히 다르게 배치하여 문을 열어 놓아도 서로의 개인생활을 보호하도록 만든 것이다. 들어열개 맹장지분합문을 달아 작은 공간과 커다란 공간의 용도에 맞게 공간의 변화가 가능하다는 특징도 갖고 있다. 요사이 현대식 건물인 아파트에서도 평소에는 벽으로 사용하다가 필요에 따라서는 거실로 할 수 있는 가변 벽을 설계하면서 매우 인기가 많다고 한다. 우리나라 사람들의 생활 풍습은 여러 사람이 한 곳에 모여 제사지내는 풍습 때문에 이러한 설계가 전통으로 이어져 내려왔다. 현대와 접목되어 변화하는 모습에 전통한옥의 아이디어가 살아 숨쉬고 있다. 최근에는 현대적인 주택들도 한옥의 아이디어를 이용하여 우리 몸과 생활에 맞는 방법으로 변화되어 가기 시작한다. 그 예는 현대식아파트 설계에 한옥을 접목시켜 가는 현상이 말해 준다.

입교당의 대청마루 뒤편은 머름판을 꾸미고 판벽에 이분합 판문으로 되어 있다. 겨울에는 분합문을 닫아 추운 바람을 막고 날씨가 따뜻해지면 판문을 열게 된다. 분합문으로 보이는 담장 너머의 푸르른 솔밭과 여름에 시원하게 불어오는 대청마루의 바람으로 목백일홍의 붉은 꽃이 바닥에 양탄자처럼 깔리면, 신비스러운 아름다움에 도취된다. 목백일홍을 사랑하던 류성룡 선생이 배향된 사당 아래의 아름다운 목백일홍 꽃이 떨어지는 순간에는 선생의 따뜻한 보살핌을 건물 전체가 받는 느낌이 든다.

바라지창을 열면 서쪽 언덕으로 보이는 장판각은 맞배지붕을 한 건물로, 정면 세 칸, 측면 한 칸 크기이고, 어간에 이분합 판문을 달고 위에는 장판각의 현판을 걸어 두었다. 좌우에는 외닫이 판문으로 되어 있는데 장판각은 서책과 목판을 보관하기 위한 공간이므로 온습도의 변화에 피해가 심한 장서들과 목판을 안전하게 보존하기 위하여, 바닥을 마루로 꾸미고 벽도 통풍이 잘 되도록 판자를 이용한 벽으로 되어 있다.

특히 장판각은 전면에 바람이 잘 통하도록 건물을 가리지 않으면서 경사지를 이용한 바람의 흐름을 잘 활용한 건물이다. 전통한옥에서 이와 같은 목적으로 건축된 대표적인 건물로는 해인사 팔만대장경경판고가 가장 유명하다. 이와 같이 냉난방기가 없었던 당시에, 자연의 변화와 지형을 이용한 슬기로운 방법의 기술들이 한옥의 곳곳

통풍을 위하여 판벽과 마루로 만들어진 장판각

▲ 가야산 바람을 이용한 해인사 장판각의 배치

장판을 보존하는 방법이 최고로 과학적이라 평가되는 해인사 장판각

넓은 존덕사 대삼문의 석계와 붉은 배롱나무 꽃이 아름답게 어울리는 풍경

에 묻어나는 것을 보면서 한옥의 멋에 감탄하지 않을 수 없다.

입교당에서 약간 동북쪽으로 배치된 서원에서 가장 높은 대지 위에는 기와를 수평으로 쌓은 수평줄눈이 아름다운 기와 담장 안에 존덕사라는 사당이 배치되어 있다. 넓고 높은 돌계단을 오르면, 내삼문의 삼문이 세워져 있다. 내삼문은 전열에 아름답게 주좌가 조각된 높은 장대석 기둥을 주춧돌 위에 세우고 홑처마 맞배지붕을 한 형식으로 되어 있다.

병산서원의 내삼문에서는 다른 서원과 비교하여 몇 가지 특징적인 건축기법을 발견할 수 있다. 하나는 네 개의 높은 장대석 기둥을 조각된 주춧돌 위에 세우고 있는 것과, 돌기둥을 모를 접고 팔괘를 써 놓은 후 붉은 주칠로 칠해 놓은 것이다. 또 하나는 기둥의 후열에 삼문을 달고 전열에 담장을 이어 놓은 것인데, 이와 같은 사례도 특이한 모습이다. 또한 일반적인 서원의 내삼문은 계단을 좁게 해서 세 개로 나누든지 아니면 신도(神道)와 옆에 별도의 계단을 꾸미고 있는데, 이곳 내삼문에서는 일반적인 서원의 내삼문과는 사뭇 다른 모습으로 넓고 높은 계단을 하고 있으며, 기둥의 팔괘는 매우 장엄하면서 경건함을 더해 준다. 담장도 하단부는 둥근 자연석을 세 줄 정도 쌓고 눈썹 턱을 만든 후 기와를 이용하여 수평줄눈으로 만든 담장을 세움으로써, 지붕에서 흘러내린 빗물이 다시 하단부에 내밀어 만든 눈썹 처마에 빗물이 재차 떨어지게 하였다. 이처럼 내삼문 전면 담장은 경사지를 이용한 높은 담장의 시선을 거부감 없게 약화시키고, 조형적인 멋도 포함된 아름다움을 연출하고 있다.

삼문을 열고 들어가면 잘 다듬은 장방형 석재를 이벌대로 정성스럽게 쌓은 기단위에 둥근기둥으로 세운 정면 세 칸, 측면 한 칸의 겹

존덕사의 근엄한 자태와 이를 밝혀주던 조명시설인 정료대

처마맞배지붕 건물의 존덕사가 있다. 덕(德)을 최우선으로 실천하는 곳이라는 현판은 류성룡 선생이 제자들에게 가르치는 교육의 근본으로 삼았기에 만들어진 모양이다. 사당은 좌우로 두 개의 계단으로 오르도록 하고, 그 옆에는 전기가 없던 시절 소나무의 송진이 뭉쳐 있는 관솔을 이용하여 불을 밝히는 '정료대'라고 하는 석주가 자리하고 있다. 사당 출입문은 이분합 판문으로 삼문을 꾸미고 그 앞에는 섬돌이 각각 놓여져 있다. 툇간이 없는 사당 건물로, 어간이 별도의 건축적인 특징의 구분보다는 협간과 똑같이 만든 점도 이 사당의 특징이다. 어간의 신도문의 구분은 별도로 없이, 단지 가운데 기둥 사이가 어간 임을 말하고 있다. 벽의 마감은 기둥 사이에 약간의 회벽을 꾸미고 황색으로 단청한 후, 이분합 판문은 양록과 검정색의 장석을 배치하여 매우 견고한 느낌과 엄숙한 분위기를 자아낸다. 넌출문의 장석으로는 배

병산서원 전사청과 내삼문의 만남과 질서

목에 거므쇠, 국화정을 장식하여 중후하고 묵직한 느낌을 준다.

사당을 오르는 내삼문 우측으로는 별도의 담장을 구획하고 앞으로는 고직사를 두고 뒤로는 제수를 마련할 때 사용하는 건물로 전사청을 두고 있다. 세 칸으로 꾸며진 전사청은 부엌 한 칸에 두 칸의 온돌방과전면에 쪽마루를 꾸미고 있다. 특히 고직사는 서원의 의식주를 조달하는 부속 건물로 경상도 지방 민가건축의 평면 구조를 갖춘 폐쇄형 'ㅁ'자 형태를 하고 있다. 아래채의 중앙에 대문을 두고, 안채의 중앙에는 세 칸의 대청마루가 있다. 동서쪽으로는 안방과 건너방의 온돌방과 부엌 창고가 이어져 있다. 고직사와 서원과는 강당공간인 입교당 옆으로 협문을 두고 출입하도록 되어 있다.

고직사 앞에 있는 측간은 초가 담장을 달팽이처럼 말아 꾸며놓은 매우 보기 드문 측간이다. 또아리 측간 옆에는 이른 봄이면 하얀 매

경상도 주택의 'ㅁ'자 평면의 고직사

화꽃이 아름답게 초가지붕과 어울려 핀다. 유식한 양반들은 측간을 매화방(梅花房)이라고 했든가, 선비들도 머슴들이 비를 맞으며 있을 자유시간을 이렇게라도 위로하고자 했을까? 답사자들의 마음과 생각에 맡겨보고자 한다. 어쨌든 이 측간은 출입문이 없이 말려 들어간 안쪽에 변기를 놓고, 인기척으로 상호 신호를 전달한 매우 자연적인 측간이다. 그러나 항상 자연스러워 아름답다고 표현하다 보면 가끔씩 이 측간의 경우처럼 어려운 상황에 봉착하게 된다. 학생들이 "옛날 사람들은 비가 오거나 눈이 펑펑 내리는 날에 어떻게 볼일을 봤데요?" 당연한 질문이다. 나 자신도 지금껏 시원스런 대답을 하지 못하고 있다. 머슴들 생활의 일부라고 이야기할까, 아니면 서당에서 공부하는 유생들과 차별을 두려고 했다고 할까. 그러기에는 너무 매정하고 이렇다할 대답이 없어 참으로 어렵다. 여러 답사자들이 체험하여

고직사 앞 또와리 측간의 여름

각자의 소감을 이야기하는 것이 좋겠다.

가장 높은 곳에서 한옥을 내려보는 멋은 매우 색다른 경험이다. 이렇게 바라다보면, 왜 그곳에 서 있는가를 대화할 수 있는 좋은 기회이기 때문이다. 언젠가는 병산에 올라 서원을 내려다보고 싶다. 지금은 서원 뒷산에서 볼 수밖에 없지만, 그러나 그것도 거주자의 입장에서 한옥을 보고 이해하는 방법 중의 하나이기에 그 의미는 크다. 4월과 10월에 지내는 향사 이외에는 평소 출입이 금지되어 있어, 사당의 위치에서 병산서원의 모습을 보기는 어렵다. 그렇더라도 서원 뒤쪽의 담장 너머에서 사당과 장판각, 그리고 입교당으로 펼쳐지는 서원의 스카이라인과 병산의 등마루와 시선을 맞추어 놓고 보면, 서원은 자연 속의 한가운데 안온하게 들어가 있는 모습을 볼 수가 있다. 또한 가두어지지 않은 개방감으로 자연과 하나가 되어 있음을 발견하게 된다. 왜 병산서원은 여기에 서 있는가에 대한 대답과 함께 조상들의 자연관을 느낄 수 있게 된다.

아름다운 경승지에서 만난
도학의 대표적 선비, 회재 이언적 선생의 발자취

옥산서원

(사적 제154호)

소재지 : 경북 경주시 안강읍 옥산리 7

대구-포항간 28번 국도를 따라 안강읍에 다다르기 직전에 북쪽을 향해 조금 들어가면 이언적 선생의 발자취가 살아 숨 쉬는 곳인 독락당과 옥산서원을 만날 수 있다. 옥산서원은 일생을 도학(道學)에 정진하여 도학의 최고 학자로 이름 높은 문원공 회재 이언적(文元公 晦齋 李彦迪) 선생을 배향하는 서원이다. 이언적 선생은 을사년 사림파를 타도하려는 윤원형, 이기 등의 사화에 연루되어 이듬해 평안도 강계(江界)로 57세 나이에 귀향을 가서 63세에 세상을 떠났으며, 선생은 조선시대의 정치사상과 철학사상의 기초를 다져 놓은 동방(東方)의 해동부자(海東夫子)라고 칭송을 받았다. 서원의 창건은 선생이 돌아가신 후 19년이 지난 후 선조 5년(1572년)에 경주부윤으로 있던 이재문의 후원을 얻어 사당인 체인묘(體仁廟)를 세우면서 제향을 시작하게 되었다. 최근 옥산서원은 지척에 자리한 양동마을(세계문화유산 등제, 2010년 7월)과 함께 많은 관광객들의 발길이 이어지는 장소가 되었지만, 얼마 전까지만 해도 조용한 마을의 경치 좋은 계곡인 옥류(玉

가을빛이 깊게 물든 이언적 선생의 생가인 독락당 계정

流)에 접해 있는 까닭에 휴가철이나 되어야 계곡을 찾는 많은 사람들이 오가는 장소였다. 이 마을을 옥산마을이라 하는데, 마을길로 접어들어 개울을 따라 서원으로 가는 길로 걷다보면, 두세 명이 안을 정도의 굵은 굴참나무와 회화나무, 느티나무 등이 빼곡히 들어서 있는 울창한 숲길이 나오는데, 이곳이 옥산서원으로 가는 초입에 해당된다. 계곡에서는 맑은 물소리가 사시사철 끊이지 않고, 아름드리 노거수들은 오가는 이들을 항상 반겨 주듯이 큰 팔을 활짝 벌리고 서 있다.

나 홀로 학문에만 전념하겠다는 뜻을 가진 독락당(獨樂堂)은 이언적 선생이 1516년에 지은 안채와 1532년 벼슬을 그만두고 고향에 돌아와 거쳐한 사랑채 등으로 구성된 건물이다. 특이한 것은 옥산서원이 별도로 있으면서도, 독락당 사랑채에 옥산서원(玉山書院)의 편액이 걸려 있다는 것이다. 따라서 옥산서원은 독락당과 별도의 공간으로 이해하기 보다는 하나로 보는 것이 회재 선생의 발자취를 이해하는데

옥산서원의 옆으로 흐르는 계곡의 세심대

서원 옆으로 흐르는 물소리가 아름다운 세심대 풍경

도움이 된다.

옥산서원은 독락당의 계정을 거쳐 흐르는 계곡 아래에 연귀대, 세심대 등의 아름다운 계곡에 다섯 개의 이름을 붙이고 회재 선생의 사후 20년이 지나서 지었다고 전해진다. 특히 세심대는 넓은 암반으로 조성된 부지로 역락문의 오른편에 자리하고 있는데, 세심대로는 무변루 옆과 서재 옆으로 난 협문으로 다닐 수 있다.

특히 세심대 옆에는 용추라는 계정의 물이 합수되어 낮은 폭포를 이루는데, 아름다운 경치와 물소리가 어울려 옥산서원의 비경(秘境)이다.

옥산리는 삼면이 500미터가 넘는 커다란 산등선으로 둘러쳐져 있고 남측면, 즉 마을로 진입하는 방향에만 트여 있는 천연적인 요새 같은 지형을 갖고 있다. 독락당은 마을 입구인 남쪽의 무학산을 바라보고 경상도 지방의 민가 건축의 대표적인 배치 형식인 'ㅁ'자 형으로 자리하고 있다. 그리고 옥산서원(사적 제154호)은 동쪽의 어래산(이 마을 사람들은 화계산으로 부름)을 등지고 서쪽으로 있는 자옥산(紫玉山)을 중심축으로 바라보는 배치이다. 또한 북쪽은 노자의 도덕경에서 도덕산이라 부르는 산이 에워싸고 있으며, 남쪽에는 학이 날개를 펴고 나는 모습을 닮았다고 하는 무학산으로 둘러싸인 형국이다. 자연에 묻혀 조용히 나 홀로 학문에 정진하겠다는 뜻을 실천하고자 했던 장소로 이언적 선생은 이곳을 최적의 장소로 선택한 것이다.

회재 선생은 학문에서도 유명하지만, 열 살에 아버지를 잃고, 늙으신 할아버지와 홀로 계시던 어머니에 대한 효도도 매우 지극하였으며, 형제 간의 우애(友愛)도 좋아 다른 사람들의 귀감이 되었다고 한다. 이러한 이언적 선생의 발자취를 건축적으로 따라가 보자. 그가 태어난 월성손씨의 종가댁인 서백당(중요민속자료 제23호)이 있으

옥산리 마을 어귀의 풍성한 가을 표정

속세의 끝에서 만난 듯 보이는 신비로운 옥산서원의 진입로

며, 그가 경주부윤으로 근무할 때 지었다는 향단(보물 제412호)이 있다. 이 향단은 선생이 객지로 다니면서 어머니를 모실 수 없게 되자 동생에게 어머니를 모실 수 있도록 지어 준 건물로 우리 건축사에 매우 중요한 건물로 남아 있다. 또한 그가 벼슬을 그만두고 고향에 내려와 살던 안강 옥산리에 있는 독락당(보물 제413호)도 유명하다.

한 사람의 발자취가 이렇게 많은 보물과 국가 중요문화재 및 사적 등 문화재로 다 지정 받은것은 매우 드문 사례이다. 이처럼 선생의 유품도 대부분 문화재로 지정받고 있다. 또한 중국에 사신으로 갔던

지인으로부터 선물받아 심었다는 우리나라에서 유일한 중국산 주엽나무는 약 오백 여 년 된 것으로 추정하고 있으며 천연기념물 제115호로 지정되어 있다. 주엽나무는 예부터 선비수라고 하는데, 이 나무는 높은 기상을 품은 나무로 독락당 뒷마당 담벼락에서 자라고 있다.

옥산서원을 답사하면서 선생의 발자취에 남기고 있는 건물을 따라가기 위해서는 독락당 건물(1532년 건립)을 보아야 한다. 독락당이라는 편액이 있는 건물은 정면 네 칸, 측면 두 칸의 크기로 오량집에 쇠서 하나만을 기둥머리에 장식하는 기법인 초익공 건물의 팔작지붕이다.

이 건물의 전면 처마 아래는 퇴계 이황 선생의 글씨로 옥산정사(玉山精舍)라는 편액이 걸려 있다. 그리고 독락당의 글씨는 조선시대 명필인 아계(鵝溪) 이산해(李山海)의 솜씨이다. 이 건물은 계정을 축으로 하는 개울가에 있는데, 서까래를 그대로 노출시킨 연등천장에 간단한 단청기법인 가칠단청이 칠해져 있다. 종도리를 받치는 부재인 대공은 복화반의 형식으로 조선 초기까지 유행하던 매우 조형적인 고식기법을 사용하고 있다. 이처럼 단청과 네모반듯한 부재들만을 사용한 이 건물은 선생의 강직한 마음을 잘 드러내 주며 도학사상의 실천의 장소로서 위엄을 갖추고 있다.

담장을 일부 살창으로 꾸며 흘러가는 계곡의 많은 물을 독락당 대청마루에 앉아 볼 수 있도록 꾸민 구성방법은 절로 감탄이 나온다. 독락당 뒤편의 담장과 나란히 세운 계정(溪亭)의 개방된 벽을 마당과 개울이 하나가 되도록 한 것과 대청마루에 앉아 있는 사람이 자연에 나와 앉아 있는 듯한 착각이 들 정도로 개방적인 공간 연출을 한 것을 보면은 자연과 융합하여 자연의 이치를 배우고 인간의 심성을 성찰하는 도학의 근본을 실천하고자 했던 선생의 모습을 보는 것 같다.

개울은 계정과 살창으로 꾸며진 담장 아래로 흘러 내려가 연귀대, 세심대 등의 아름다운 계곡을 흘러 옥산서원 앞의 용추에서 힘을 다하고 유유히 흘러 마을 앞을 지나 넓은 들판이 이루어진 옥산 들판으로 흘러내려 간다. 여기부터는 옥산서원이다.

용추에서 떨어지기 전에 흘러온 계곡물은 담장 아래로 흘러들어와 역락문(亦樂門)과 무변루(無邊樓)를 지나가고 그 물은 서원의 담장을 벗어나 흘러가다가 서원 앞 마을의 집집으로 흘러들어간다. 여러 집 앞을 흘러가는 물 줄기는 나 혼자 자연의 혜택을 누리는 것이 아닌 골고루 나누어 주는 선생의 마음이 아니겠는가.

서원은 세심대가 있는 서쪽방향으로 자리하고 자옥산과 도덕산을 바라보이는 방향의 축을 잡고 있다. 우리나라 건물에서 서쪽 방향으로 배치한 예는 극히 드문 사례이기도 하다. 후학들은 선생이 살아생전에 독락당 대청에서 바라다 보이는 자옥산을 선생이 바라보는 것과 같이 바라보면서 선생의 뜻을 본받고자, 학문에 정진하던 유생들이 공부하던 건물의 방향을 자옥산이 있는 서쪽 방향으로 배치한 것으로 볼 수 있다. 또한 서쪽편으로 경사된 뒷산인 화계산의 자락을 이용하여 자연스럽게 사당과 경치가 아름다운 계곡 방향으로 자리한 이유도 있는 것 같다.

역락문(亦樂門)은 외삼문으로 누마루인 무변루 앞에 세워진 서원의 정문이다. 둥글둥글한 강돌로 추상화처럼 쌓은 기단위에 두 군데의 계단을 두고 정면 세 칸, 측면 한 칸의 맞배지붕 형식으로 단청이 칠해져 있다. 세 개의 삼문을 가진 대문에서 중앙의 어간은 신도문이고, 좌우의 협간은 출입문으로 사용하고 있다. 특이한 것은 신도문인 중앙의 어간 앞에 계단이 있다. 그리고 밖으로 나가는 오른편 문의 기단 앞에는 계단이 없어서 올라왔던 사람은 들어온 계단으로만 내려가도록 하였다 한다. 또한 어간과 협간의 위계의 구분을 위하여 어간인 신문은 두 개의 문짝으로 구성되어 있고, 좌우 일반인 출입문은 외닫이 판문으로 꾸며져 있다.

문의 현판은 조선시대 명필 한석봉의 글씨이다. "역락(亦樂)"은 논어에서 나오는 유붕이자원방래 불역락호(有朋而自遠方來 不亦樂乎)에서 인용한 것이다. 역락문은 '선생의 학문과 사상을 숭배하여 전국

옥산서원의 외삼문인 역락문

각지에서 모여드니 그 아니 반가운가'의 의미라 한다.

역락문을 보고 있자니 문득 떠오르는 장면이 있다. 추석이나 설 명절 같은 때, 고향에 계신 부모는 오매불망 자식을 기다린다. 아예 작정하고 마을 입구까지 나와서 기다리기도 하고 기다리는 시간이 무료해 가능한 한 마을 입구가 보이는 밭이나 논에 나가 일을 하며 마을 입구를 연신 바라보기도 한다. 그런가 하면 어떤 이는 자가용으로 오지 않고 대중교통을 이용하는 자녀들이나 손자, 손주를 빨리 보고 싶어 읍내 정류장 옆 해장국집에서 막걸리를 먹으며 기다리다 창 너머로 자식들의 모습이 보이면 우연히 시장에 나왔다 만나는 것처럼 시침을 뚝 떼고 "시방 오냐"하며 맞이한다. 이럴 때 부모님들에게는 마을 어귀, 마을 어귀가 잘 보이는 논과 밭, 읍내 정류장옆 해장국집이 기쁘고 반가운 만남의 역락문이겠지 싶다. 들어와서 반갑지만 돌아갈 때를 보자. 빨리 돌아가는 자식이 못내 아쉬워서 온갖 줄 수 있는 것들은 다 쌓으면서 연신 입으로는 "오늘 꼭 가야 하니? 바쁘면 어쩔 수 있냐. 먹고 살기 바쁜데, 얼른 가야지"하고 투정어린 아쉬움을 쏟아놓으신다. 떠나기 전 아침을 먹을라치면 "반찬도 좋은데 술 한 잔하지"하며 술을 권하기도 하신다. 조금이라도 자식과 더 같이 있고 싶은 심정에 술이라도 먹으면 빨리 못가는 것을 알기에 이러한 방법도 동원된다. 짧은 만남, 자식과의 헤어짐이 못내 아쉬워 자식이 가고 난 뒷모습을 하염없이 내다보다가 개라도 짖으면 "미쳤나. 이놈의 개가 왜 이리 짖어"라고 개한테 화풀이를 하곤 한다. 이처럼 역락문도 선생의 덕망을 듣고 찾아온 이들이 빨리 가길 원하지 않는다는 뜻으로 가는 길을 없애 버렸을 것 같다는 생각이 들어 자꾸만 돌아보게 된다.

삼문의 오른쪽으로 들어서면 계곡의 세심대 위로 흐르는 물이 문 앞을 흘러 지나가기에 돌다리를 놓아 건너도록 하였다. 이렇게 건물이나 마을 앞에 흐르는 물은 풍수사상을 근거로 한 벽사의 의미가 내포되어 있다. 유생들이 공부를 하는데 방해가 될만한 나쁜 소식을 막으려는 의미가 있었을 것이다. 한편으로는 유생들이 밖에서 쉬거나 어디를 다녀올 때 밖의 생활의 여유로운 생각을 갖고 들어오면 학문증진에 방해가 되니 잡념을 씻고 건너라는 의미도 포함되어 있었을 것이다.

옥산서원의 정면에는 커다랗고 화려한 2층 누각의 건물인 무변루(無邊樓)가 자리한다. 무변루(無邊樓)의 현판 글씨는 한석봉(韓石峯)의 글자로 유명하다. 건물의 모습은 겹처마 팔작지붕에 정면 일곱 칸, 측면 두 칸의 크기로 둥근 기둥 위에 초익공의 공포로 꾸미고, 대청

서원의 누각 건물 무변루의 단아하고 중후한 한옥의 멋

한석봉의 글씨인 무변루 현판

벽사의 의미가 있는 역락문과 무변루 사이를 흐르는 계곡물

에는 창방 위에 첨차를 넣어 세련되게 표현하고 있다. 그리고 가운데 두 칸은 바라지창을 단 대청마루로 꾸며져 있고 좌우로 각각 온돌방을 두었다. 온돌방 끝으로는 계자난간을 갖춘 2층 누마루가 만들어져 있는데 이 부분은 다른 서원건물에서 볼 수 없는 옥산서원만의 특징적인 누마루 건물의 평면구조이다.

▲ 온돌방의 2짝의 맹장지 불발기창이 어울린 무변루 대청마루

선비의 단아함이 느껴지는 초익공의 공포로 가구된 무변루

▲ 주변 경관을 감상하며 휴식을 취하도록 만든 무변루, 그리고 좌우에 별도로 만들어진 대청마루

구인당에서 내려다 본 무변루와 지붕선 위로 보이는 자옥산

공간 배치는 강학공간이 좌우로 막혀 바람조차 들 수 없는 폐쇄적인 'ㅁ'자 형의 건물의 단점을 보완하기 위하여 좌우에 툇마루를 두었고, 툇마루를 통하여 쾌적한 공간을 만들려는 의도가 나타난다. 강학당인 구인당의 대청마루에 앉아 보면, 처마 지붕 아래로 동재와 서재 사이의 공간이 트여 바람과 함께 시선이 확보된다. 이곳에서 역락루 앞으로 흐르는 계곡인 계정의 아름다운 풍경을 한눈에 감상할 수 있는 자연적인 공간을 만들어 놓았음을 발견하게 된다. 또한 선생들의 숙소인 좌우 온돌방의 창문은 강학당인 구인당(求仁堂) 쪽으로는 만들지 않아, 개인생활을 보호하려 한 것도 특이하다. 그리고 온돌방 아래 1층 토벽 중간에 선반처럼 만들어진 허튼아궁이 굴뚝이 좌우에서 입을 벌리고 있는 모습도 매우 흥미롭다. 이러한 모습의 아궁이, 즉 아궁이 옆에 굴뚝이 꾸며져 있는 형태는 남부지방에서 흔히 보이

무변루 온돌방을 데우기 위한 선반 모양의 아궁이

무변루의 허튼아궁이와 고풍스런 통나무 계단

는 모습으로 날씨가 비교적 따뜻한 곳에서 사용하는 방법이다.

무변루는 병산서원의 만대루와 같은 형태로 통나무를 자귀로 깎아 계단을 만들고, 2층 누마루로 오르게 마루 끝에 걸쳐 놓았다. 자연미가 물씬 풍기는 계단을 조심스럽게 곡예하듯 올라서면 대청마루로 올라서게 된다. 대청마루는 강학당인 구인당(求仁堂) 쪽으로는 개방되어 있고, 외삼문인 역락문 쪽으로는 판벽에 당판문을 달아 겨울에 덧문의 역할을 하게 하였다. 바라지창을 열면 옥산서원의 주산인 자옥산의 아름다운 등선이 추녀 아래 지붕선을 따라 문틀 사이로 펼쳐지는 모습을 감상할 수 있다. 우리나라 서원에서 누정건축으로 가장 세련된 무변루는 건축적으로 몇가지 독특한 특징을 갖고 있다.

첫째는 대들보이다. 대청 중앙 대들보는 중앙으로 갈수록 용마루의 하중을 기둥으로 분산하기 위하여 약간 궁륭형으로 휜 목재를 이용하여 힘을 분산시키고 있다. 온돌방 문 위의 대들보는 휘지 않은 직선으로 된 하나의 긴 대들보를 사용하였다. 이 대들보는 앞뒤 기둥 위에 건너지르고 중앙을 기둥으로 받치기에 궁륭형의 대들보를 사용하지 않아도 천장의 무게를 지탱할 수 있게 되어 있다.

둘째는 좌우에 있는 온돌방의 출입문이다. 독락당이 있는 방향, 즉 북쪽의 방은 대청마루 사이의 벽을 앞뒤로 한지를 바른 맹장지 문으로 기둥 사이에 커다란 이분합문을 만들었다. 이는 대청의 공간을 크게 사용하는 경우에 문을 좌·우방의 문을 대청의 천장에 등자쇠로 올려놓아 사용할 수 있도록 하기 위함이다. 그러나 출입문은 반대편의 툇마루 쪽으로 꾸며 놓아, 두 온돌방 사이의 출입방법을 달리하고 있다. 이 툇마루의 두 칸 크기의 내민 지붕을 받치는 궁륭형 툇보선이 앞산인 자옥산의 등선의 모습을 꼭 빼닮아, 자연의 모습을 닮은 한옥의 멋을 더욱 아름답게 표현하고 있다. 북쪽 방에서 나가는 쌍여닫이 띠살문을 활짝 열어 젖히면, 담장 너머로 세심대와 용추로 떨어지는 시원스런 물소리가 여름날의 더위를 식혀주고, 풀벌레와 매미

용추가 있는 계곡의 물소리가 들리는 듯 다가선 무변루

소리가 들려와 산 속에 들어와 있는 듯 자연적인 공간으로의 시간에 매료된다.

셋째는 남쪽에 해당되는 툇마루의 배치다. 온돌방에서만 나갈 수 있도록 만든 것이 매우 특이한데, 이곳에 기거하는 사람의 개인적인 생활을 보호해 주기 위한 특별한 배려가 건물의 공간으로 표현된 것이 이채롭다.

아름다운 건축의 조형으로는 무변루를 두르고 있는 계자 난간을 들 수 있다. 난간두겁대(=돌란대)를 받치는 연꽃무늬 하엽은 세월을 담아 고풍스럽고, 궁판의 박쥐무늬의 안상인 풍혈 구멍으로 투과된 햇살의 그림자는 툇마루에 비치어 아름다운 실루엣을 뽐내고 있다. 마루 귀틀의 끝을 장식한 계자각에 조각된 구름무늬는 무변루가 구름 위에 올라앉은 것 같은 표현으로 운치를 더하고 있다. 한편 아래 1층

무변루 난간의 실루엣으로 느낄 수 있는 조형감

에는 특이하게도 중앙에 세 칸의 문으로 구분하여 만든 누정만의 삼문을 두었고, 판벽으로 마감한 좌우는 곳간으로 사용하고 있다.

자연을 가슴에 가득 안은 무변루 누마루에서 잠시 유생들이 공부하는 강학공간의 모습을 살펴보자. 정면으로는 강학당인 구인당(求仁堂)이 봉황이 날개짓 하듯 추켜세운 추녀와 하늘을 날기 위해 힘차게 날개짓 하듯 넓게 펴진 용마루의 곡선미를 보인다. 뒤로는 푸르른 소나무들의 송림이 둥지처럼 감싸 안고 있다. 구인당 기단 아래는 좌우로 동재(구인당 앞 남쪽에 민구재(敏求齋))와 서재(동재의 맞은편에 암수재(闇修齋))가 자리하고 있다. 어두운 밤에 서원을 밝혀주던 정료대는 팔각형의 주춧돌 위에 팔각기둥을 세우고 그 위에는 통일신라시대 화려한 불교예술의 아름다움을 표현한 복엽연꽃의 앙련이 얹혀져 있다.

강당과 동서재의 어울림이 편안하게 느껴지는 강학공간

온돌방과 마루를 조화롭게 배치한 동재인 민구재

동재인 민구재(敏求齋)와 서재인 암수재(闇修齋)는 정면 네 칸, 측면 한 칸의 삼량집 홑처마 맞배지붕 형식의 건물로 앞쪽으로 툇마루를 만들어 방이나 대청으로 오르내리기 편리하도록 만들었다. 차가운 이른 봄이나 초겨울에 따스한 햇살이 툇마루에 머물러 있을 때, 툇마루에 앉아 느끼는 나무의 부드러움과 엉덩이로 느껴지는 따스한 온기는 마음을 편안하게 다독여 준다. 유생들의 생활공간인 동재와 서재는 선배와 후배가 생활하던 숙소였다. 동재는 대개 선배 유생들의 숙소였다. 동재는 강학당인 구인당 쪽에서 첫 번째와 네 번째 칸에 대청마루를 하나씩 두고 있어 서재와 동일한 공간 배치를 갖고 있다. 동재는 툇마루 아래를 받치는 기둥인 동자주가 대청마루 앞에도 투박하게 면을 고른 방형 돌기둥으로 받치고 있으나, 서재는 나무를 다듬어 만든 방형나무 기둥으로 받치고 있는 점이 다르다. 그리고 햇살이 잘 드는 남쪽으로 선배들의 동재가 자리하고 있다. 한편 서재 뒤로 두 개의 협문이 담장 밖으로 연결되어 있어, 세심대가 있는 계곡으로 나서기가 편리하다. 동재의 가운데 칸 툇마루 처마 아래에는 민구재(敏求齋)라는 현판이 걸려 있다. 『호고민이구지(好古敏以求之)』란 글에서 인용한 글자로 평소에 학문을 통하여 어질고 착한 마음을 마음속에 갖추고, 이를 실천 사상으로 사회에 공헌하는데 인(仁)으로서 실천하는 것이 선비의 뜻임을 밝히고 있다. 마찬가지로 서재 가운데 칸 툇마루 처마 아래에는 암수재라는 현판이 걸려 있다. 암수재(闇修齋)는 주자자찬(朱子自讚) 가운데, 암연자수(闇然自修)에서 사용한 글자로 선비는 모름지기 드러나지 않는 가운데 항상 학문을 익히어 새롭고 밝게 펼쳐져 나가는 것을 실천하기를 바라는 뜻에서 서재의 현판으로 사용하고 있다. 동재와 서재는 무변루와 구인당의 가운데 자리하고 있으면서 건물의 규모나 조형미에 있어서 지나칠 정도로 검소하고 수수한 느낌이다.

민구재와 같은 모습의 후배들의 기숙사

학이 날개짓 하듯 지붕선이
아름다운 구인당

퇴계 선생이 쓰신 사람의 심성을
강조한 의미의 구인당 현판

서원에서 가장 중요한 강학당인 구인당(求仁堂)은 착한 심성과 사람됨을 마음속에 갖추기를 바라는 의미의 건물로, 둥글넓적한 자연석을 대충 다듬어 만든 장대석으로 이고석쌓기를 하고 상단에는 긴 장대석으로 갑석을 만들어 마무리하고 있다. 기단 위에는 반듯한 방형 석재에 기둥이 놓일 자리를 둥글게 턱을 만든 몰딩이 조각된 세련된 주춧돌을 사용하고 그 위에 원기둥을 세웠다. 그리고 기둥머리에 이익공의 공포를 꾸민 오량집 겹처마 형식의 팔작지붕 건물이다. 건물의 규모는 정면 다섯 칸, 측면 두 칸의 크기이다. 중앙의 세 칸은 대청마루이고, 좌우에는 온돌방이 있다. 대청마루의 가운데 처마 아래는 퇴계 선생이 쓴 '옥산서원'의 편액이 걸려 있고, 안쪽을 바라보고 이산해 선생이 쓴 '옥산서원'의 현판이 걸려 있어 조화를 이루고 있다. 특히 이 건물은 추녀선이 매우 아름다운 안허리곡으로 처마 곡선이 유려하게 표현하고, 그 선을 받치는 활주를 처마에 받치고 있다. 구인당(求仁堂)의 대청마루 바라지창을 열면 일직선상의 축을 이루는 뒤편으로, 내삼문과 별도의 공간에 회재 이언적 선생을 배향하는 정면 세 칸, 측면 두 칸의 체인묘(體仁廟)가 자리하고 있다.

구인당은 기둥을 잘 살펴볼 필요가 있다. 대부분의 한옥 건물들은 기둥만을 독립적으로 사용하는 경우 원기둥을 사용하고, 벽과 만나는 기둥은 벽의 선에 맞추기 쉽게 네모난 방형기둥을 사용하여 시공의 편리성을 추구하는 경향이 있다. 하지만 이 건물은 모두 원기둥을 사용하여 벽선보다 밖으로 양각이 돋보이게 표현하여 모 없이 부드러운 기둥들의 나열이 특징이다. 그러나 대들보는 반듯한 직선 나무

모든 기둥을 원형으로 사용하여 부드러운 심성을 지향하는 선생이 뜻이 느껴지는 처마선

군더더기 없이 단아한 나무들의 직선에서 선비들의 사상이 묻어나는 대청 천장가구

를 이용하여 군더더기 없는 선비의 단아한 느낌을 표현한 것이 일품이다.

한편, 온돌방의 방문은 건물이 동서축으로 서 있는 관계로 온돌방의 창문이 남쪽과 북쪽 방향인 건물의 측면에 띠살무늬 덧문으로 꾸며진 것이 특징이다. 창방 아래 넉살무늬 살대 모양의 격자로 두 칸의 문을 짜고, 맹장지로 전후로 바른 불발기창을 두고, 안쪽으로는 불발기창의 한편 중앙에 조그마한 띠살무늬 외닫이문을 꾸몄다. 앞쪽으로는 아래에 궁판을 달은 띠살무늬 외닫이문을 꾸며 출입문으로 사용하고 있다. 띠살무늬 외닫이문으로 꾸며진 출입문의 상부의 보에는 왼편에 양진재(兩進齋), 오른편 온돌방 입구에는 해립재(偕立齋)라는 현판이 걸려 있다. 현판은 회재 선생의 실천철학을 느끼게 하는 의미로 몸소 실천하고 그것을 행동으로 표현하는 방법을 말해주고 있다. 문들은 평소에는 외닫이문으로 출입하다가 필요하면 모두를

몸소 실천하고 행동하라는 의미의 해립재

단아한 화반대공이 인상적인 양진재

한꺼번에 들어올릴 수 있는 문으로 변신하여, 분합이 불발기창의 역할을 하도록 만든 것이 건축적인 특징이다.

한옥의 가변 벽으로 벽을 꾸민 것은, 온돌과 마루의 전혀 이질적인 공간을 조화롭게 하는데, 옥산서원의 강학당은 좋은 사례로 생각할 수 있다.

천장을 바라보면 중보와 대들보를 받치는 대공과 동자주에 화반 모양의 장식을 꾸미고 흰색과 흑색으로 표현된 당초문이 그려져 있다. 생명력이 느껴지게 표현된 단청의 무늬에서 유생들은 한없는 에너지를 느낄 수 있었을 것이다. 또한 충량보는 중보 사이로 나와 보머리 끝의 대들보에 올려지고 끝을 태평화로 표현하여 운치를 더해주고 있다. 그리고 서까래인 연목과 부연 사이에 그려진 부연의 천장판재는 민주화가 화사하게 피어 있다. 연목(둥근 서까래)초에도 연꽃과 녹화문양이 잘 조화를 이루게 표현되어 있어 구인당의 아름다움을 한층 더 돋보이게 있다.

구인당 대청마루에서 무변루가 있는 전면을 바라보자. 무변루 용마루 지붕선으로 둥글게 달처럼 떠오르는 모습의 자옥산 등선이 아름답다. 뒷편의 바라지창을 열면 사당인 체인묘가 있는 내삼문이 바라다 보이는데, 정연한 자연석 기단 위에 반듯하고 긴장된 가구 모습에서 경건함이 느껴지는 것이 아름답다.

활주를 세워 처마선을 하늘로 날릴 듯 표현한 구인당 측면

구인당(求仁堂) 뒤로는 막돌 막쌓기 공법의 높은 기단 위에 전면 세 칸, 측면 한 칸의 사당인 채인묘(體仁廟)의 내삼문이 자리한다. 이 문은 전면 기둥선에 이분합 당판문의 문짝을 달고 뒷기둥은 사당 안으로 돌출시키고 있다. 주춧돌은 매우 넉넉한 크기의 석재를 사용하고 그 위에 원기둥으로 초익공의 공포를 꾸미고 있다. 녹화로만 군더더기 없는 간소한 단청을 하여 엄숙하고, 소로수장집으로 표현하여 조형미를 동시에 갖고 있다. 조그마한 맞배지붕이지만 소로수장집에 원기둥을 하고 단청이 있으며, 박공부분에는 방풍판을 달아 작지만 매우 격조 높은 고급 건물로 볼 수 있다. 내삼문(內三門)의 오른쪽에만 있는 계단을 올라서서 삼문 오른쪽 문으로 들어가면 사당인 체인묘가 있다. 사당인 체인묘 건물은 정면 세 칸, 측면 두 칸의 크기로 겹처마의 맞배지붕 형식으로 옆면에 둥근 부채꼴의 방풍판을 달고 있다. 한편 강학당인 구인당 뒤편 처마 아래는 사다리가 하나 놓여 있다. 이 사다리는 계단이 하나 밖에 없는 채인묘 내삼문에 걸어서 그

군더더기 없는 간단한 단청으로 엄숙함을 강조한 내삼문

위로 재물을 옮길 때 사용한다고 한다. 매우 불편해 보였을 이 사다리는 제향을 하는 후학들의 몸가짐에 대한 예의를 배우도록 한 것이다. 이렇듯 우리 조상들은 건물을 이용하여 행동과 마음가짐에 대한 교육을 실천하도록 설계하였던 것이다.

한편, 사당의 전면은 툇칸을 두지 않고 당판문에 배목을 대어 세 개로 구획한 삼문으로 꾸며져 있다. 체인묘의 뜻은 '体仁'이란 선(善)의 근본으로 어질고 착한 마음을 몸으로 실천에 옮긴다는 뜻이니 회재 이언적 선생 사상의 근본을 이루고 있으며, 선생의 실천철학이 잘 표현된 글이다. 사당(祠堂)에서는 매월 초하루 보름마다 제향을 위하

겹처마 팔작지붕의 사당인
체인묘의 사당 공간

내삼문의 중앙 신문에 놓였던
사다리

여 지금도 봄·가을의 제향(祭享) 때는 선생을 추모하는 많은 유림들이 전국에서 모여 선생의 뜻을 기리고 있다.

옥산서원 안에는 채인묘의 좌우로 신도비각과 경각이라는 장판각이 자리하고 있다. 신도비각은 작은 규모이면서 정면과 측면이 각 한 칸의 규모로 팔작지붕의 형식을 하고, 처마선의 현수선이 활처럼 매우 아름다운 지붕선을 보이고 있다. 비각의 기둥은 비교적 두꺼운 원기둥으로 안정감이 느껴진다. 벽체는 하단 궁판에 안상을 표현한 머름대를 대고 그 위에 끝이 창모양인 살창을 달아 벽사의 의미로 보호되고 있다. 이 비각의 비문은 호남의 대표적인 성리학자인 고봉 기대승(高峰 奇大升)이 지었다. 기대승 선생은 필암서원에 배향된 김인후 선생이나 고경명 선생과도 매우 관계가 돈독했으며, 양산보의 소쇄원에서도 선생의 자취를 찾을 수 있다.

팔작지붕에 비대하리만큼 튼튼한 기둥으로 된 신도비각

비문에 대해서는 옥산서원에서 발행하는 안내 책자에 있는 글을 참조하고자 한다. 이 책자에 의하면, 고봉(高峰)은 비문에 적기를 '우리나라는 옛날에는 어질고 착한 분의 교화(敎化)를 입기는 하였으나, 학문(學問)이 전승(傳承)된 바가 없었다. 선생은 아무에게도 사사(師事)한 바가 없는데도 스스로 학문에 분발하여 조용한 가운데 날로 빛남으로써 덕(德)이 행(行)에 부합하고 찬연(粲然)히 저술이 나와서 후세에 남긴 이는 우리 조선에서는 찾아 보아도 이와 같은 이가 드물 것이다'라는 선생의 행장(行狀)을 쓴 퇴계(退溪) 선생의 구절 일부를 옮겨 적고 있다. 이와 같이 이언적 선생은 스스로 학문을 익히고 실천에 힘을 쓰셨으며, 가정에서는 부모에 효(孝)를 다하고, 나라에서는 충(忠)을 다하였다고 한다. 또한 선생은 우주의 이치를 '사람의 착한 마음으로 덕(德)을 쌓으면서 몸소 실천하는 것이 중요하다'하여 평생을 인(仁)을 체득하는데 일관하셨다. 따라서 사당에는 체인(體仁)이라는 현판이 걸려 있는 것이다. 이 신도비각 안에 들어 있는 비각은 거북이 모양의 귀부가 비석을 받치고 있고, 비신부 위에 얹어진 비석 머릿돌인 이수부에는 황룡과 청룡이 서로 몸을 감고 여의주를 물고

반자틀와 달동자가 아름다운 신도비각의 천장

마주보고 있는 모습이 조각되어 있다. 지붕은 팔작지붕 가구의 기본 틀과는 다른 모습을 하고 있다. 사모 지붕에서 나타나는 천장의 면을 하나의 꼭지점으로 모으고, 그 아래는 연꽃을 조각한 달동자와 반자틀을 꾸밈으로써 매우 독특한 형태를 지니고 있다.

이번에는 장판각인 경각(經閣)을 살펴보자. 채인묘의 햇볕이 잘 드는 남쪽으로는 장판을 보관하는 세 칸, 한 칸의 홑처마 맞배지붕에 전면에 툇마루를 꾸민 장판각인 경각(經閣)이 자리하고 있다. 이 건물은 세 칸에 띠살무늬 창문에 한지를 바르고 있다. 경각 뒤편은 넉넉하게 담장과 떨어지게 만들고, 경사지를 이용하여 자리하기 때문에 전면의 고직사 지붕 위에 앉은 듯 보인다. 이 건물은 바람이 잘 흐르고 햇살이 잘 비치어 어서(御書)와 어필(御筆), 선생의 직접 써서 만든 전적류 등과 목판, 종이로 만든 지류들이 잘 보존되도록 만든 건물이다. 지금은 유물을 보호하기 위하여 한지를 사용한 문의 한지는 사라

바람과 햇빛을 잘 받도록 만든 경각

지고, 투명 플라스틱으로 막혀 있어서 당시의 느낌은 퇴색되었다. 자연을 이용하여 귀중한 자료를 보관하는 최상의 방법으로 건물을 설계하고자 했던 조상들의 세심한 지혜가 느껴진다.

이 서원의 많은 책들은 이곳 경각(經閣)에 모두 수장(守藏)할 수가 없어서 독락당 뒤편에 있었던 정혜사(淨慧寺) (현재는 13층탑만 남아 있음)에까지 보관하게 하여 승려들로 하여금 지키게 하였다는 말이 전해지고 있다. 최근에 옥산서원 앞의 초입에 박물관을 지어, 이언적 선생과 옥산서원에 갖고 있는 많은 문화재를 전시하고 있다.

한편, 남쪽으로는 'ㅁ'자 형태의 고직사 건물을 두고 있는데 규모가 있다. 유생들이 뒷바라지 하던 고직사의 규모를 보았을 때, 이 서원에 많은 선비들이 찾아왔음을 알 수 있는 간접적인 척도가 된다.

많은 유생들의 뒷바라지를 맡았던 고직사의 풍경

한편, 옥산서원의 배치 구성을 보면 매우 폐쇄적인 공간 구성이다. 커다란 담장을 두고 그 안에 강학공간, 사당공간, 그리고 고직사가 있고 강학공간은 폐쇄형의 'ㅁ'자형 평면을 갖고 있다. 특히 사당은 대부분의 서원사당에서는 강학공간 담장과 별도로 뒤쪽의 높은 언덕에 담장을 두르고 있어 일자형 배치를 이루고 있다. 그러나 옥산서원은 외곽 담장 안으로 사당을 배치하고 좌우에 건물을 호위하듯 장판을 보관하는 경각과 신도비각을 두고 있다. 이렇게 특별한 모습을 발견할 수 있는 것도 옥산서원만의 건축적인 특징이다. 또한 고직사의 경우에도 생활에 필요한 연자방아간과 별도로 사랑채와 같은 독립건물이 서원과 같은 축으로 자리를 하고 있다. 고직사는 상류 주택의 모습에서나 볼 수 있는 규모이며, 창고의 판문과 벽에는 곳간의 이름표가 붙어 있다. 이곳에서 명찰을 발견하는 것도 매우 흥미로운 일이다.

이와 같이 옥산서원은 양동마을의 가까운 곳에 있으면서 세계

서원의 역사를 알리는 다양한 형태의 기와들

문화유산에 등재되어 독락당을 중심으로 많은 관광객이 찾아오고 있다. 특히 당시에는 이백여 명의 하인이 있었다 하니 얼마나 큰 규모였는가 짐작이 간다. 이와 같은 세월의 자취는 서원 곳곳에 묻어 있으며, 특히 하늘에 걸린 처마 끝을 바라보면 수많은 시간 동안 여러 사람들의 손길이 정성을 다하여 보존되고 있었음을 알려 주는 명문 기와와 다양한 수막새의 문양이 세월을 느끼게 한다. 지금은 관람객이 하루에도 이백여 명 오는 경우도 있으니 정성들여 만든 건물이 후손들에게는 훌륭한 역사 체험장이면서 우리들의 자랑거리가 되었다. 현재 서원 마을인 옥산리는 마을 앞 논에 농약을 사용하지 않고 논에 우렁이를 키워 청정지역을 보존하고 있어서인지 개구리와 뱀들도 매우 많이 발견된다. 최근에는 주변에 현대식 건물이 조금씩 늘어나고 있으나 어느 서원보다는 무공해 청정지역을 유지하고 있다. 주변의 산과 개울, 아름다운 노거수들이 단풍으로 가득할 때면, 지나간 시간 동안 흘러간 많은 유생들의 추억을 이야기하는 듯 예쁜 잎들이 사각거리는 매우 자연적인 풍경을 즐길 수 있는 아름다운 서원이다.

소학(小學)을 학문의 근본으로
실천하던 조선시대 도학의 발원지

도동서원

(사적 제488호)

소재지 : 대구광역시 달성군 구지면 도동리 35

도동서원은 중부내륙고속국도 45번 도로에서 현풍 IC를 나와 대구 쪽으로 좀 더 올라오면 현풍읍 조금 못미처에 서쪽으로 가는 좁은 길에 위치하고 있다. 이 길을 따라 낙동강이 흘러가는 서쪽으로 가는 길을 나는 답사자들에게 권하고 싶다. 이 길은 겨울과 봄 사이에는 논 보리의 푸르른 싹이 카펫처럼 깔려 아름다운 보리밭길이 된다. 낙동강편에 나란히 가는 이 길은 봄에는 벚꽃이 아름답다. 보리밭 사잇길로 걸어가면서 느끼는 풍성한 하늘거림의 아름다움은 서원으로 가는 길을 더욱 서정적으로 만들어줘 봄의 정취와 멋을 한껏 발산한다. 논길이 끝나는 곳에 다다르면 언덕이 가로막는다. 이 언덕을 다림재라고도 하고 다람쥐 고개라고도 부르는데 고개길을 굽이굽이 올라가면 정상에서 전망대를 만나게 된다. 전망대에서 내려다보는 도동서원과 유유히 흘러가는 낙동강물길의 조화로움은 하늘에서 내려다보는 것처럼 시야를 가득 채운다.

이곳 전망대에서 도동서원의 형국을 살펴보자. 서원의 뒷산은 자

다림재에서 바라본 자라형국의 길지에 자리한 도동서원과 유유히 흐르는 낙동강

라모양의 산줄기가 이어져 내려와 북동쪽을 바라보고 있다. 그리고 낙동강가에 내려와서 불룩하게 솟은 곳이 자라의 머리 부분에 해당한다는 형국으로 그곳에 서원이 자리하고 그 앞은 낙동강이 '회(回)' 자 모양으로 감아 돌아가는 형상을 하고 있다. 얼핏 보기에는 하회마을과 비슷한 모습이며, 온달산성에서 내려다보는 단양시가의 모습과도 같고, 회룡포와도 같으니 이곳의 지형도 우리 조상들이 원하는 명당자리였음을 알 수 있다. 강 건너는 고령 개진면으로 그곳에는 아직도 도동나룻터라 불리는 나룻터가 남아 있고 나룻배를 묶어 두던 자리가 남아 있다. 그런데 최근에 강건너 개진면 오사리 들판은 4대강 사업으로 중장비들이 수없이 오가며 공사중이다. 당시 한양 쪽에서 내려오던 많은 유생들과 학자들은 이 나룻터에서 뱃사공이 건내 주는 쪽배를 타고 서원에 다다랐을 것이다. 이 나룻터는 현풍이나 창령으로 나가는 지름길이어서 서원 앞에는 많은 사람들이 오갔다. 그로 인해 서원 앞이 어수선하기 일쑤였겠지만, 당시 사람들은 서원 앞에서 공부하는 유생들과 김굉필 선생에 대한 예의를 나타내기 위해 말에서 내려 서원을 향해 예를 갖추고 조심스럽게 그 앞을 지나갔다고 전한다.

그러던 서원 앞에 현재는 자동차들이 왕래하고 넓은 주차장이 만들어져 있지만, 주변의 아름다운 자연은 변함없이 우리를 행복하게 한다. 봄, 여름, 가을, 겨울 어느 계절이 되어도 아름답기 그지없고, 계절마다의 느낌은 색다른 분위기를 갖고 있다. 봄에 서원으로 가는 길은 청보리밭 사잇길의 아름다움과 싱싱함이 묻어나고, 다람재에 피는 산벚꽃은 연두빛 신록과 어우러져 눈이 부실 정도로 아름답고, 서원 안에 피는 모란꽃은 서원의 아름다움을 절정으로 만든다. 5월쯤 피는 모란꽃을 보지 않고는 아름다운 도동서원을 보았다고 이야기할 수 없을 정도다. 서원 누마루 앞 은행나무는, 김굉필 선생이 손수 심었다 하여 김굉필나무라 불리기도 하고, 한훤당 김굉필 선생을 주향한 도동서원의 건립을 기념하여 한강 정구 선생께서 심은 것으로도 알려져 있다. 어떠한들 이 거대한 은행나무는 봄에 애기손 같은 아기자기한 잎사귀를 가득 피워내 그 싱그러움에 감탄하게 한다. 노란 은행잎이 하늘을 덮는 늦은 가을날, 수월루에 앉아 유유히 흐르는 낙동강 강물을 보면서 고즈넉한 가을의 오후 햇살을 받으면 마음속 가득히 편안함이 스며든다.

이렇게 자연적인 아름다움으로 가득한 자리에 조선전기에 대표적인 유학자 한훤당 김굉필(1454~1504)을 향사하는 서원이 자리하고 있다. 원래 도동서원은 임진왜란으로 불타버리기 전에는 현풍현 고을의 배산인 현풍현 비슬산 기슭에 있었으며, 그 당시는 '쌍계서원(雙溪書院)'이라 불렀다 한다. 그 후 재건할 때 지금의 자리에 사당을 지었으며, 1606년 사당에 이어 강당, 동·서재를 완공하고 '보로동서원'이라 불렀다 한다. 특히 이 서원은 김굉필의 외종손이며 영남 예학의 선두 주자인 한강 정구(1543~1620)와 그리고 퇴계 이황(1501~1570)과 매우 깊은 관계가 있다. 한강 정구 선생을 향사하는 서원으로 이곳에서 얼마 멀지 않은 곳인 성주와 고령의 경계지점에 회연서원이 자리하고 있다. 한강 정구 선생은 외증조부이신 한훤당 김굉필 선생의 학맥을 바탕으로 하여 그 위에 퇴계학과 남명학을 통합한 토대 위에서 실학의 기초를 마련한 조선시대 대표적인 학자이다. 현재 도동서원이라는 이름은 '성리학의 도(道)가 처음으로 동(東)으로 건너오다

(道果東矣)'는 뜻으로, 조선시대의 도학이 이곳에서 시작되었다는 자부심이 표현된 것이다. 이러한 연유로 1607년인 선조 대왕 40년에 도동서원(道東書院)이라고 사액을 받았다. 이렇게 성리학의 역사가 살아 숨 쉬는 이곳은 1865년 대원군의 서원철폐 때에도 훼철되지 않은 47개 서원 중 하나로 병산서원, 도산서원, 옥산서원, 소수서원과 더불어 우리나라 5대 서원의 하나로 평가된다.

도동서원은 선조 40년(1607년)에 왕으로부터 직접 현판을 받아 사액서원이 되었다. 사액서원이란, 조선시대 왕으로부터 편액(扁額), 서적, 토지, 노비 등을 하사받아 그 권위를 인정받은 서원을 말한다.

최근에 광화문을 원래의 위치로 옮기면서 전에 박정희 대통령이 쓰셨다는 현판도 바꾸게 되었다. 최근 글을 가장 잘 조각하는 각자장과 한문을 가장 잘 쓴다는 무형문화재로 지정된 사람이 쓰고 만들고, 거는 것조차도 최근에 가장 잘 집을 짓는다는 대목장이 관련하여 현판을 만들어 걸었다. 그러다 1년도 안되어 현판이 갈라지고 문제가 생겨 사회가 시끄럽게 되었다. 왜들 현판 하나에 그렇게 야단인지 궁금해 하는 사람도 많다. 그러나 현판은 사람으로 따지면 마음의 얼굴에 비유되는 매우 중요한 부분인 것이다. 도동서원의 사액을 현판으로 받는다는 것은 이러한 의미에서 건물에 생명을 불어 넣는 것처럼 중요한 의미가 있다.

한훤당 김굉필(寒暄堂 金宏弼)은 1454~1504년대에 사시던 분으로 고령 땅에서 태어나신 김종직의 문하에서 학문을 배우면서 특히 〈소학〉에 심취하여 '소학동자'라 불렸다. 선생은 1498년 무오사화가 일어나자 평안도 희천에 유배되었는데, 그곳에서 조광조를 만나 제자로 삼고 자신의 철학과 학문을 전수하였다 한다. 그리고 얼마 되지 않아 1504년에 발생한 갑자사화로 조선시대 형벌 중 최대 극형이라는 부관참시를 당했다. 그 후 중종반정 이후에 신원되어 도승지로 추증되었다. 김굉필 선생은 남계서원에 모셔진 일두 정여창 선생과도 깊은 친분을 갖고 있었으며, 생각이 같아 부관참시를 당한 예를 남기게 되었다. 김굉필 선생은 조선시대 대표적인 유학자인 동방 5현(한훤당 김굉필 · 일두 정여창 · 정암 조광조 · 회재 이언적 · 퇴계 이황)의 한 사람으로 조선 성리학의 정통을 계승한 인물로 인정받았다. 문집은 〈한훤당집〉, 저서는 〈경현록(景賢錄)〉, 〈가범(家範)〉 등이 있다.

서원의 답사는 다람재에서 내려다보면서 시작된다. 다람재의 꼬불꼬불 고개길을 돌고 돌아 내려가면 커다란 은행나무 사이로 하늘을 날 듯한 지붕선을 갖은 서원의 외삼문인 누정 수월루가 나타난다. 서원이나 향교에 은행나무가 많이 심어진 이유는 그 옛날 공자께서 은행나무 아래에서 강의를 했다는 것에서 유래한다. 은행나무 다음으로는 느티나무, 회화나무 등이 많이 심어져 있다. 도동서원 앞 은행나무는 위로 자라는 모습이 아닌 땅을 향해 옆으로 낮게 거대한 두께를 갖은 나무줄기가 자세를 낮춘 모습으로 자라는데, 보기만 해도 "왜 그럴까" 궁금증을 갖게 한다. 궁금증을 풀기 위해 수월루 앞의 수령 400년 은행나무에게 물어 본다. 도동서원에 모신 김굉필 선생의 학덕과 인품에 나무도 자세를 낮추고 존경하는 뜻으로 자란다고 이야기하는 듯하다.

경사진 지형 중간 중간에 자연석으로 한 줄을 쌓아 두 개의 단을 두고 좁은 폭을 갖은 계단은 수월루와는 어울리지 않을 정도로 나약하게 보인다. 그러나 누각으로 오르는 길과 둥근 강돌을 정성 들여 쌓은 축대, 수월루 기단으로 오르는 계단은 성리학의 높은 학문의 어

하늘로 비상하는 듯한 서원의 수월루

려운 길을 예고하는 듯하다. 외삼문인 수월루는 전면 세 칸, 측면 두 칸의 규모로 중간에 삼문을 꾸미고 있는 2층의 팔작지붕을 하고 있다. 외삼문인 수월루(水月樓) 현판의 글은 휘엉청 보름달이 다림재 산마루 위로 떠오르면 수월루에 올라 바라보는 하늘의 둥근 달과 흐르는 강물에 비친 달이 아름답다고 해서 붙여진 이름이다. 둥근 기둥에 난간을 갖춘 수월루 누정은 중앙에 신문(神門)의 표시로 태극문을 그렸는데, 좌우 칸에 비하여 크게 그려 신문을 강조하고 있다. 평소 일반인들은 오른쪽 문으로 출입하도록 되어 있다. 둥근 기둥으로 건물을 세우고 직선으로 건너지른 대들보는 다른 서원이나 향교의 누정에서 보기 드문 산수화 단청이 칠해져 있다. 대들보에는 매화나무에 하얀 꽃이 아름답게 핀 모습과 심산구곡의 금강산이라도 보는 듯이 표현된 산수화가 단청으로 그려져 시선을 사로 잡는다. 또한 학문에 지친 유생들의 심신을 쉬게 하거나, 세속에서 학문을 실천하겠다는 마음을 갖는 공간으로 입신양명을 나타내는 용그림이 그려져 있다. 이러한 단청들은 편안함 속에서 행하는 이상향의 실천보다는 마음의 다스림을 교육의 이념으로 생각하던 김굉필 선생의 뜻을 전하는 듯하다. 기둥 위에 장식적으로 표현된 익공 공포와 기둥 사이의 창방 사이에 넣은 화반의 아름다움, 그리고 안허리곡과 처마 끝이 비상하

풍경화의 대량화가 인상적인 수월루 내부

는 듯 표현된 겹처마의 지붕선이 누정의 아름다움을 잘 표현하고 있다. 특히 수월루의 2층 바닥의 높이가 강학공간인 중정당 마당과 높이를 같이 하여 수월루 공간과 강학공간이 지형의 높이에 의해 구분되고 구획되어 있음에도, 수월루 누마루에 앉아보면 강학당과 하나의 공간에 있는 듯한 착각을 갖게 한다. 이 건물을 지은 도편수는 심신을 쉬는 수월루를 만들어 놓고 별도의 공간으로 구획하여 다른 공간으로 나가게 건물을 배치하였다. 건물은 공부하던 중정당 대청마루에서 잠깐 밖으로 나가 앉아 있는 듯한 착각이 들도록 바닥 높이를 만들어 놓았다. 이곳은 학문을 중심으로 생활하기 위해 모인 교육의 장이었음을 강조하는 계획으로 한옥을 조형물이 아닌 철학의 장으로 표현하였기에 감동할 수 밖에 없다. 수월루는 적극적으로 자연을 서원 안으로 끌어들이는 역할과 함께 도동서원의 가장 아름다운 장소의 하나이다.

수월루를 지나 강학공간으로 올라가 보자. 수월루 외삼문을 지나면 나즈막한 환주문이 보인다. 중앙에 강학당인 중정당(中正堂)으로 오르는 돌계단이 완만하게 경사를 따라 이어지고 계단으로 이루어진 공간이 나온다. 돌계단은 소박하지만 소맷돌을 좌우로 세워 정성스럽게 만들고, 계단 앞에는 좌우에 연봉우리를 조각하여 앞으로 학문의 길로 드는 유생들을 막 피어나는 꽃봉우리로 표현하고 있다. 좌우로는 자목련과 자색의 목단 꽃이 탐스럽게 피어있고 가볍게 휘어진 좁고 가파른 계단을 오르면 강학공간의 정문에 해당하는 환주문(喚主門)에 이른다. 현판의 의미는 "자기 마음의 주인은 자기이니 그를 찾으라는 문이다." 어떤 일을 행함에 있어 자신이 주인임을 명심하고 최선을 다하라는 의미이다. 우리도 이곳을 지나면서 이 뜻을 새겨보

▲ 시간의 흐름이 느껴지는 환주문과 거북이 머리의 문지방, 그리고 수월루

환주문과 수월루의 아름다운 어울림

고 자신의 일에 최선을 다하는지 생각해 보자. 환주문 좌우에 위치한 담장은 아래는 둥근 강돌을 쌓고 그 위에 수평선을 강조하여 암키와를 다섯 단으로 쌓고, 사이는 진흙을 이용하여 줄눈을 채웠다. 연화문 수막새를 예쁘게 배열한 기와를 지붕으로 올려 음양의 조화와 장식효과를 살렸는데, 담장의 모습이 소박하고 아름다워 토석담으로서는 우리나라에서 최초로 보물로 지정되어 있다. 환주문은 한 사람이 조금 편하게 들어갈 크기의 문으로, 지붕은 네 면을 중앙위에 모아 만든 사모지붕 형식이며, 그 위에는 절병통이 올려져 있다. 모임지붕에서는 절병통이 필수적이다. 그리고 도형화한 불로초를 표현한 네 모서리의 암막새는 소박하다. 귀엽던 환주문의 모습은 문을 지나면서 잠시 고개를 갸우뚱하게 한다. 발아래 대문을 멈추게 하는 돌을 크고 높게 만들어 부자연스럽게 중앙에 박아 놓았기 때문이다. 이것을 보면 불편하여 화를 낼까봐인지 돌의 머리에 웃는 거북이의 얼굴을 조각하였다. 문은 편리함을 추구해야 함에도 불구하고 가운데 돌을 세워 두었다. 이는 두루마기 매무새를 단정하게 해야 한다는 무언의 메시지로 볼 수 있다. 이를 통해 강학공간에서의 마음가짐과 몸가짐에 대한 교훈을 건물을 이용하여 전하고 있는 것이라 생각한다. 이 좁고 낮은 문으로 들어가면서 자신의 몸을 낮춤으로써 마음도 낮추어야 한다는 생각이 깊어지겠지만, 실제로 자신을 낮춘다는 실천은 쉬운 일이 아닐 것이다. 그러하기에 이 문을 드나들면서 행위로써 몸을 낮추어 항상 깨닫게 하려 했을 것이리라.

환주문을 통과하면, 넓은 마당의 정면에 잘 다듬은 의장적인 모습이 아름답고 색깔도 예사롭지 않은 석재로 기단을 쌓은 위에 자리하고 있는 강학공간인 중정당(中正堂)이 나타난다. 그리고 좌우에는 유

아름다운 기와 담장으로 이어진 환주문과 강학당인 중정당

생들의 생활공간인 동재와 서재가 자리하고 서재의 담장 아래에는 측간이 자리하고 있다. 중정당 뒤쪽으로는 장판각이 자리잡고 있으며 오른쪽 높은 대지 위에는 별도의 담장으로 만들어진 사당이 자리하고 있다.

이제 유생들이 공부하던 중정당으로 올라보자. 서원의 강당인 중정당(中正堂)은 강학공간으로 높은 기단 위에 세워진 정면 다섯 칸, 측면 두 칸 반의 주심포 기둥에 맞배지붕으로 된 건물로써, 세 칸은 앞면을 개방한 대청마루이다. 대청을 중심으로 좌우 한 칸씩은 온돌방으로 꾸며진 선생님의 기거 공간을 두고 있다. 강당의 기단은 지대석과 면석, 그리고 갑석으로 구성되어 있다. 기단의 갑석 바로 아랫단 면석 사이에는 여의주와 물고기를 물고 있는 용머리 네 개가 조각되

실천원리를 강조하는 중정당 편액과 고풍스런 나뭇결이 아름다운 바라지창

어 기단 상부에 돌출되어 있다. 용은 화재를 막는 의미에서 사용하기도 하고 입신양명(立身揚名)의 의미를 나타내기도 한다. 길함을 나타내는 다람쥐 모양의 동물상과 서화(瑞花)가 좌우 면석에 조각되어 있다. 다람쥐의 조각을 살펴보면, 우측의 다람쥐는 위쪽을 향하고 좌측은 아래쪽을 향하고 있다. 이 다람쥐를 세호(細虎)라고 부르는데 조선시대 무덤 앞에 세워지던 촛대석의 중간에 조각되어 있는 것과 의미를 같이 한다. 죽은 자가 천당을 갈 때 밝혀준다는 이 돌의 의미는 조선시대 전기까지만 해도 정실부인의 묘 앞에는 세호(細虎)인 다람쥐가 우측의 다람쥐는 위쪽을 향하고 좌측은 아래쪽을 향하도록 하였다. 그러나 소실부인은 다람쥐의 방향을 반대로 하여 죽은 자에게도 신분의 구분을 하였다. 그런 관습은 조선의 후기에 들어오면서 없어져 정실부인과 소실부인의 구분없이 다같이 다람쥐의 방향을 같게 하였지만, 도동서원의 기단에 꾸며진 세호 조각은 성리학의 으뜸 서

원임을 나타내는 것이다. 그리고 서원과 향교, 사당 등의 삼문에서 나타내는 "동입서출(東入西出)"의 뜻도 담고 있다. 그 밖에도 기단부에는 네 마리 용머리가 있는데, 이것은 서원 앞 낙동강물이 범람하는 것을 막겠다는 표현이라 한다.

도동서원은 정확한 직선의 중심축 위에 수월루, 환주문, 중정당, 내삼문, 사당이 배열되었다. 중심축상의 건물 배치는 다른 서원에도 흔히 볼 수 있는 배치방법이지만, 특히 도동서원은 중심축을 강조하기 위한 방법이 확연이 나타나는 특징을 보여 준다. 즉, 수월루를 오르는 돌계단, 환주문 앞의 돌계단, 그리고 환주문을 들어서면 강당 앞까지 깔려 있는 좁게 깔아 놓은 답도(踏途)와 같이 좁은 폭의 길과 계단을 모두 중심축선상에 일치시켜 중심축을 더욱 돋보이게 하였다. 유생들이 공부하는데 필요한 생활을 보살펴 주던 전사청까지도 대청을 중심으로 좌우 대칭의 방을 배열하여 'ㄷ'자형의 평면 모습으로 만들어 대칭의 규범을 따르고 있다.

좌우의 개념(풍수적 정서)은 좌청룡(양)과 우백호(음)로 표현하고 있다. 따라서 흔히 서원이나 향교와 같은 건물에서 학생들이 기거하는 장소로 강당 앞 좌우에 배치된 건물을 현판이 걸려 있어도 동재와 서재라 부르는 것이다. 즉, 우측은 음(陰)이니 서재(西齋)라고 부르고, 서쪽은 양(陽)이니 동재(東齊)라고 부른다(강당에서 바라보는 방향으로 해석). 이와 같은 방향은 태양을 기준으로 하지만 어떠한 정서의 시각으로 바라보느냐에 따라서 차이는 있다. 그리고 동재인 거인재(居仁齋)와 서재인 거의재(居義齋)도 방향의 의미를 나타내고 있다.

중정당은 환주문부터 중앙으로 답도(踏途)를 놓고 기단 앞에서는 크기가 다양한 장방형 석재를 이용하여 두 줄의 단을 꾸며 놓았다.

중정당 앞 답도에 놓여진 거북이로 엄중한 규율을 지키라는 듯이 휘둥그렇게 뜬 눈을 표현함

다시 기단은 높이가 무려 약 150cm 정도의 높이로 서원의 교육 강당에서 보기 드문 기단를 두고 있다. 이 기단은 상단부에 갑석까지 갖춘 매우 잘 쌓은 기법을 사용하고 있다. 면석으로는 장방형보다는 네모난 정방형 모양의 크기가 다른 석재를 조합하여 만든 매우 추상적이고 정교한 축대 축성기술을 사용하였다. 보면 볼수록 정성스럽게 만든 모습에 감탄하게 된다. 이것을 쌓은 석공은 무슨 생각으로 이런 멋을 내었을까. 이렇게 정성스럽게 쌓은 기단 위의 자리 잡은 강당에서 매일 공부하여 학문을 이 돌이 쌓아지듯이 쌓으라는 열망의 메시지가 담겨 있는 것이 아닐까. 이렇게 만든 기단과 든든하게 받치고 있는 건물의 원기둥, 팔작지붕의 멋스러움은 건물의 위용을 더 높여주고 있다.

한편, 중정당 기단 아래 답도에 있는 돌거북의 표정은 제법 무서운데, 이 디딤돌은 신도(神道)라는 의미로 엄격한 규율을 나타내기도 한다. 또한 자라의 형상을 한 주산인 대니산은 공자의 호를 이은 중니

(仲尼)에 관계가 있으며, 대니산이 서쪽으로 뻗어가다가 갑자기 북쪽으로 방향을 틀면서 떨어지는 중턱에 위치한 곳에 자리한 서원의 지형에서 솥뚜껑을 엎어 놓은 형상의 산이 있다. 산이 머리를 살짝 들고 있는 곳에 위치한 강당의 이곳이 자라가 목을 쭉 내밀고 있는 형상인 오항혈(鰲)이라고 주장하는 풍수사상적인 의미도 갖고 있는 듯하다. 특히 도동서원에서는 환주문 가운데와 중정당 아래의 기단 앞, 그리고 사당으로 오르는 계단의 중간 부분, 이렇게 세 군데에 거북머리 모양이 있다. 그런데 공간의 의미에 따라서 거북의 표정이 각기 다르게 표현되어 있다. 이 모습을 보면 석공이 얼마나 많은 생각과 고민 끝에 조각하였겠는가 하는 생각이 들며 그저 정성에 감탄할 따름이다.

중정당 대청마루 좌우 앞으로 만들어 놓은 계단을 올라서면 커다랗고 넓적한 자연석을 이용한 덤벙주초라는 돌을 놓고 그 위에는 약간 배흘림기둥으로 처리된 둥근 기둥이 유려하게 다듬어져 있다. 그 위의 기둥머리에는 기둥 위에만 기둥을 꾸미는 주심포식의 가구기법

배흘림 기둥 위에 표현된 단아한 주심포 공포와 겹처마의 세련미

으로 꾸미고 안쪽으로는 보 아래에 구름 모양으로 둥글게 조각한 보아지를 조립하였다. 창방 위에는 장여를 받치는 화반 모양의 조각을 장식하고 지붕은 연목과 부연을 함께 하는 겹처마로 지붕을 멀리 내밀어 시원스런 지붕선을 뽐내고 있다. 대청마루 하면 "바람이 마루 아래로 잘 들어와 시원하게 한다"라고 생각하는데, 이 마루 아래는 전면에 토벽을 쌓아 바람을 차단하고 있다. 때문에 이 대청마루는 시원하지 않을 것 같다는 생각이 든다. 그러나 건물의 뒤쪽에 마루 아래 개방되어 있다. 즉, 높은 축대를 만들고 그 위에 대청마루를 만들다 보니 강당 마당에서 보면 마루가 공중에 들어 올려 있는 듯하고, 거칠게 마감된 마루 아래의 짜귀밥이 깔끔하지 않으니, 앞을 토벽으로 깔끔하게 정리하고 뒤를 개방하고 있는 것이다.

그 앞에는 팔각 석주 위에 네모반듯한 판석이 올려져 있다. '교탁 같은 용도였을까?' 하는 생각이 들기도 하겠지만 이것은 정료대로, 그릇에 관솔을 담아 조명으로 사용하기 위한 것이다. 대부분의 서원

중정당 추녀와 기둥선의 아름다운 질서

중정당 대청마루와 바라지창의 공간 구분과 어울림

이나 향교 등과 같은 곳에서 흔히 보는 정료대는 기단 아래 놓이는 것이 일반적이나 이곳에서는 마루 아래 놓아 야간에도 대청에서 행사 등을 하기에 편리하도록 만들었다.

대청마루에 올라 내부구조를 살펴보자. 전면은 개방하고 후면은 판벽에 기둥 사이인 세 군데의 바라지창을 달았다. 소나무판에 피어오른 아름다운 세월의 흔적인 나뭇결과 유생들의 손때 묻은 마루 널들은 고즈넉한 한옥으로 승화되어 포근하면서도 다정한 마음이 전해진다. 그리고 선생들이 기거하던 좌우 온돌방을 바라보면, 대청마루에는 하얀 한지만을 볼 수 있는 맹장지 분합벽이 있고 전면으로는 마루 밑에 아궁이를 꾸몄으며, 그 위에는 반 칸을 뒤로 물러 앉힌 툇마루를 두었다. 한지로 막은 대청의 분합문은 마루에서 공부하는 유생들을 중심으로 생각하여 꾸며진 문으로 방 안에서는 문살이 보이도록 해 놓았다. 즉, 중정당은 대청마루가 실내이고 방 안이 밖으로 표현되어 있는 흥미로운 공간이다. 좌우의 방문은 쌍여닫이문으로 선생님들이 머름판을 댄 문틀에 기대어 밖의 유생들의 동태를 물끄러미 내려다 볼 것 같은 이미지가 떠오르는, 건물의 크기에 비해 귀여운 모습의 문이다. 대청마루 후면을 막고 있는 머름판이 꾸며진 바라지창 위의 창방 위에는 중정당(中正堂)의 현판이 걸려 있고, 바로 위에는 도동서원이라고 쓴 현판이 걸려 있다. 현판의 한켠에는 만역 35년(1608년) 2월에 사액을 받았다는 내용이 써 있다. 사액의 시기에 대한 기록은 중정당 지붕에 올려 있는 암수막새에도 '만역 33년 3월 3일에 서원에 사용하는 기와'라는 글귀가 있어 이 서원의 역사를 말해

합보와 대들보의 조립이 아름다운 중정당 천장 공포

중정당의 미닫이 널판문

주는 자료가 된다. 또한 가경 8년(1803년)에 번와가 되었음을 알리는 암수막새도 있어, 이 건물을 보존하려고 얼마나 정성스럽게 힘을 썼는지 알 수 있다. 천장은 둥근 서까래가 그대로 노출되어 나무를 사용하는 한옥의 운치를 더하고 있다. 대들보와 그 위에 얹혀져 지붕의 힘을 기둥을 통하여 바닥에 전달하는 종보와 마루대공을 보자. 여기에 구름처럼 조각된 모습은 그 아래에서 공부하는 유생들이 학문의 깊이가 하늘에 닿을 듯이 발전되기를 기원하는 뜻이 담겨 있는 듯하다. 중정당의 동편으로 온돌방의 덧문이 여닫이문이 아닌 판문을 미닫이 형식으로 꾸며 놓은 것을 발견할 수 있다. 이는 고직사에 사는 하인들이 선생님의 기거 공간을 넘볼 수 없게 하기 위한 것으로 보이는데, 이러한 창문의 형태는 우리나라 어디를 가도 볼 수 없는 창작품이다.

온돌방 배면의 벽은 화방벽이라 부르는 벽이 만들어져 있다. 벽장으로 추녀 아래 꾸며진 이 벽은 하단부는 전돌처럼 생긴 자연석으로 쌓고 그 사이는 흙으로 줄눈을 막았다. 위쪽은 납작한 전돌을 별도로 만들어 일정한 줄을 맞추어 쌓는 방법을 사용하여, 꽃담과 같은 모습

정성이 가득 묻어나는 중정당 온돌방의 화방벽

비구상의 걸작품, 중정당 기단

중정당 옆의 제물을 올려 놓던 제단

널판벽이 고즈넉하게 느껴지는 중정당 배면

으로 표현한 인상적인 벽이 있다. 이 밖에도 중정당 기단의 추상적인 구상과 축대의 면석이 정교하게 처리된 것을 보면 우리 조상들의 돌을 다루는 솜씨에 감탄하지 않을 수 없다.

한편, 중정당 동편으로는 네모난 방형 석재가 탁자처럼 꾸며져 있다. 이것은 계생석이라고 하는 것으로, 제사에 쓸 고기를 제관이 이곳에 올려놓고 제사에 적합한 청결한 고기인지를 확인하였다 한다.

중정당의 섬돌을 밟고 마당으로 내려서면 서원 마당 좌우에는 유

동재 바라지창과 툇마루를 꾸민 선배 유생의 거처인 동재

대청마루에 창문 없이 표현된 서재인 거의재

생들이 기거하던 동재인 거인재(居仁齋)와 서재인 거의재(居義齋)가 있다. 배움을 통하여 학문을 실천함에 있어 "스스로가 인(仁)에 머물러 의(義)를 행할 수 없다고 말하는 것은 스스로 버리는 것이다"라는 의미로, 사람의 됨됨이는 언제나 어진 마음을 갖고 이를 바탕으로 의로운 일을 실천하는 것이 가장 가치 있는 삶이라는 뜻이다. 유생들의 기거하는 장소는 전면 세 칸, 측면 한 칸의 크기로 그 중 두 칸은 온돌방이고, 한 칸은 대청으로 꾸며져 있다. 문을 열어보면 텔레비전도

동재의 미닫이 판문에서 보는 풍경

미닫이 널문인 동재 미닫이 광창과 널판벽의 고즈넉한 풍경

없고, 컴퓨터도 없고 심지어는 옷장도 없는 비좁은 공간에서의 생활에 대하여 현대를 사는 우리들은 생각조차 하고 싶지 않을 것이다. 그러나 답답한 공간의 생활은 그들이 추구하는 뜻을 생각하면 조금은 이해가 될 것이다. 비좁은 듯한 방이 불편하기 보다는 오히려 학문을 익히는데 도움이 되었을 수도 있다는 생각이 든다.

동재와 서재는 비교적 큰 차이를 보인다. 두 건물은 온돌방 두 칸에 대청 한 칸으로 구성되어 있는데, 동재의 대청은 바라지창과 두 정면을 바라보는 벽에 판재를 이어 붙인 널판벽이고 중간에 널판으로 만든 미닫이문을 중인방 위에 꾸며, 문을 열면 낙동강과 수월루 추녀 아래로 은행나무의 아름다운 조화를 감상할 수 있게 만들었다. 그러나 서재는 판벽으로 만들어 바닥만 마루판으로 꾸며진 대청일 뿐 창문이 없다. 동재와 서재는 아궁이의 모습도 다르다. 서재는 가운데 칸의 온돌방이 마당쪽에 나와 있다. 그리고 창문과 방문 앞에 쪽마루를 갖춘 동재는 뒤편에다 아궁이를 두어 전면에서 보면 깔끔한 모습을 보여준다. 동재는 양반가의 자제들이 머물고 서재는 중인과 평민의 자재가 머무는 곳이라 서재의 아궁이를 마당쪽에 냈다고 한다. 그러나 이러한 해석은 과거나 지방시 등을 합격한 학업 성적에 따라 기거 위치가 구분되던 시절에서는 거리감이 있는 해석으로 생각하고 싶다.

사당 앞에 4단으로 꾸며진 화계에 모란꽃이 가득히 피면 울안이 눈이 부시도록 정열적으로 아름다워, 보는 사람의 눈을 편안하게 해주고 활짝 핀 모란꽃은 주변의 지형과도 잘 어울리고 있음을 보게 된다.

중정당 뒷편에는 사당으로 올라가는 돌계단과 내삼문(內三門)이 보인다. 내삼문으로 올라가는 계단은 매우 특이한 조형감을 갖고 있다. 삼문의 중앙의 어간인 신문으로 계단을 오르면 화계의 두 번째 단에서 우측으로 돌아 우측의 문을 통하여 사당으로 오르게 하고 있다. 특히 계단은 약간 궁륭형의 곡선으로 만들었고 이를 3단으로 구분하였다. 계단이 시작되는 엄지기둥에 해당되는 돌은 머리에 길상자인 태극문과 아(亞)자 문양을 새겨 놓았으며, 중간의 엄지기둥에는 연봉우리를 조각하여 놓고, 자라인지 거북인지 혼돈되는 머리 모양의 돌을 세워 놓아 신도문으로 더 이상 올라오지 말라고 길을 막는다. 무엇을 뜻하는지 정확하게는 모르겠지만, 중정당 하단에 있었던 거북

중정당 바라지창으로 보이는 아름다운 내삼문 앞 풍경

내삼문으로 오르는 계단의 엄지기둥에 조각된 태극문과 아자 길상의 귀여운 모습

신문과 일반 출입문의 구별이 있는 내삼문 계단

상의 의미와 비슷한 것으로 믿는다. 따라서 오른쪽으로 가는 것이 예의일 것이다. 사당은 서원에서 가장 높은 위치에 자리 잡고, 엄숙한 분위기로 정신적인 지주 역할을 하고 있으며, 정신세계와 현실세계가 분명히 구분되도록 담으로 둘러싸여 있다.

배목에 검정 거므쇠의 안정감이 느껴지는 사당 당판문과 제향공간

사당은 별도의 현판 없이 정면 세 칸, 측면 두 칸의 연목과 부연을 갖추고 있는 지붕의 형태로 겹처마 맞배지붕을 하고 있다. 기단은 판석을 이용하고 그 위에 갑석을 댄 아주 고식의 기단 축조기법을 사용하고 있다. 그 앞에 놓여진 계단의 모습도 탑을 세워 놓은 듯한 모습이다. 지붕의 기와는 암수막새를 완전하게 갖추고 주심포 형식의 가구구조를 하고 있다. 특히 기둥 사이에 화려한 모란을 입체적으로 아름답게 그리고, 연화머리초를 부재머리에 그린 모로 단청이 잘 그려진 아주 정성이 묻어나는 건물이다. 삼문은 널판문으로 쌍여닫이 형

기와로 만든 사당의 아름다운 담장, 그리고 벽에 만들어진 축문을 태우던 망료대

다양한 도안이 아름다운 사당의 기와(와당)

탑모양의 귀여운 사당 정료대

식이며 거므쇠로 널판의 중심을 잡아주는 배목과 국화정 장식이 있어 매우 중후하고 엄숙한 분위기를 보여준다. 그리고 기단 정면 앞에는 어둠을 밝혀 주는 정료대가 사각기둥 석주 위에 지붕돌을 갖춘 탑의 모습으로 가지런히 세워져 있다. 흥미롭게도 서편 담장에 전돌을 이용하여 벽함을 꾸민 축문을 태우는 망료대가 있다. 담장에 벽감을 만들어 만든 망료대는 이곳에서만 볼 수 있는 특별한 만남이다. 사당은 한훤당 김굉필 선생의 위패와 한강(寒岡) 정구(鄭逑) 선생의 위패를 모신 제향공간으로, 정구 선생은 1678년 추가 배양하였다 한다. 사당의 규모는 정면 세 칸, 측면 세 칸의 주심포기둥에 맞배지붕으로 된 건물로 정면 세 칸에는 칸마다 여닫이 널문을 달았고 내부는 통칸으로 되어 있다. 그 안에는 위패를 올려놓는 제상과 조그마한 향상(香床)을 갖추고 있다. 향사는 매년 음력 2월 중정일과 8월 중정일에 지내고 있다.

사당을 나와 강당 옆으로 난 전사청 및 고직사를 겸하는 곳을 들러보자. 중간에 '×'자 모양으로 댄 가새로 엮은 모습이 인상적인 협문을 지나면 중간에 대청마루를 두고 좌우에 부엌과 온돌방으로 꾸며진 'ㄷ'자 평면의 건물인 고직사가 자리하고 있다. 당시 서원의 규모를 느끼게 하는 넓은 곳간채를 갖추고 있으며, 별도의 대문 칸을 둔 곳간으로 사용하고 있다.

나무 널을 켜서 벽을 꾸미고 판문을 달아 만든 전사청에서 느껴지는 목조건물의 우아함과 부드러움, 그리고 유생들이 공부하는 중정당에서 바라지창문으로 보이는 모란꽃 화계를 따라 걷는 사당으로 오르는 아름다운 계단길을 보면서 서원의 운치에 젖어 본다. 유생들의 생활을 생각하며 다시 수월루 아래로 내려서니, 어느덧 가을이 깊어 마당 앞에 서 있는 은행나무의 노란 단풍은 바람에 떨어지고 있다. 움켜쥐면 바삭하고 울음을 터트릴 것 같은 단풍잎 사이를 걸으면서 은빛으로 출렁이며 흐르는 낙동강을 바라본다. 이 모든 변화는 시간의 흐름일 뿐, 이곳에서 마음을 다하여 학문을 수련하던 유생들의 기상과 꿈은 퇴색되지 않고, 그들을 기억하고 있는 이 서원은 우리에게 삶의 교육장소로 다가서는 것이다.

가새조임이 인상적인 고직사와 강당공간을 이어주는 협문

▲ 유생들의 생활을 돕던 비교적 큰 규모의 고직사

귀중한 서책류의 보관을 위한 도서관인 장판각

충청도 유교의 산실

돈암서원

(사적 제383호)

소재지 : 충남 논산시 연산읍 임리 74

돈암서원(遯巖書院)은 사적 제383호로 충청도의 대표적인 성리학자 사계 김장생(金長生) 선생을 배향하는 서원으로 둘째 아들인 김집(金集)과 동춘당 송준길(宋浚吉), 우암 송시열(宋時烈)을 함께 배향하고 있다. 위치는 충남 논산시 연산면 임리의 대전 논산간 도로 옆에 자리하고 있다. 이 지역은 신라와 고구려, 백제의 치열한 전투가 있었던 황산벌이 있는 지역으로 이 지역만의 특별한 문화가 존재한다. 특히 연산토기라는 별칭이 붙어 있을 정도로 특별한 기형과 흰색에 가까운 태토를 가진, 백제시대 사비(지금의 부여)시기에 만들어진 토기들이 황산성 자락에서 많이 발굴되었다. 또한 가까운 곳에는 고려시대에 창건된 개태사가 있다. 이는 당시 교통의 요지였던 특수한 지형에서 자리한 우리 역사의 발자취를 기록으로 안고 있다. 이는 당시 특수한 지형으로 교통의 요지였던 이 지역에 기록된 우리역사의 발자취이다.

계룡산 줄기가 남으로 굽이쳐 내려오는 남쪽 말단부에 자리한 돈암서원은 인조 12년(1634년)에 창건한 서원으로 국사봉을 안산으로

돈암서원의 사당과 강학공간

자리하고, 건물의 중심축이 동쪽을 바라보는 양지 바른 곳에 위치한다. 이 서원은 사계 김장생의 위패를 봉안하는 서원으로 1659년 '돈암'이라 사액을 받았으며, 현종 원년(1660년) 돈암서원으로 사액되었다 한다. 돈암서원은 비교적 평지형인 부지에 강당을 앞에 놓고 사당을 서원에서 가장 높은 뒷쪽에 위치시키는 전학후묘 형식이다. 전면에 위치한 강당의 축은 중심축에서 약간 서측으로 비켜 세워져 있다. 그리고 누정이 있는 공간과 강학공간(응도당, 동·서재, 양성당, 장판각, 정회당), 사당공간, 그리고 고직사 공간의 네 구역이 별도의 담장으로 구분되어 있다. 특이하게도 이 서원은 다른 서원과 달리 강당이

서원 이름의 기원 설화 돼지상

두 개이다. 하나는 옛터에서 이전해 온 응도당이고, 또 다른 하나는 양성당이다. 외삼문으로 들어가면 응도당(凝道堂) 앞에 돼지 얼굴 모양의 커다란 돌이 세워져 있는데, 이 돌의 모습을 따서 서원의 이름을 '돈암'이라 하였다 한다. 돼지의 머리로 생각해서인지는 모르지만 많이 닮아 보이는 자연석에 흥미가 느껴진다. 서원의 출입구를 나타내는 홍살문을 지나면 서원 안으로 들어가져야 하나, 최근에 산앙루를 지으면서 만든 외곽담장이 막고 있어 무엇인가 어색함을 감출 수가 없다. 담장을 돌아 남쪽의 자오선 축을 중심축으로 하여 최근에 지은 외삼문 앞의 누정 건물은 사계 선생의 도덕을 상징하는 2층 누각이 있다. 누각 전 · 후면에 글씨체를 달리한 '산앙루(山仰樓)'란 현판이 걸려 있다. 그 뒤에 자리한 돈암서원의 정문인 외삼문은 평지에 세운 솟을삼문 건물의 형태이다. 출입하는 외삼문의 좌우 칸은 회벽

하얀 회벽이 인상적인 서원의 외삼문인 솟을삼문

으로 처리하여 창고로 사용하고 있으며 가운데 칸에만 이분합 당판문을 하나의 문으로 꾸몄다. 이러한 모습은 삼문이 당판문으로 세워진 다른 서원과는 다른 모습이다. 정문 전면상부에는 '돈암서원(遯巖書院)' 현판이 걸려있고 후면에는 '입덕문(入德門)' 현판이 걸려 있다. 이렇게 덕을 학업의 신념으로 삼고 현판에 쓰는 경우는 도산서원의 '상덕사'와 병산서원의 '존덕사'에서 사용하는데, 사람은 덕을 갖추어 다른 사람을 포용할 줄 알아야 한다는 너그러운 마음을 강조하고 있다. 외삼문 옆으로는 세월의 흐름을 느끼게 하는 빛바랜 비석인 '황강김선생정회당사적비(黃岡金先生靜會堂事蹟碑)'가 세워져 있다.

응도당(보물 제1569호)은 유생을 가르치던 강당으로 서원 옛터에 남아있던 것을 1971년에 지금의 자리로 옮겼다 한다. 건물을 옮길 때

연꽃이 피는 듯한 양각이 아름다운 공포가구와 눈썹지붕을 달은 강당인 응도당

듬직한 주춧돌 위에 세워 놓아 장엄함을 느낄 수 있는 응도당

같이 이전한 것으로 보이는 기와에 "숭정 6년 계유(癸酉)"란 명문이 있다. 이러한 명문 기와는 내삼문과 담장에도 올려져 있는데, 이 시기는 인조 11년(1633년)에 해당된다. 명문은 일찍이 번와 공사나 서원의 보수시기를 알려주는 기록으로 중요한 의미를 갖는다. 응도당 규모는 앞면 다섯 칸, 옆면 세 칸이며, 서까래와 부연이라는 이중의 추녀를 내민 형태인 겹처마 맞배지붕으로 박공 부분에는 방풍판을 달고 있다. 건물측면으로 비바람이 들어오는 것을 막기 위하여 좌우측에 달아 꾸민 눈썹지붕이 일품이다. 커다란 주춧돌 위에는 둥근 원기둥을 세우고 기둥머리 위에 헛첨차와 봉황을 초각하여 끼워 넣는

응도당의 세련된 공포와 아름다운 화반의 조형미

듬직한 대들보와 응도당의 단아한 가구 모습

익공형 공포 구조를 하고 있다. 기둥 사이의 창방 위에는 연잎을 받치고 그 위에 연꽃이 피는 모습을 양각으로 표현한 두툼한 화반을 조형미있게 표현하고 있는데, 그 모습이 매우 생동감 있고 아름답다. 천장을 바라보면, 오량집의 건물은 매우 장엄한 대들보를 건너지르고 중보에는 화반동자주를 세우고 기둥머리에는 이익공과 봉황무늬로 조각된 포를 꾸미고 있어 웅장함과 세련미를 더해 준다. 이렇게 웅장하고 화려한 조각의 의장적인 특징에 반하여, 단청 없이 나뭇결만으로 표현된 백골집 형식의 이 건물은 서원 주변을 감싸고 있는 자연의 풍경과 어울려서 대청에 앉아 사색에 잠기면 매우 고즈넉한 분

응도당의 눈썹지붕을 닮은 운치 있는 노강서원 강당의 눈썹지붕

위기에 젖게 한다. 또한 조선 중기 이후 서원 중 강당으로는 보기 드물게 큰 규모를 갖추고 있으며, 옛 양식을 잘 따르고 있는 건물로 강당 건축 연구에 좋은 자료로 평가받고 있다. 이와 비슷한 모습의 사례는 가까운 논산 광덕면에 있는 윤황 선생을 모시는 노강서원의 강학당에서도 찾아볼 수 있다. 응도당과 같은 거대한 기둥과 지붕의 용마루, 그리고 좌우에 붙은 눈썹지붕(부섭지붕) 모습이 많이 닮아 있어 같은 도편수의 솜씨거나 아니면 그대로 보고 표현했을 법한 공통점을 갖고 있기도 하다.

양성당(養性堂)은 유생들이 공부하던 강당건물이다. 사계선생이 벼슬을 그만두고 공부하던 건물이다. 건물은 정면 다섯 칸, 측면 두 칸 크기로 정면 중앙 세 칸에 대청마루를 꾸미고, 그 좌우편에 두 칸 크기의 온돌방이 있다. 일반적으로 온돌방을 여름의 뜨거운 태양을 가리기 위하여 방 앞에는 툇간을 두는데 이 건물은 툇간 없이 전면까지 방으로 꾸민 것이 특징이다. 한편, 대청마루 앞에는 넓은 툇간의 마루가 있고, 세 칸의 대청 전면은 네 개의 분합문으로 운치있게 꾸며져 있다. 한여름이면 툇간 천장에 등자쇠 위로 사분합문이 올려 걸려지고 사방이 확 펼쳐진 공간이 만들어져 시원스런 모습을 만들어 준

팔작지붕의 균형잡힌 강당인 양성당

양성당의 분합문의 섬세한 창살에 비추어진 툇마루의 고즈넉한 한옥의 아름다움

강학공간인 양성당의 고즈넉한 강당

사방으로 개방적인 공간에서
느껴지는 양성당의 아름다움

다. 이렇게 드넓게 개방된 대청마루에 앉아서 책을 읽으면 이곳이 현실세계인지 이상의 세계인지 분간이 어려울 정도로 자연에 동화될 것 같은 느낌이다. 그리고 대청의 좌우에 있는 선생님들의 온돌방은 툇간으로 쌍여닫이 띠살무늬 덧문이 꾸며져 있다. 동쪽방은 좌우에 격자무늬로 꾸며진 살대에 한지로 바른 맹장지 불발기 외닫이문을 달아 출입문으로 사용하였다. 또한 그 가운데는 이분합문 크기의 맹장지 불발기창에 가운데 팔각무늬 살대를 꾸미고 앞뒤로 한지로 바른 들어열개 형식을 하여 그 모습이 매우 흥미롭다. 이러한 모습은 한옥에서나 볼 수 있는 아름다움이다. 서쪽 온돌방을 바라보자. 중앙

팔각무늬 살대에 한지로 붙여 운치를 더한 동편 온돌방의 불발기창

서쪽 온돌방을 꾸미고 있는 불발기창의 운치있는 한옥의 문과 벽

에 이분합문을 달아 아래는 궁판을 이단으로 꾸미고 상부는 용(用)자 모양의 살대로 시원스런 직선미가 돋보이는 문으로 꾸며져 있다. 이 건물은 규모보다는 다양한 살대를 적용한 문이라든지, 천장의 가구 구조 등의 섬세함이 돋보이는 건물이다.

강학당인 양성당 앞으로는 동재인 정의재(靜義齋), 서재인 거경재(居敬齋)가 자리하고 있다. 두 건물은 장대석 외벌대 기단 위에 전면 세 칸, 측면 한 칸의 크기이며, 대청 없이 세 칸을 온돌방으로 하고 전면은 툇마루로 꾸며져 있는 맞배지붕의 건물이다. 동재와 서재는 같은 모양의 형태로 되어 있으며, 방문은 이분합 띠살무늬 여닫이문으로 되어 있다. 학생들의 생활공간인 건물 외형의 규격화된 모습은 조선시대 선비들의 반듯한 생각과 규율 속에서 정중동(正中動)을 체험하라는 생각이 표현된 것으로 보인다.

양성당의 마루 끝에 앉아 뜰 아래를 보면, 서원을 세우게 된 배경과 사계 김장생(1548~1631) 선생의 행적 및 서원의 구조 등에 관해 적은 비석이 전면의 시야를 가리고 서 있다. 이렇게 전면에 비석을 세운 이유야 여러 가지가 있겠지만, 건축적으로 보면 평지에 세운 서

시원스런 강학공간의 양성당과 동·서재

원의 외삼문을 열면 학생들이 공부하는 곳이 직접 보이기에 시선을 차단하기 위함으로 보인다. 또 한편으로는 풍수적인 의미에서 부득불 돈암서원의 건축에 관련된 상량에 관한 내용을 비석에 새겨 이 자리에 둔 것으로 보인다. 비석은 높직한 화강석 사각받침돌 위에 소박하게 표현된 연화문을 새기고 비신을 세워서 개석을 올린 모습으로, 조선 현종 10년(1699)에 세운 것이다. 비석은 기호학파의 대표적인 학자이신 송시열이 비문을 짓고, 송준길이 글씨를 썼으며, 조선시대에 유명한 김만기 선생이 전서체로 비의 이름을 썼다. 하얀 비석 사이로 양성당 추녀 아래 정숙(靜肅)이라고 쓴 글자의 현판이 시야에 가지런히 들어오는데, 이곳은 공부를 위한 공간임으로 공부하는 유생들의 마음가짐을 가르치고 있다.

시원스럽게 들어열개문을 처마에 매달고 양성당 앞의 단아한 분위기가 스며드는 오후

아기자기한 기둥의 배열이 인상적인 유생들의 휴식공간 정회당

양성당의 우측인 서쪽편에는 정회당(靜會堂)이라는 현판이 걸린 유생들의 휴식 장소로 사용하던 건물이 있다. 전면 네 칸, 측면 두 칸의 규모인 이 건물은 외벌대 장대석 기단을 갖추고, 그 위에 사다리꼴 모양으로 만든 초석 위에 방형 기둥을 사용하여 가운데 중앙의 두 칸을 온돌방으로 만들고 좌우에는 대청마루를 두었다. 특히 이 건물은 중앙의 온돌방의 기둥 간격을 넓게 하여 시각적으로 조형감과 함께 안정감을 주고 있다. 이와 같은 형태의 평면구조는 대부분 정자형 건물의 평면구조이다. 응도당 외에 유생들이 기거하면서 휴식을 취하거나, 서원을 찾아온 손님들이 기거하는 별채로 사용할 수 있었던 것으로 여겨진다. 특히 대칭을 이루는 양측 대청마루에 있는 충량부재는 민가 주택에서 볼 수 있는 간단하면서도 단아한 부재를 건너질러 중앙의 기둥에 얹어 있는 모습으로, 우물천장과 어울려 운치를 더해준다. 그리고 정면 세 칸 크기의 장판각은 지금도 보안시설 속에 장

사계 선생의 목판이 정성스럽게 보관된 장판각

판들이 가득하여 당시의 유생들이 공부하던 서원으로서의 분위기를 느끼기에 더없이 좋은 것 같다.

강학당인 양성당 뒤로는 담장 안에 커다란 노송의 호위를 받으며 서 있는 사당이 있다. 사당은 내삼문으로 이루어져 있는데, 내삼문(內三門)은 잘 다듬은 장대석으로 세벌대를 쌓고 그 위에 초석을 세웠다.

커다란 노송이 호위하는 사당 앞 풍경, 전면은 전사청

돈암서원 사당인 숭례사(崇禮祠)로 들어가는 문이다.

숭례사의 내삼문 담장은 매우 인상적이다. 담장은 기와를 이용하여 좌우로 쌓고 가운데 윤곽선을 만들어 글자가 표현되어 있는데, 삼문 사이의 글자는 붉은색으로, 좌우는 푸른색으로 단청을 칠하고 있다. 내삼문의 글자를 도식화한 기와 담장은 우리나라의 서원에서는 유일한 모습이다. 이렇게 특별한 모습을 한 사당 담장의 벽에 새겨진 글의 뜻을 살펴보자. 내삼문의 오른쪽에는 '지부해함(地負海涵)'이라고 기와로 표현한 글자는 '땅이 만물을 실어주고, 바다가 모든 물을 받아 주듯이 넓은 마음을 갖고 포용할 수 있는 마음을 가지라'는 뜻이 담겨져 있다. 그리고 가운데는 '박문약례(博文約禮)'라고 되어 있는데, 이는 '학문을 닦고 간직하면서 예의를 지키는 것을 잊어서는 안된다'

별도의 3개의 문을 조합한 세련된 내삼문

부드럽게 사람을 대해야 한다는 교훈의 도식화한 아름다운 담장

는 의미를 갖고 있다. 또한 내삼문의 왼쪽 담장으로는 '서일화풍(瑞日和風)'이라 되어 있는데, '좋은 날씨와 부드러운 바람처럼 사람을 대할 때는 부드럽고 편안하게 해 주어야 한다'는 의미이다. 내삼문에 새겨진 글처럼 선생의 뜻을 행동으로 옮기는 노력이 있으면 인생이 풍요롭고 이웃을 항상 즐겁게 만들어 행복한 나라가 될 수 있을 것이다. 우리 역시 이 뜻을 실천하고자 노력하는 사람이 되었으면 한다. 이 글들은 유생들이 공부하는 양성당(養性堂)의 바라지창을 열면 바라보이는 담장에 쓰여 있다. 유생들이 학문을 통하여 참된 사람의 모습을 배우고 이를 실천하도록 하는 바람의 글이었을 것이다. 김장생 선생이 평소 실천하던 생활의 일부분을 제자들에게 가르치기 위한 글로 매우 감명 깊은 삶의 교훈이다. 아름다운 글과 담장의 아름다움은

이 서원에서 볼 수 있는 특별한 만남의 하나이며, 현대를 살아가는 우리들에게 중요한 마음의 양식임을 잊지 말아야 할 것이다.

이제 내삼문의 건축의 모습을 살펴보자. 내삼문은 솟을삼문으로 좌우측으로 들어가고 나가는 문을 낮게 표현함은 물론 별도로 일정한 간격을 두고 세우져 있다. 내삼문은 잘 다듬은 장대석을 세벌대로 쌓고 세 개의 계단을 주어 계단으로는 신도와 구분되지 않는다. 그러나 어간의 대문은 사주문으로 중앙에 두 개의 문짝을 달고 중앙에 태극문을 그리고 있다. 좌우 협문은 일각문에 앞뒤로 지붕을 받치는 활주를 세워 구분하고 있는데 매우 특별한 모습의 양식으로 되어 있다. 도식화된 담장과 어울려 반듯한 사당의 삼문은 화려하면서도 엄숙한 기운이 감도는 멋을 갖고 있다.

중앙의 신문은 창방 위에 소로를 수장시켜 공포를 꾸미고 하인방과 중인방 사이를 열십자 모양의 가새라는 교차된 부재를 사용하여 매우 안정적인 모습을 하고 있다. 그리고 사용된 나무의 끝부분에만 꽃을 표현하는 방법인 머리초 단청으로 맞배지붕을 하고 있다. 반면, 협문은 양록으로 푸르게 단색으로 전체를 칠하고 지붕도 우진각지붕으로 하고 있어 다소곳한 인상을 준다. 이와 같이 중앙의 신문과는 위계를 달리하여 표현하고 있는 건물의 모습을 볼 수 있다. 차분히 마음을 가라앉히며 내삼문을 들어서면, 사당 앞에는 좌우로 돌계단이 자리하고, 그 앞에는 불을 켜 놓는 정료대를 두고 있다. 옆으로는 붉은 꽃이 가득히 피는 목백일홍나무를 심었는데, 정료대에 붙은 오래된 이끼와 나이 먹은 목백일홍 붉은 꽃이 가득한 나무 사이로 사당의 엄숙하고 고요한 분위기가 전해진다.

돈암서원의 사당인 숭례사(崇禮祠) 안에는 문원공 사계 김장생(金長

生) 선생의 위패를 중심에 모시고 중자(仲子) 문경공 신독재 김집(金集), 문인 동춘당 송준길(宋浚吉), 우암 송시열(宋時烈)의 위패를 봉안하고 있다. 이 건물은 정면 세 칸, 측면 세 칸의 건물에 앞의 벽을 반 칸 뒤로 물러 전퇴(前退)를 두고 있는 겹처마 맞배지붕으로 되어있다. 사당 안에는 위패를 모시기 위한 커다란 탁자와 향을 놓기 위한 조그만 향상이 놓여 있는데, 검정색으로 칠한 탁자의 나무색깔이 더욱 엄숙한 분위기를 느끼게 한다. 정성스럽게 꾸며진 기둥 머리 위의 공포는 창방 위에 솟을화반을 두고, 기둥 위에는 익공 부재가 두 개를 받치는 이익공구조에 연화머리초 단청에 바자휘를 사용하여 화려한 모

목백일홍 꽃이 가득한 사당 앞 정료대

정숙이라고 좌우 기둥머리에 써 놓아 엄숙함을 표현한 사당인 숭례사

단아함과 엄숙함이 함께 느껴지는 사당 내부

숭례사의 초각이 세련된 익공 공포와 화려한 연꽃의 화반 공포의 멋스러움

용무늬를 그려 놓아 선생의 기계를 느끼게 하는 사당의 대들보와 외주 단청

습을 하고 있다. 특히 화반에 표현된 연꽃무늬는 연잎을 그리고 그 위에 피기 직전의 연꽃을 그려 넣어 매우 신선한 분위기를 표현하고 있다. 내부의 천장 가구는 궁륭형 대들보를 건너지르고 그 위에 용을 생동감 있게 그려 넣어, 이곳에 모셔져 있는 선비들의 기상이 하늘을 향하여 이어지는 듯한 분위기를 연출한다.

서원의 오른쪽인 양성당(養性堂)에서 동편으로 연결되는 협문을 나서면 "ㄱ"자형 평면을 가진 전사청이 자리하고 있다. 전사청의 안방은 서원의 사당 앞마당에 자리하는 곳으로 특이하게도 툇마루를 양성당 뒷마당, 즉 사당 앞마당으로 방향을 두고 있다. 또한 고직사 건너편으로는 책을 보관하는 장판각이 자리하고 있는데, 강학당을 중심으로 우측편에 장판각, 좌측편에 고직사를 둔 것이다. 이러한 이유는 조선시대 계급사회에서 양반과 하인의 특별한 구분 사례로 책을

귀여운 굴뚝을 등지게 한 전사청의 대문 담장

가까이 할 수 없었던 하인들은 배움으로부터 멀리한다는 시대상으로 보면 된다.

선비들의 배움의 장소로, 규율과 사계 선생을 비롯한 성리학의 대표적인 학자들의 발자취는 건물 이곳저곳에 스며들어 있다. 이러한 옛 사람들의 자취를 더듬으면서 아름다운 한옥에 기대선 우리는 행복한 후손들인 것이다. 이러한 생각을 아는지, 전사청의 담장에 기대어 선 모과나무는 봄에는 작고 귀여운 나팔꽃 같이 생긴 꽃을 한없이 피어 아름답게 하고, 가을이면 주먹만한 노란 모과의 달고 향기로운 향기를 서원 안으로 불어 넣는다.

조선시대 호남 유학의 으뜸 고장에 자리한

필암서원

(사적 제242호)

소재지 : 전남 장성군 황룡면 필암리 378-379

서원철폐령을 내렸던 흥선대원군마저 호남 지방의 교육에 대한 평을 하였는데, '문불여장성(文不如長城)'이라 말씀하셨다. 이는 '학문으로는 장성만한 곳이 없다'라는 뜻이며 장성은 많은 성리학자를 배출하였다. 장성은 장성향교를 비롯하여 하서 김인후 선생을 배향하는 필암서원(사적 제242호)이 있고, 임진왜란 당시 3대 발명품으로 꼽으라면, 거북선 외에 화차를 들 수 있다. 이 화차를 만든 망암 변이중 선생을 모시는 봉암서원(전라남도 기념물 제54호)도 이 고장에 있다. 이 서원은 장성 시내를 흐르는 황룡강이 내려다보이는 곳에 있다. 또한 장성 IC에서 24번 국도를 타고 진원면사무소를 지나면, 조선시대 성리학에 철학 이론을 정립한 마지막 성리학자이던 노사 기정진 선생이 후학을 가르치기 위해 세운 고산서원(전라남도 기념물 제63호)이 있다. 우리가 너무나도 잘 알고 있는 홍길동의 이야기가 있는 지금도 그리 크지 않은 고장이다.

단풍이 아름답기로 소문난 내장산의 백양사를 발치에 두고 있는 장성은 산이 아름답고 물이 풍부하여 많은 선비들이 태어난 곳이다.

특히 축령산과 입암산성을 배후로 도시가 형성되어 있다. 특히 그 가운데에 호남 성리학의 근본으로 볼 수 있는 분으로 도학, 절의, 문장에 매우 뛰어났다고 하는 하서(河西) 김인후 선생을 배향하는 필암서원(筆巖書院)을 손꼽을 수 있다. 선생의 위상은 서원철폐령에도 호남에서 유일하게 훼철되지 않고 문묘에 배향될 만큼 컸다고 한다.

이 서원은 평지에 조성되어 있는 서원으로 뒤에는 한옥의 지붕선과 같은 둥글게 이어진 뒷산을 배산으로 앞에는 문필천이 흐르는 넓은 평야가 펼쳐져 있다. 건물의 구성에 대한 특징으로는 커다랗게 모체공간과 강학공간, 그리고 제향공간으로 담장을 둘러 세 개의 공간으로 나누고, 좌우로 부속시설인 장판각과 고직사와 같은 부대시설을 연결하여 배치하고 있다. 서원의 초입인 작은 내인 금천(禁川)을 건너 홍살문을 지나면, 팔작지붕의 확연루(廓然樓)를 정문으로 주변에

서원 앞에 금천이 흐르고...

토석담에 기와를 올려 현판의 의미와 같이 성곽처럼 두르고 있다. 태극문의 판문으로 된 2층의 확연루 아래로 들어가면, 맞배지붕에 옆면을 방풍판으로 대어 만든 긴 장방형의 형태인 청절당이 정면에 서 있다.

청절당(淸節堂)은 학생들이 공부하던 교실로 윤봉구 선생이 쓴 '필암서원(筆巖書院)'이라는 현판이 추녀 아래 걸려 있다. 한옥과 어울리는 시원스럽고 날렵하게 흐르는 글씨는 학문의 도량다운 운치를 느끼게 한다. 이 건물 뒤로부터 교육공간으로, 동쪽에는 덕을 추구하는 공간이라는 의미를 표현한 진덕재(進德齋)가 있고, 서쪽에는 성리학의 근본의 하나인 의리를 중요하게 하라는 숭의재(崇義齋)가 배치되어 있다. 별도의 공간으로 담장을 꾸민 내삼문을 열고 들어가면, 장서각과 제사에 사용하는 제기류의 소장 공간인 전사청이 맞배지붕의 형태로 동서방향을 마주하고 있으며 전면에는 하서 김인후 선생을 배향하는 우동사(祐東祠)가 있다.

필암서원으로 가는 길을 살펴보자. 서원 앞의 작은 물길을 두고 돌다리를 건너면 정면에 어색할 정도의 좁은 홍살문이 있다. 홍살문의 폭이 좁은 것은 확연루와의 거리가 짧아 확연루 건물의 위계의 구분에 어려움이 있어서일까? 아니면 지금의 돌다리를 건너와 바로 홍살문으로 접근하는 방향의 표시로 보는 게 더 타당할 것이다. 홍살문은 바닥석재에 나무 기둥을 고정하기 위해 쇄기 모양의 나무를 끼워 조립하였다. 이러한 방법은 매우 고전적인 방법으로 다른 지역에서 흔히 볼 수 없는 전통기법이다. 그리고 그 옆에는 주변의 돌과 다른 색깔을 띄고 있는 넓적한 모습의 의미심장한 돌이 하나 놓여 있다. 이곳에서 예를 갖추라는 '배례석'이라는 말과, 높이로 보아 말에서 내리는 '하마비'라는 이야기가 있다. 하마비라면 용도로 보았을 때 말에서 내리라는 표시석에 가깝다. 배례석이라면 김인후 선생의 학덕을 흠모해 사람들이 이곳을 찾았을 테니, 선생의 위패를 모시는 서원 앞에서 예의를 표하는 자리였을 것으로 볼 수도 있겠다.

그 옆으로 학자수인 은행나무가 세월의 시간에 눌린 듯 어렵게 가지를 펴고 자라는 것이 신비스럽다. 은행나무는 특성상 매우 크게 자라는 나무이다. 그러나 이곳의 은행나무는 자신이 너무나 커지면 평지에 세워진 서원의 전면을 가려 선비들이 확연루에서 휴식을 취할 때나 황룡리 넓은 들판과 필암천에 유유히 흐르는 경치를 보면서 호연지기를 익히는데 방해되지 않을까 염려해, 최소한의 몸으로 자신을 낮추어 자라는 것처럼 보인다. 얼핏 이 나무도 서원 앞에서 자신의 도리를 알고 선생이 가르치는 예(禮)를 배운 것처럼 보인다.

홍살문 옆에 용도를 생각하게 하는 박석

정면에는 학생들이 휴식을 취하거나 강론을 들었을 2층 누마루로 된 확연루가 시선을 막는다. 확연루는 사방이 트여 사물을 관찰하기 좋다는 의미를 담고 있다고 하는데, 향교나 서원과 같은 건물에서 흔히 볼 수 있는 외삼문과 내삼문의 영역 중 외삼문의 역할을 한다. 이 누정은 잘 다듬은 긴 장대석을 외벌대로 기단을 삼고 튼튼하게 생긴 넓적한 자연석을 주춧돌로 앉힌 후에 둥근 원기둥을 세우고, 중간에 귀틀로 짜아 맞추어 2층을 올리고, 그 위에 이익공의 공포에 지붕가구를 조립한 건물이다. 외형적인 특징으로는 전면 세 칸, 측면 세 칸을 두고 정면은 간격을 넓게 하여 중앙에 어간과 좌우에 협간을 꾸민 삼문 구조이다. 도편수는 문지방인 하인방을 월방이라 하여 달처럼 아래로 둥글게 만들어 한복을 입고 다니기 쉽도록 만들어 놓는 배려도 잊지 않았다. 서원이나 향교와 같이 제향공간이 있는 한옥을 보면 평소에 어간은 잠겨 있고, 좌우의 협문으로 출입하게 되어 있다. 특히 1층은 안으로 열리는 판문이며 2층은 밖으로 열리는 판문으로, 아래는 복이 들어오면 나가지 못하도록 안으로만 열리게 하는 의미가 있어 한옥만의 독특함이 보인다. 단청은 1층 어간과 2층 협간에 태극문을 두고 있다. 태극문은 음양을 표현하는 무늬로 붉은색의 양(陽)과 그를 받는 푸른색의 음(陰)의 조화와 결합을 나타내며 만물의 조화는 음양오행에 기인한다. 얼핏 보기에는 삼문이 일정한 간격으로 지어진 것처럼 보이지만, 자세히 보면 중앙 어간의 판문의 판벽 크기를 보면 분명 어간이 넓어 위계를 위한 중심의 표시가 보여진다. 이처럼 한옥은 쉽게 한눈에 자신을 내세우기 보다는 자세히 관심을 갖고 바라볼 경우 많은 모습들을 보여주며 숨은 뜻을 내비치는 신비로움이 있어 관심을 갖을수록 그 아름다움에 빠져들게 된다.

▲ 강당인 청절당에서 바라 본 확연루의 고즈넉한 풍경

문지방을 달처럼 둥글게 표현한 월방의 확연루

누마루 아래를 지나 안으로 들어가려면 정신을 바짝 차려야 한다. 맥없이 들어서려다가는 2층 누마루 귀틀이 머리에 부딪칠 것 같이 낮게 되어 있기 때문이다. 이는 높게 지을 수가 없어서가 아니라, 갓을 쓰고 들어오는 선비들이 자연스레 머리를 숙이고 들어오도록 겸손과 예의를 가르치려는 의도가 있는 것이다. 이렇듯 우리 조상들은 일상의 생활 속에서 건축물을 이용하여 예의범절을 가르쳐 주려 했던 것이다. 2층으로 오르는 계단을 찾아보면 동쪽 추녀 아래 붙여 놓았는데, 판문을 열어야 안을 볼 수 있게 되어 있다.

2층 출입문인 판문을 열면 시야 가득히 대들보에 그려진 청룡과 황룡의 용트림이 선비들의 기상을 꿈꾸게 한다. 충량의 용두 부분에는 목숨 수(壽)자가 중보와 대들보 사이를 받치는 동자주의 공포가구의 첨차 끝에는 '기쁠 희(熹)'자와 '복 복(福)'자가 쓰여 있다. 이곳에

널판문을 열고 다람쥐가 나무를 타고 오르듯 만든 계단 앞

청룡과 황룡의 비상하는 아름다운 단청의 확연루 대들보

확연루의 천장가구 모습

서 학문을 배우고 열매를 맺는 것은 즐겁고 복된 일이라는 메세지와 함께 선비의 기개가 엿보인다.

확연루는 좌우 모서리 대각선으로 귀공포에 청룡과 황룡을 표현하였는데, 머리만 표현하지 않고 꿈틀대는 몸까지를 조각하였다. 이곳에서 생활하는 선비들이 입신양명의 포부를 이루려는 기상을 느끼도록 조각을 추녀에 받쳐 놓았다. 이곳에 앉아 남쪽과 좌우로 달린 판문

확연루의 봉황머리 공포

확연루의 귀공포로 좌청룡을 승천하는 모습으로
용을 사실적으로 표현한 화려한 모습

을 열어젖히면, 자연의 아름다움이 눈에 가득해지고, 남쪽에서 부는 싱그러운 자연의 미풍(微風)이 가슴 속 깊이 스며든다. 그리고 판문이 없는 강학공간의 청절당 뒤로 보면 유생들이 책을 읽는 소리가 귀에 들리는 듯하고, 먹 냄새가 코끝을 자극하는 듯 후각이 요동친다.

확연루를 들어서면 윤봉구(1681~1767) 글씨의 '필암서원'이란 현판이 걸려있는 강당인 청절당이 나온다. 청절당은 외벌대 기단 위에

확연루 누마루에서 보이는 아늑한 분위기의 강당인 청절당

유생들의 책을 읽는 소리가 들릴듯한 청절당

전면 다섯 칸, 측면 두 칸의 크기로 맞배지붕의 홑처마 지붕가구 구조를 하고 있다. 중앙의 세 칸에는 마루를 두고 밖으로 열리는 판문을 달아 꾸몄으며 좌우에는 온돌방을 두고 세살무늬 창살로 된 쌍여닫이문을 달고 있다. 중앙의 마루는 학생들이 공부하며 학문을 익히는 강의실이 된다. 그리고 좌우의 방은 선생님들의 방으로 꾸며져 있다.

이 서원에는 특이한 부분이 있다. 그 중 하나는 강학공간인 청절당에서 다시 담장이 둘러져 있어 서쪽에 있는 협문으로 들어가게 되어 있는 배치 모습이다. 또한 강학공간이 남쪽을 바라보지 않고 뒷산, 즉 사당을 바라보고 있는 형태의 평면구성이 특이하다. 이것을 이해하려면, 풍수사상을 생각할 수밖에 없다. 풍수사상은 배산임수와 가장 중요한 땅의 기운이 모여 있는 혈자리를 이야기한다. 즉 혈자리에 사당을 세운 서원은 제사중심 서원으로 보면 되고, 혈자리에 강학공간이 있으면 강학을 중심으로 하는 서원으로 해석할 수 있다. 필암서

청절당의 내부에서 느끼는 한옥 가구구조의 배열의 아름다움

강학공간이 사당을 바라보고 있는 독특한 청절당

원은 사당을 중심으로 하는 서원으로 보면 무리가 없어 보인다.

한편, 호남에 위치해 있는 서원들은 필암서원과 같은 배치가 많고, 경상도나 충청도 일원에 있는 서원들은 혈자리에 강학을 중심으로 하는 건물 배치가 많아 지형적인 특징으로 보는 견해도 있다. 이 부분에 대해서는 추구하는 학풍에 따라 배치를 달리하였다는 견해도 있다.

이제 강학공간에 배치된 건물들을 좀 더 자세히 살펴보자. 학생들이 공부하는 강학공간에는 좌우로 사당을 향하여 진덕재(進德齋)와 숭의재(崇義齋) 건물이 있고, 내삼문 옆으로는 전면 세 칸, 측면 한 칸의 화려한 단청과 꽃창살의 문을 갖춘 팔작지붕의 어필(御筆) 현판이 걸린 경장각이 있다. 경장각은 다듬은 길죽한 장대석을 기단으로 삼고

사당을 중심으로 하는 서원의 강학공간

주좌를 기둥처럼 높직하게 만든 주춧돌 위에 원기둥으로 세워져 있으며, 창방을 갖춘 이익공계의 작지만 화려한 겹처마 팔작지붕을 하고 있다. 건물 어간에는 두 칸의 꽃창살문을 달고 좌우 협간에는 격자무늬 외닫이문으로 꾸며져 있다. 이 안에는 인종의 '어필묵죽도(御筆墨竹圖)'를 보관하고 있다. 이 건물은 왕이 친히 현판을 써주었던 건물로 공포의 귓기둥에는 세 개의 용두와 하나의 봉황이 조립되어 있는데, 이 부분에 대한 해석도 분분하다. 왜, 확연루의 대각선 귓기둥에만 용을 조각하여 장식하였고, 경장각의 공포에는 귓기둥의 세 곳에만 세 마리의 용을 표현했을까? 우리는 다양한 한옥의 표현방법에

정조왕이 직접 썼다는 현판의 경장각

용두를 귓기둥으로 사용하여 건물의 중요함을 강조하는 경장각

감탄하며 그 안에 내포된 의미를 알고 싶어한다. 때문에 한옥에 담겨진 깊은 의미를 생각하느라 한옥에 심취하는지도 모른다.

대전이 고향이고 논산의 돈암서원에 모셔진 동춘당 송준길(宋浚吉) 선생이 쓴 '진덕재'와 '숭의재'는 동재와 서재의 현판으로 사용하고 있다. 동재인 진덕재의 크기는 정면 네 칸, 측면 두 칸으로 반 칸을 뒤로 물러 툇간을 만들었다. 중앙에 두 칸의 대청을 중심으로 좌우에 온돌방과 툇마루를 달아 중앙의 대청마루를 중심으로 완전한 대칭을 보이는 건물이다. 특히 전면 기둥은 보아지를 받치는 정도로 하고 중

정성들여 만든 주좌가 확연한 주춧돌로 받치고 서 있는 '어필묵죽도'가 보관된 경장각

유생들의 기거 공간인 동재 진덕재

앙 대청의 기둥을 받치는 기둥머리에는 공포의 포작을 아름답게 꾸민 것이 특징이다. 중앙의 대청마루 앞으로는 반듯하게 가공된 섬돌을 놓고 지붕선은 현수선을 강조하지만, 처마선은 직선으로 처리되어 있어, 당시 선비들의 단정하고 절제된 모습을 보는 듯하다. 대청마루는 일반적으로 바라지창을 두는 것을 볼 수 있으나 이 건물은 벽으로 처리한 것이 인상적이다. 작고 고립된 듯한 공간에서 더욱 정신집중이 잘 될 것을 계산한 지혜로운 공간구성일 것이다. 툇마루에는 강학공간인 청절당으로 오르내리는 마루를 달고, 사당쪽으로는 일자형 돌란대 만을 꾸민 난간을 꾸며 놓아 간결하면서도 부드러운 나뭇

마루와 대청의 공간 구성이 흥미로운 동재

도리라는 부재를 초각하여 아름답고 귀엽게 꾸민 동재의 첨차

결의 느낌이 매우 인상적이다.

숭의재인 서재는 두 줄의 기단 위에 덤벙주춧돌을 놓고 기둥을 세운 전면 네 칸, 측면 한 칸에 반 칸의 툇마루를 이은 맞배지붕 건물이다. 동재인 진덕재와 언뜻 보기에는 비슷한 건물처럼 보이나 자세히 살펴보면 다른 점을 찾을 수 있다. 우선, 중앙에 대청 없이 방으로만 꾸며져 있다. 그리고 툇마루는 전면에만 있고 옆으로 내밀지 않았다. 네 칸 중, 가운데 두 칸은 세살무늬문이 꾸며져 있으나 온돌이 아닌 마루로 꾸며진 것이 특이하다. 그리고 좌우에는 온돌방을 꾸미고, 툇마루를 약간 높인 아래에는 불을 지피는 아궁이를 두고 있다. 학생들이 기거하는 두 건물은 분명 차별화가 되어 있다. 이유는 동재는 향교와 같은 맥락으로 선배 학생들이 기거하는 건물이기에 좀 더 장식적인 난간과 모양 있는 보머리 공포, 그리고 생활공간에 필요한 대청

후배 유생들의 기거 공간인 숭의재인 서재

마루가 있다. 그러나 서재인 후배들의 공간은 간략화된 공간만으로 표현되어 있다. 나이를 떠나 과거나 지방시의 합격 결과 등과 같은 능력이 앞선 학생들이 선배가 되던 옛사람들의 모습으로 학업 성취 의욕에 자극을 주는 방법을 건축물을 이용하여 표현하였던 것이다.

사당인 우동사는 경장각 옆으로 강당인 청절단과 자오선 축선상에 자리하고 있다. 사당의 내삼문 앞에는 '필암서원의 제사에 사용한 음식을 검수하는 곳'이라는 글이 새겨진 비석이 당당한 모습으로 시선을 가로 막고 서 있다. 이 비석은 비석 받침의 조각이 매우 정교하고, 비바람에 풍화되어 변한 화강석 위로 이끼류들이 자라 세월의 흐름과 필암서원의 역사를 가늠케 한다. 한편 비석 받침 위를 자세히 살펴보면, 꽃속에 속꽃이 새겨지는 화려한 복엽의 연화꽃이 새겨져 있고 면석부분에는 용이 이빨을 드러내고 코숨을 내품는 매우 해학적

한옥 담장과 고직사의 높은 굴뚝, 그리고 앙증맞은 서재의 굴뚝

이면서 용맹한 모습이 표현되어 있다. 선생님의 학문 사상을 지키려는 벽사의 의미로 비석을 받치고 있는 이 모습에서, 스승님의 뜻을 받들려는 제자들의 마음이 엿보인다.

제향에 제물을 검수하는 곳이라는 표시의 관선위 비석

성리학의 실천을 수호하려는 듯 포효하는 용문의 비석 받침

비석을 옆으로 비켜서면 세 칸의 크기에 쌍여닫이 판대문으로 꾸며진 내삼문이 자리한다. 작고 다부진 모습과 화려한 가구의 기법이 압도적이다. 자세히 살펴보자. 중앙의 어간은 신문(神門)으로 좌우에 있는 협간보다 조금 넓게 자리하고 있으며 약간의 배흘림이 있는 기둥에 화려한 당초와 연꽃이 조합된 익공 가구구조를 한 맞배지붕 형식을 하고 있다. 특히 내삼문은 규모는 작지만 기둥 사이의 용무늬 화반이 매우 특이하며, 출목첨차도 연꽃을 있는 그대로 표현한 듯한 사실적인 연꽃 조각의 부재가 지붕을 받치듯이 표현되어 있어 매우 화려하고 엄숙한 내삼문을 보여주고 있다. 이렇게 화려한 내삼문은 다른 서원에서는 보기 드문 사례로, 작지만 많은 정성이 배어 있다.

용을 조각한 화반이 인상적인 내삼문

내삼문의 연봉우리 살미와 당초의 초각의 아름다움

어간의 황룡과 협간의 청룡화반이 표현된 내삼문

내삼문을 조심스럽게 들어서면, 산 아래는 이중의 담장 속에 사당인 우동사(祐東祠)가 자리잡고 있다. 우동사는 외벌대 기단 위에 전면으로 반 칸 내민 기둥을 세우고, 원추형의 주춧돌을 위에 정면 세 칸, 측면 한 칸 반의 규모를 하고 있다. 그리고 단층 방풍판을 꾸민 연목인 서까래와 지붕을 길게 내밀기 위한 또 다른 서까래인 부연을 이어 만든 겹처마 맞배지붕으로 되어 있다. 중앙 어간의 창방 위에는 '우동사(祐東祠)'라는 편액이 있는데, 이 편액은 주자의 글씨를 집자한 것이라 한다. 우동사라는 의미는 '하늘이 동방을 도와서 하서 선생이 태어났다'는 의미라 한다. 사당의 측벽은 기둥과 인방 사이에 벽선을

단아하고 엄숙하면서도 금문을 단청하여 화려함도 표현한 사당인 우동사

넣어 흙벽을 고정시키도록 되어 있다. 특히 어간은 협간 보다 조금 크게 하여 중앙을 강조하고 있는데, 문틀이 쌍여닫이문으로 구분이 가지 않는다. 그러나 자세히 살펴보면 문틀 옆의 벽을 조금 넓게 하고 있다. 확연루와 같은 원리이다.

이와 같이 전통 한옥은 매우 정교하고 지은이 역시 건물에 대한 이해를 거쳐 건물을 짓기 때문에 군더더기 없는 아름다움으로 표현될 수 있는 것이다. 건물 안에는 처음에는 하서 김인후 선생의 위패만을 모셨다가 1786년(정조 10년)에 담양 소쇄원을 지은 양산보의 아들이면서 하서의 수제자이고, 둘째 사위인 고암 양자징을 추배하여 모시고 있다.

문서를 보관하던 장판각

한편, 사당의 동쪽으로는 담장 아래 장경각이 자리하고 있다. 이 건물은 중앙에 네분합 띠살무늬문으로 꾸미고 좌우 칸에는 중인방 아래로만 살창으로 꾸몄다. 또한 한 칸의 좌우 측벽은 중인방 상부에만 살창으로 꾸민 맞배지붕 건물이다. 이 건물은 통풍과 환기를 제대로 해주도록 창문이 만들어져 있어, 보관된 서적을 보존하기에 참으로 과학적인 시스템이 적용된 인상이다. 즉 바람의 흐름이 원활하도록 창문을 배치하고, 건물 앞뒤로 넓은 공간을 확보하고 있는 것이 인상적인 건물이다.

지붕의 망와에는 볼에 곤지가 주먹만하게 붙여진 해학적인 기와가 올라 앉아 있는데, 서원에서 가장 중요한 물건 중의 하나인 책들을 지키려는 듯 눈을 부라리고 입을 굳게 다문 채 마당을 바라보고 있는

해학적인 장판각 망와

모습이 매우 진지하다.

우측으로는 경장각의 뒤편, 우묵진 담장 안으로 전사청 판문이 연결되어 있는데, 이곳에 제사에 필요한 제기들을 보관하는 전사청을 두었다. 이렇게 전사청 출입이 사당과 별도로 되어 있는 곳은 봉화향교와 도산서원 등이 있다. 제기를 관리할 때에도 사당을 통하지 않고 전사청에만 출입하도록 하여, 사당은 최대한 엄숙한 공간으로 만들

사당의 엄숙함을 표현한 듯한 경장각 뒷켠에 숨어 있는 제기를 보관하던 전사청

고자 했던 생각이 표현된 구성방법이라 볼 수 있다. 이와 같이 필암서원의 엄숙한 분위기와 절제된 공간구성은 건축을 통해서도 질서와 예의를 배울 수 있다는 것을 넌지시 알려준다. 이는 필암서원의 색다른 매력이다.

최근 필암서원은 전시관을 만들고 많은 관광객을 유치하려 하고 있다. 정비사업으로 주변에 인위적인 정원이 만들어지면서, 유생들이 공부하던 조용한 학교의 풍경은 사라져 버렸다. 그러나 건물에서 느끼는 품격 있는 가구구조나 김인후 선생의 인품이 느껴지는 경내에는 학업에 여념이 없었을 유생들의 채취가 곳곳에서 묻어난다.

마음으로 존경하는 정치를 교육하던

무성서원

(사적 제166호)

소재지 : 전북 정읍시 칠보면 무성리 500

남도로 가는 호남고속도로를 달리다 보면 아름다운 서해 모습을 자랑하는 변산반도와 예절의 고장 태안으로 나뉘는 태인 IC라는 톨게이트가 나온다. 이곳에서 읍내로 우회전하면 약 1km 정도 거리에 태인읍이 나온다. 지금은 아주 작은 읍내가 되었지만 조선시대 이곳은 관아와 향교, 그리고 호남 제일 정자라는 피향정(彼香亭)이 자리하는 유서 깊은 고을이었다. 일제 강점기 때에 일본인들이 호남선 철도를 놓으면서 지금은 신태인이라는 커다란 도시가 서편으로 생겨나, 이곳 태인은 조용하고 한적한 읍내 풍경을 간직하고 있다. 평온한 마을과 역사를 말해주는 유적들이 주변의 경관과 어우러져 자리하고 있는 모습이 매우 고즈넉한 곳이다.

읍내의 북쪽편 산아래, 조선 세종 3년인 1421년에 현감이던 안기(安起)가 대성전과 공부하는 양산재를 세운 태인향교가 자리한다. 이 향교는 임진왜란 이전 태인의 교육기관으로서 외삼문에는 2층 문루의 만화루가 전면 네 칸, 측면 두 칸의 크기로 세워져 있다. 다른 향교처럼 문이 세 개인 삼문(三門)이 아니라, 양쪽 두 칸은 판벽으로 꾸

저녁 노을이 지는 햇살이 연지에 반사되어 비춰지는 피향정

미고 가운데 두 칸에 출입 이분합판문을 달고 있다. 다른 향교에서는 중앙 어간에 신도문을 두고, 좌우로 출입문을 두는 것에 반하여 이 향교는 동쪽은 신도문으로, 좌측은 일반인의 출입문으로 사용하는 것이 특이하다. 이 향교에서 읍내로 약간 내려오면 읍내 한가운데에 피향정(彼香亭)이 자리하고 있다. 동쪽을 향하고 서 있는 2층 누각으로 서쪽편으로는 넓은 연지를 두어 피향정 누마루에 올라 여름날에 하얗게 핀 연꽃의 아름다움을 감상할 수 있고, 저녁노을이 질 때는 석양이 연못에 붉게 물드는 모습이 매우 아름다워 '호남제일정(湖南第一亭)'으로서 아름다움을 뽐내고 있다. 이 정자는 고운 최치원이 태산(태인의 옛 지명) 군수로 재임시절 지었다는 건물로 이곳에 연못을 만들고 거닐면서 사색에 잠기곤 하였다고 전한다. 연못은 상·하연지

호남 제일 정자인 피향정의 내부 천장 가구의 아름다운 조화

두 개가 있었다고 한다. 이 건물은 두벌대의 기단을 점층적으로 쌓고 그 위에 28개의 원형에 가까운 둥근 기둥 모양의 돌기둥을 세우고 그 위에 2층 마루를 두었는데 귀틀로 짜여져 있다. 귀틀마루 위에는 둥근 기둥을 세우고 기둥머리의 공포는 촉가지 하나로 꾸민 초익공 형태를 취하고 있지만, 건물의 전체적인 짜임새는 매우 단아하고 섬세한 아름다움을 간직하고 있다. 건물의 규모는 정면 다섯 칸에 측면 네 칸이며 겹처마 팔작지붕의 구조를 하고 있다. 천장의 중앙 어간은 서까래가 그대로 보이는 우물천장 구조이고, 좌우 협간은 남쪽 중앙 보에 '피향정'이라는 편액을 걸었다. 천장은 서까래가 모아지는 천장 부분에만 반자를 만들고, 반자틀에는 아름답게 연꽃으로 반자초를 그렸다. 그리고 북쪽으로는 우물반자, 소란반자라고도 하는 반자틀을 별도로 만들어 꾸미고, 반자에는 봉황과 연꽃을 하나 건너 단청하

봉황이 그려진 피향정 반자와
용마루를 받친 화반의 조화

맷돌처럼 생긴 돌을 석탑 쌓듯이 정성
드려 쌓은 피향정 누하주 돌기둥

고 있어 이곳에서 공부하는 선비들의 꿈에 대한 이상을 그림으로 표현하고 있다. 특히 대들보와 종보 사이는 동자주 대신 익공으로 꾸며 장식적으로 묘사했고, 용마루와 만나는 마루대공은 화려한 화반으로 조각하여 받치고 있어서 매우 아름다운 천장의 모습을 하고 있다. 더욱이 누마루 아래로 내려가면 매우 흥미로운 돌기둥들을 보게 된다. 하나가 아닌 2~3개의 둥글고 납작한 맷돌처럼 생긴 돌을 탑을 쌓듯 겹겹이 쌓아 주춧돌을 사용하고 있는데, 매우 불안정할 것처럼 보이지만 한옥은 아래로 내리는 하중이 크기 때문에 이렇게 쌓아도 미끄럼 없이 잘 서 있는 점이 매력인 것이다. 여기서 왜 이렇게 돌을 몇 개만 사용했을까 하는 의문이 생긴다. 이렇게 크고 웅장한 정자를 세우면서 돌이나 인력이 부족하지는 않았을 것이다. 그 이유는 알 수 없지만 이 또한 한옥에서 표현할 수 있는 또 다른 조형의 기법이자, 이 건물을 지은 도편수의 자신감이 배인 기법일 것이다. 피향정에 앉아 당시의 최치원 선생이 즐기던 피향정의 연못을 바라보면, 다사다난한 생각을 잠시 잊을 수가 있다.

돌계단을 내려서 건너편 동산을 바라보며 동진강이 흐르는 30번 국도를 거슬러 올라가다 보면, 넓은 들판이 나오는 곳이 전라북도 정읍시 칠보면 무성리가 된다. 이 마을로 들어서면 고려시대에 태산사(泰山祠)를 창건해 최치원(崔致遠)의 덕행과 학문을 추모했다고 전해지

칠보면 무성리 마을 입구의 아름다운 목백일홍과 맑은 시내가 어우러진 아름다운 시골길

는 정읍 무성서원(사적 제166호)이 자리하고 있다. 산이 크고 푸르며, 물이 많고 풍부한 동진강을 젖줄로 펼쳐지는 칠보면의 넓은 들판이 나타난다. 가을이면 이 넓은 들판에는 다양한 모습을 하고 있는 허수아비를 세워 문화 행사를 한다. 들판의 풍요로운 벼 이삭과 참새를 쫓기 위해 세운 허수아비의 다양한 모습의 표정을 보면, 가을의 풍요와 서정적인 분위기에 어머니의 포근한 품안 같이 안온한 기분을 갖게 한다. 최치원 선생의 발자취는 이 아름다운 들판을 지나 무성리의 마을에 다다르며 만나게 된다.

지금의 무성서원의 자리는 조선초인 1483년(성종 14) 정극인(丁克仁)이 세운 향학당(鄕學堂)이 있던 자리라 하며, 이곳으로 무성서원이 옮겨져 왔다고 한다. 태산사(泰山祠)라는 편액은 지금도 사당의 편액으로 사용하고 있다. 신라후기의 학자였던 최치원(857~?)과 조선 중종(재위 1506~1544) 때 관리였던 신잠(申潛)을 모시고 있으며, 교육기능과 제사기능을 모두 가지고 있다. 이후 정극인 · 안세림(安世琳) · 정언충(鄭彦忠) · 김약묵(金若默) · 김관(金灌)을 추가 배향했다. 1696년(숙종 22) 최치원 선생과 신잠 선생을 배향하면서 '무성'이라는 사액을 받아 서원으로 개편했다. 1868년(고종 5) 흥선대원군의 서원철폐 때에도 그대로 남아 있던 47개 서원 중의 하나로 호남지방에서는 필암서원과 함께 호남의 서원을 이끌었던 대표적 서원이다.

무성서원은 무성리의 마을 깊숙한 곳에 자리하고 있다. 외삼문을 들어서면 공부하는 강학공간을 두고, 뒤에는 내삼문을 꾸미고 별도로 토석 담장에 기와를 올려 만든 담장을 둘러 사당을 배치한 전학후묘의 형식이다. 현재 남아있는 건물은 현가루(絃歌樓), 사당, 동 · 서재, 비각, 명륜당 등이 있다.

가야금을 타고 자연과 벗하는 장소인 무성서원의 정문인 누마루

외삼문에 해당되는 문루인 현가루는 '비파를 타고 노래를 부르는 장소'라는 뜻으로 학문을 즐겁게 배우라는 의미도 있을 것이고, 공부 후에 최치원 선생처럼 백성을 다스림에 있어 나라는 칼로 지키는 것이 아니라 비파나 가야금을 타듯이 음악으로 백성을 편안하게 이끄는 사람이 되라는 교훈도 있을 것이다. 현가루는 정면 세 칸, 측면 두 칸의 건물로 여덟 팔(八)자 모양을 한 팔작지붕이다. 1층은 삼문을 달아 출입문으로 사용하고, 2층은 난간을 두른 누마루로 사면이 벽이 없이 개방되어 있다. 이곳은 유생들이 공부에 지친 몸과 마음을 쉬게 하고 멀리 자연을 조망하고 함께 호흡하면서 호연지기를 키우던 곳이다. 현가루는 전면 기둥에 맞추어 담장을 두르고, 뒤에는 강학공간인 명륜당을 두었다. 또한 우물천장으로 꾸며진 다섯 개의 횡으로 건너지른 도리로 구성된 오량집으로 대들보에는 용을 그리고 용마루는

현가루 대들보의 기품 있는 청룡문

단순하게 사다리꼴 모양의 대공을 만들었다. 비교적 부재 끝에만 단청을 하는 모로단청으로 되어 화려하지는 않지만 용트림하는 용이 그려져 있다. 대들보와 대들보 좌우에 걸쳐 놓은 충량이라는 부재는 대들보에 올라앉은 용을 그려 놓아 이곳에서 지내는 선비들이 입신양명을 기대하는 기상을 느끼기에 충분하다. 마주보고 있는 충량의 쌍룡은 마치 이곳에서 공부하는 선비들을 호위하며 하늘로 날아오르는 것 같다.

지금은 누마루에 앉아도 마을의 집에 가려 무성리 마을 앞 푸르른 들판은 보이지 않으나, 당시에는 푸르른 들판과 들판 너머 펼쳐지는 산등선의 웅대함에 취할 수 있었으리라. 이렇게 대범한 자연환경은 학문을 배우는 선비들에게 자연의 섭리와 학문의 이치를 깨닫게 하는데 손색이 없는 훌륭한 장소이었을 것이다. 그리고 무성서원의 유생들은 훌륭한 최치원 선생의 은덕과 학덕을 배우는 장소로서의 의미가 더욱 크게 느껴졌을 것이다.

현가루에서 바라다 보이는 강학공간과 사당의 배치

누마루인 현가루에서 강당을 바라보면, 발아래 은행나무와 정면에 무성서원의 편액이 걸린 강학당이 보이고 그 뒤로 내삼문과 태산사의 사당이 일직선상에 서 있다. 태산사를 감싸 안고 있는 뒷산과 좌우로 커다란 느티나무가 최치원 선생을 호위하며 기리고 있는 듯하다.

강학당은 2벌대의 장대석 기단 위에 덤벙주춧돌을 놓고 둥근기둥을 올린 위에 홑처마 팔작지붕으로 가구한 정면 다섯 칸, 측면 세 칸의 규모로 만들어져 있다. 이 강학당의 독특한 점은 정면에 세 개의 계단을 두고 대청으로 오르도록 되어 있다는 것이다. 온돌방 측면에는 광창을 만들어 환기와 밖의 동정을 살필 수 있게 꾸며 놓았는데, 창문은 단순한 하얀 회벽에 포인트로 매우 귀엽게 꾸며져 있다. 또한 정면 전면의 기둥을 살펴보면, 마루 귀틀과 만나는 부분에 장부맞춤

대청과 온돌의 조화가 만들어낸 무성서원 강학당의 아름다운 자태

자국이 선명하니 남아 있다. 그리고 중간 부분의 기둥에도 장부맞춤 구멍이 남아 있는 것을 보면, 필암서원처럼 사당을 중심으로 하는 서원으로 보아도 무리가 없어 보인다.

그렇게 생각해서인지 전면에 있는 세 개의 계단은 조금은 어색한 감도 느껴진다. 강학당의 평면을 살펴보면 중앙의 세 칸은 대청마루

환기와 밖의 동정을 살필 수 있게 한 강학당의 광창

를 두고, 좌우에는 툇마루를 전면에 매단 모습의 온돌방을 두고 있다. 대청마루는 사당인 태산사와 선비들의 휴식공간인 현가루 사이를 공간으로 이어주듯, 대청의 앞뒤로 벽 없이 만들어, 두 공간이 강학 건물로 나누어지는 것이 아니라 하나로 연결된 모습을 하고 있어서 매우 특별한 건축적 묘미를 보여주고 있다.

이 건물의 중앙 대청 세 칸 위로 가로지르며 용트림 하는 모습의 대들보를 바라보자. 가냘픈 둥근 기둥 위로 멋스럽게 가로지르는 대들보의 모습은 보는 것만으로도 선비들의 기상을 일깨우기에 충분하

둥근 기둥과 마루귀틀이 부드럽게 만난 무성서원 강학당 대청마루

다. 또한 온돌방과 만나는 벽은 건물의 높이가 낮음에도 불구하고, 높은 지붕을 만들기 위해 사용하는 방식을 하고 있다. 즉 중앙에 고주를 세우고 좌우에서 합보로 꾸며 중앙으로 모아 용마루의 종도리와 만나고, 보아지를 받쳐 세련되게 표현하고 있는 것이다. 좌우에는 유생들을 가르치던 선생님들이 기거하는 온돌방을 두고 전면 반 칸을 뒤로 물러 툇마루를 꾸몄다. 툇마루 아래에는 아궁이를 두어 추운 겨울날 따뜻한 아랫목을 기다리게 한다. 대청에 누어 천장을 바라보면 서까래가 그대로 노출된 우물천장의 시원스런 나무의 선을 볼 수 있다. 대들보에 걸린 많은 시구(詩句)나 상량 발원문의 현판들은 최치

대청마루의 벽을 생략하여 현가루와 사당의 축을 개방적으로 표현한 멋

용트림하듯 천장을 받친 대들보와 합보의 조형이 멋스러운 무성서원 강학당

원 선생의 업적과 그를 따르고자 하는 후학들의 마음을 표현하고 있기에, 세월의 흐름 속에서도 우리 조상들의 발자취를 전통한옥 속에서 공유할 수 있어 소중하게 여겨진다.

한편, 강학공간에 있어야 할 학생들의 기거장소인 동재와 서재가 사당 앞에 없다. 동쪽으로 난 사주문인 쪽문을 나서면 전면 세 칸, 측면 두 칸의 규모인 강수재(講修齋)라는 건물이 나타나는데 이곳이 동재와 서재를 대신하는 유생들의 숙소이다. 이곳으로 가는 사주문 옆에는 수백 년은 됨직한 단풍나무가 초가을임에도 불구하고 불그레 색깔을 머금고 있어 강학공간에서의 긴장을 풀어주려는 듯하며 기와 담장과 어울려 이 공간을 아름답게 빛내 주고 있다.

이제 유생들이 기거하던 강수재를 살펴보자. 강수재(講修齋)는 네모나게 모만 접은 둥글넓적한 돌로 기단을 만들고, 그 위에 덤벙 초

단풍나무의 조화가 아름다운 유생들의 생활공간 강수재

무성서원 담장의 가을 정취

석을 놓고 강학당과 다르게 네모난 방형 기둥을 세운 홑처마 우진각 지붕으로, 성종 15년(1484)에 세웠다고 전해지는 건물이다. 전면에서 보면 중앙의 두 칸은 대청마루이고, 좌우로 온돌방을 두고 있다. 동쪽과 서쪽 방은 전면에 툇마루가 있는 동쪽 방과 툇마루가 없는 서쪽 방으로 의장적으로 구분된다. 건축적으로 흥미로운 점은 마루 전면에 기둥 사이를 가로지르는 장귀틀의 높이를 약간씩 실의 용도에 따라 다르게 표현한 것이다. 대청은 오르내리기에 적당하도록 낮게 하고, 온돌방이 있는 곳은 벽체의 무게를 지탱하기 위하여 좀 더 두꺼운 가로재를 받치고 있다. 툇마루가 꾸며진 방은 툇마루 아래의 아궁이에 불을 지피기 편하게 높이를 높여 두었다. 이와 같이 한옥은 외관에서도 생활의 편리성과 구조적인 안전 등을 고려한 매우 합리

아가자기한 조립의 조형미와, 강수재 기둥에 가득 걸린 주련들의 멋

적인 모습을 보여 준다. 또한 마루에서도 매우 흥미로운 것을 발견할 수가 있다. 앞쪽은 쪽마루의 느낌이 들도록 장귀틀을 좌우로 걸고 마루널을 끼워 두었으며, 안쪽은 그와 직각이 되도록 앞뒤로 장귀틀을 걸고 마루널을 만들어 공간이 분리된 것처럼 하여, 공간구성의 묘미를 보여 주고 있다. 더욱이 대청마루는 대부분 대들보가 전면과 후면 기둥으로 직접 연결하여 마루의 넓은 공간을 사용할 수 있도록 하고 있으나, 이곳은 중앙에 기둥을 받치고 있어, 그러한 의도의 대청이 아닌 듯싶다. 이는 다른 향교나 서원처럼 동재와 서재의 별도의 건물을 두어 선배와 후배 간의 생활공간을 구분하지 않고, 하나의 공간을 사용하도록 만들었기 때문이다.

다시 말하면 무성서원의 강수재는 기둥과 마루라는 내부 구조체를 이용하여 공간의 구분을 유도했던 것 같다. 최치원 선생이 많은 고을 사람들에게 선정을 베풀었던 것처럼 유생들 간의 따뜻한 마음을 나누는 것을 중요시하여 이렇게 만들어 놓은 것 같다.

이 건물에는 기둥마다 많은 주련들이 걸려져 있어 매우 인상적이다. 주련들은 강학에 힘쓰고 선비의 법도를 표현하는 글들로 전면 기둥에는 해서체로 쓰여 있고 안쪽으로는 전서체의 글이 쓰여 있는데, 검정바탕에 흰색 글씨로 걸어 놓아 생활공간이면서 학문의 공간임을 보여주는 독특한 멋을 지니고 있다.

한편, 무성서원은 다른 서원처럼 여러 개의 비석들을 모은 비석군들이 있지는 않다. 그러나 비석마다 별도의 독립 건물로 한옥의 비각을 세워 비석을 모시고 있는 비각(碑閣) 건물이 많아 이 또한 이 서원에서만 볼 수 있는 특징이다. 사주문으로 가는 길 옆에 서 있는 비각의 건축적인 결구 방법은 매우 세련된 기술을 보여준다. 이 비각은 하인방을 둥근 원기둥 초석에 홈을 파서 나무를 장부로 걸어 놓았는데, 매우 안정적이며 정성스러운 장인의 손길이 그대로 느껴진다.

무성서원 비각의 주춧돌에 표현된 목조와의 세련된 조립

무성서원의 단정한 내삼문

사당공간은 내삼문을 두고 별도의 담장으로 꾸며진 공간으로 엄숙함이 묻어난다. 다섯 개의 계단을 오를 정도로 강학공간보다 단을 높여 세운 내삼문은 솟을삼문의 형식으로 되어 있다. 외삼문의 역할을 하는 현가루와 같이 전면 기둥열에 맞추어 이분합 판문의 대문을 달고, 그 선에 맞추어 둥글둥글한 호박만한 강자갈을 흙과 섞은 토석담장으로 꾸며져 있다. 사당측으로 내민 문칸은 궁륭형의 대들보를 적절히 사용하여 무거운 느낌의 지붕을 가볍게 처리하는 기술적인 묘미를 보여주고 있으며, 민주화의 모양을 한 머리초 단청이 매우 정갈하게 느껴지도록 채색되어 있다.

내삼문을 들어서면 사당이다. 태산사는 화려하지 않으면서 선비의 정신을 느낄 수 있는 간결한 모습으로, 담장 너머 뒷산에 기대선 커다란 노거수와 어울려 사당의 엄숙한 조형미를 보여준다. 사당인 태산사(泰山祠)는 넓적한 판석의 기단위에 기둥 네 개를 세운 정면 세

무성서원의 사당인 태산사

칸, 측면 세 칸의 크기에 단청을 칠한 겹처마 맞배지붕을 하고 있다. 옆면에는 비바람을 막아 건물을 보호하기 위한 방풍판이 달려 있다.

건물은 넓적하고 튼튼한 모습의 덤벙주춧돌을 놓고 그 위에 원기둥으로 세웠으며, 전면은 툇간을 두지 않고 전면 기둥열에 맞추어 벽을 꾸며 사당을 넓게 사용하는 형식이다. 기단 아래 디딤돌은 좌우에 제사를 지내기 위해 오르내리는 곳에만 놓고 신도(神道)에는 디딤돌을 두지 않았다. 그러나 삼문 앞에는 삼문 중 어간에도 섬돌을 놓은 특징이 흥미롭다. 또한 어간은 두 장의 판문으로 꾸미고 양측의 협간은 외닫이 판문으로 꾸미고 있다. 특히 협문은 어간으로 치우쳐 기둥에 세우고 옆의 공간을 벽으로 처리하여 시선의 중심을 가운데로 집중시키도록 건물의 처리를 한 것으로 보인다. 이는 이곳에 모신 최치원 선생에 대한 존경과 예의를 표현하고자 했던 것이 아닐까. 판문에는 배목을 세 칸으로 구분하고, 윗칸은 비워두고 아래 두 칸에 태극문을 그려 넣어 더욱 건물의 안정감을 느끼게 해준다. 이처럼 두 태극문을 사당의 판문에 그려 놓는 것은 매우 드문 사례이다.

무성서원은 최치원 선생을 기리는 의미도 있지만, 성리학의 유교사상이 단지 역사 속에만 있는 것이 아니라 지금의 우리들에게도 인간의 마음속에 내재하는 덕을 쌓고 행동으로 그것을 실천하는 윤리적이고 도덕적인 수양이 무엇보다 필요하며, 결코 소홀히 생각할 수 없는 것이라는 매우 중요한 교훈을 주고 있다. 이러한 측면에서도 무성서원 건축물은 매우 의미 있고 뜻있는 교육의 장소임에는 틀림없다.

부록

전통 목조 건축 용어의 이해

■ 목조 건축 가구 구조의 이해

내부 공간을 형성하는 목조 건물의 골격 구조를 살펴보면, 가구의 형식에 따라 단층, 중층으로 구분되고, 규모에 따라 삼량집, 오량집, 칠량집, 구량집 집으로 도리의 개수에 의하여 건물의 깊이가 결정된다. 그리고 보는 보의 위치와 형태에 따라 여러 가지가 있으나 지붕하중을 받치는 대들보와 종보, 그리고 툇보가 있으며, 2층의 경우에는 마루를 받치는 층보 등이 있다. 그리고 기둥 상부에서는 기둥 사이를 잡아주는 수평부재인 창방과 평방 등이 있으며, 주심포와 다포집의 구분에서는 다포집에 반드시 평방이 존재한다. 그리고 대들보 또는 종보 위에 지붕의 마루도리와 장여 또는 뜬창방을 받치는 곳에 대공이라는 나무가 사용된다. 이 대공은 모양에 따라 부석사 무량수전, 봉정사 극락전, 수덕사 대웅전과 같이 조선전기 이전의 건물에서 나타나는 사람 '人' 자 모양의 '人' 자형대공, 꽃 모양의 화반 및 파련대공 등이 있다. 이와 같은 부재들의 조립은 건물의 크기와 구조적인 모습을 갖추는데 매우 주요한 골격이 된다.

보의 종류	
대들보	건물의 앞뒤 기둥 위에 걸쳐 연결하는 보
종보	대들보 위에서 동자주를 세우고 연결하는 보로 마루대공을 받침.
충량	측면 두 칸에 기둥이 있을 때 가운데 기둥머리에서 대들와 직각으로 연결되어 얹히는 보로, 정자 건물에서는 용머리를 조각하는 경우도 있다. 팔작지붕 중간 기둥에 반드시 필요한 부재
우미량	기둥 위에 짜여지는 것이 아니고 도리와 도리 사이에 걸쳐 동자기둥을 받는 곡선보로 수덕사 대웅전의 우미량이 유명하다.

창방과 평방의 종류와 이해	
창방	기둥 위에 가로 질러 연결하고 평방, 화반 등을 받는 가로 부재
뜬 창방	용마루나 중도리 아래에 있는 대공 또는 동자주에 가로 건너지른 부재
멍에창방	중층건물에 있어서 하층 서까래 상단을 받는 2층 기둥에 건너지른 가로재
평방	공포 등을 받기 위해 기둥머리 위에 건너지르고 창방 위쪽에 얹히는 가로재로 다포집에서 사용함.

도리 : 보와 직각방향으로 걸어 서까래를 받는 수평 구조부재	
납도리	단면이 방형 또는 장방형으로 된 도리 (=민도리)
주심도리	기둥머리 위에 놓인 도리
내목도리	공포를 짜고 건물 내부로 내놓아 건 도리
출목도리	주심도리에서 바깥쪽으로 내밀어 걸린 도리(=외목도리)
중도리	처마도리와 지붕 마룻도리 사이에 건 도리
상하중도리	여러 개의 중도리를 걸 때 위와 아래쪽에 있는 중도리
처마도리	출목이 없는 변두리기둥 위의 주심도리, 들도리
종도리	용마루 밑에 서까래를 걸쳐 놓는 도리. (마루도리 마룻대)

장여 : 도리 밑에서 도리와 같은 방향으로 놓이는 인방과 같은 부재로 도리 밑에 받친 수평 목재, 받침장여라고 함.	
통장여	도리와 같이 길게 이어진 장여
단장여	포가 짜여져 있는 부분만 놓인 장여. 주로 주심포 고식 건물에 나타남.
뜬장여	도리 바로 밑에 놓인 장여에 소로를 받치고, 또 하나의 장여를 거는 경우

화반 : 상하 부재 사이에 끼어서 가로재를 연결하는 창방 위 중간에 얹어서 장여를 받는 초새김한 받침	
솟을화반	창방과 장여 사이에 "人"자형으로 된 받침
복화반	화염문처럼 표현한 화반으로 모양이 아래쪽이 넓고 위쪽이 좁은 것
장화반	두껍고 긴 판재를 화반 위치에만 화반초를 비스듬이 깎아 만든 화반

대공 : 대들보 위에 서서 종보와 종도리를 받치거나, 종보 중앙에 서서 종(마루)도리를 받치는 수직 목재	
판대공	널판으로 만든 대공의 총칭
파련대공	판대공에 파련각한 대공
포대공	대들보나 종보 위에 첨차와 살미를 조립한 포작으로 만든 대공
화반대공	연꽃이나 연당초 모양으로 초각한 화반모양 대공
인(人)자대공	도리 양쪽에서 "人"자 형태로 받치는 대공
솟을합장	수직 대공이 따로 있고 보조적으로 "人"자형 받침대를 종도리와 연결한 부재, 봉정사 극락전이나 수덕사 대웅전이 대표적 사례
보아지 : 대들보와 기둥이 만나는 부분에 힘을 모아주고 보아래를 받쳐주는 기능을 하는 작은 부재	

■ 기둥

건축물의 주춧돌 위에 세워서 보·도리 등을 받치는 수직 부재로 모양은 둥근 기둥이나 방형(=네모난) 기둥이 사용되는데, 격식을 갖춘 규모의 건물인 궁궐, 향교, 관아, 사찰 등에는 원주를 많이 사용한다. 또한 기둥은 그 위치나 쓰임에 따라 평주·우주(隅柱) 등으로 나누고, 기둥을 깎는 기법에 따라 민흘림기둥, 배흘림기둥 등이 있으며, 그밖에 한옥의 조형에 관계되는 기법으로 모서리 기둥을 이용한 귀솟음, 오금법 등의 법식도 있다. 귀솟음이란 건물의 측면으로 갈수록 높게 꾸미는 것을 말하는데, 추녀에 과대한 하중을 분산시키기 위한 공학적 기능과 시선에서 좌우 끝이 처지는 현상을 보정하기 위한 과학적인 표현이다. 또한 오금법, 즉 안쏠림이라는 기법으로 기둥 위가 안쪽으로 기울게 하는 동시에 착시 현상을 고려하고 건물의 안정성을 도모하고자 한옥의 조립에 사용되던 기술이다. 안허리곡이라 하여 지붕의 곡선을 처리하는 방법들이 기둥 위에서 이루어진다.

입면 형태별 분류	
민흘림 기둥	기둥머리보다 기둥아래 부분의 굵기를 크게 만드는 것을 말하며, 나무가 자라는 모양대로 세우기 때문에 안정감이 있음.
배흘림 기둥	기둥뿌리부터 1/3 지점에서 직경이 가장 크고 위와 아래로 갈수록 직경을 줄여가면서 만든 기둥으로 부석사 극락전, 무량수전 등 조선전기 이전의 건축물에 많이 나타나는 기둥
직립주	기둥머리와 기둥아래의 두께가 같은 기둥

기능 및 위치별 분류	
평주(平柱)	건물 외벽의 외진 칸을 감싸고 있는 기둥(=외진주 또는 외진평주)
고주(高柱)	내부의 기둥으로 외주의 평주보다 큰 기둥으로 대개 용마루의 종도리를 받치는 기둥, 공간의 명칭에 따라 내진주, 내진고주라 함.
내주(內柱)	건물 내부의 내진 칸에 세워진 기둥
우주(隅柱)	건물의 네 모서리 부분에 세우는 기둥
누상주	2층의 누(樓)식 건물에서 누를 중심으로 상하 기둥을 구분하는 명칭
누하주	
활주	추녀마루 밑을 받치고 있는 기둥
동자주	도리를 걸치고 이 힘을 대들보나 중보를 받치는 짧은 기둥

굴립주	초석 없이 기둥뿌리를 땅속에 박은 기둥, 선사시대 주거지에서 발견됨.
동바리기둥	마루 밑의 장귀틀과 동귀틀을 받치는 짧은 기둥(=고임기둥 또는 받침기둥)

■ 공포

지붕에서 누르는 힘을 대들보를 거쳐 처마 끝의 무게를 받치게 하려고 기둥머리에 나무를 조각하여 짜 맞추어 댄 나무 부재들을 통틀어 일컫는다. 공포에는 고포부재와 기둥과를 만나는 기둥 위에 힘을 모아 받아주는 주두(柱頭)를 비롯하여 소로, 첨차, 살미 등이 있고, 이것을 교차시켜 짜 올리면 공포가 된다. 공포는 목조 가구 구조인 한옥에서 꼭 필요한 구조재이다. 공포가 조립되어야 처마서까래를 길게 내밀수가 있고, 출목도리를 지지하여 빗물이나 태양의 입사 각도를 조절하는 기능을 갖게 된다.

공포의 구성 부재	
주두	기둥머리 위에 놓여 포작을 받아 공포를 구성하는 대접처럼 넓적하게 네모난 나무. 상부의 하중을 균등하게 기둥에 전달하는 기능을 가지고 있다. 다포에서는 주두가 기둥머리를 떠나 평방 위에도 놓이는데, 이것을 특히 제주두라고 함.
소로	두공, 첨차, 제공, 장여, 화반 등의 사이에 틈틈이 끼우는 네모난 사각재. 작은 두공, 접시받침라고 부름.
살미	보 아래를 받치거나 기둥 중간에 도리나 장여, 첨차에 직교하여 받친 부재로 촛가지를 짜서 만든 부재로 외부는 쇠서형으로 조각하고 내부는 교두형이나 또는 초엽, 연화 등을 새긴다.
쇠서	살미의 끝이 소의 혀 모양으로 내민 부재를 말하며, 끝이 위로 뻗치면 앙서(仰舌), 끝이 아래로 뻗치면 수서(垂舌)라 함 .
첨차	도리방향으로 살미와 십자맞춤으로 짜여지는 공포부재를 통칭하여 부르는 명칭
주심포	기둥 위에만 공포를 짜 올리고 기둥과 기둥 사이에는 화반 등으로 받침.

다포	기둥 위와 기둥과 기둥 사이의 창방과 평방 사이에 공포를 짜서 넣은 공포로 처마도리나 출목도리를 보강하고 화사한 외관을 갖추는데 의미가 있는 공포의 한 짜임새
익공	포작집의 모습으로 꾸미고 초방 끝이 쇠서로 되어 내부는 초각되어 있는데, 용이나 봉황을 새긴 경우도 있다. 일반 민가 주택에서 많이 사용함.
행공	외출목도리와 장여를 받치는 단장여 모양의 첨차.
안초공	기둥머리와 평방 이음새에 끼워서 평방 이음을 보강하는 부재

■ 지붕가구

지붕가구는 건물의 모양을 이루는데 벽체가구와 함께 주요한 부분이다. 건물의 평면과 지붕형태 및 공포양식에 따라 결정해야 하지만, 도리위에서 지붕기와를 얹기 전까지 추녀와 서까래, 평고대 등의 지붕 골격을 형성하는 가구구조를 말한다. 또한 지붕가구는 중도리의 배치수에 따라 삼량집에서부터 많게는 구량집까지 있다.

지붕의 구성	
처마	지붕에서 벽 바깥쪽으로 내민 부분
홑처마	부연을 달지 않고 처마 서까래만 걸어 꾸민 처마
겹처마	처마 서까래위에 덧서까래(부연)를 달아 꾸민 처마
추녀	합각, 모임지붕의 귀에 대각선 방향으로 거는 경사진 재
골추녀	지붕이 직각으로 만나는 회첨골에 처마도리와 중도리에 걸어 회첨서까래를 받는 경사재(=회첨추녀)
붙임혀 추녀	사래 옆에 붙이는 반쪽으로 된 서까래나 부연
알추녀	지붕위의 왕지도리 위에서 조금 내밀어 추녀 밑에 덧받침으로 댄 추녀
평고대	처마서까래나 부연의 끝에 걸쳐댄 가는 나무. 서까래평고대는 초매기, 부연평고대를 이매기라 말함.

착고막이	서까래 사이에 진흙을 뭉쳐 채우는 면바르기
개판	지붕이나 서까래 위를 덮는 널(지붕널)
부연개판	부연과 부연 사이의 여백을 메꾸는 판재
연함	평고대 위에 암기와 모양으로 골을 파서 처마 끝을 마무리 하는 수평나무
박공	팔작지붕이나 맞배지붕에서 양 옆면의 마구리 부분(=박풍)
삼량집	앞뒤 기둥에 주심도리를 얹고 보를 건너지른 다음에 보 중앙에 대공을 세워 종도리를 올리고 양쪽으로 서까래를 얹은 집. 도리가 세 개인 지붕가구
오량집	주심도리와 종도리 사이에 중도리가 하나 더 걸리는 구조. 도리가 다섯 개인 지붕가구
용마루	지붕의 중앙부에 가장 높이 있는 수평마루
내림마루	지붕면에 따라 경사져 내린 마루의 총칭
서까래	비탈진 지붕면을 만들려고 도리 위에 촘촘하게 설치하는 둥근 나무(=연목)
장연(張椽)	중도리에서 처마끝까지 내밀어 건 긴 서까래
단연	오량기둥에서 마룻대에 거는 짧은 서까래
선자연	건물의 모서리에서 중도리의 교차점을 중심으로 부채살처럼 방사형으로 배치한 서까래
부연	처마서까래 끝에 덧얹어 처마를 길게 내밀게 하는 서까래(네모난 단면)
목기연	박공, 까치박공 등의 박공널에 직각되게 거는 서까래

■ 지붕 및 기와

지붕의 형태	
맞배지붕	건물의 모서리에 추녀가 없고 용마루까지 측면 벽이 삼각형으로 된 지붕(=박공지붕)
우진각지붕	용마루에서 측면 지붕면이 모아지는 형태로 박공이 없는 지붕

팔작(합각)지붕	측면 지붕면에 합각면이 있고, 네 귀에 '八' 자 모양의 지붕
부섭지붕	기존의 지붕에 매어 달아낸 지붕(눈썹지붕)

기와의 형태	
숫기와	반원통형 모양기와, 암기와와 암기와 사이를 덮는 반원형의 기와(=부와)
암기와	평면이 장방형이고 가로 단면이 오목한 원호로 된 편평한 바닥기와
막새	처마 끝에 덮는 수키와나 암키와에 와당(瓦當)이 달린 기와
부고	지붕마루에서 착고 막이 위에 수평으로 숫기와를 옆으로 세운 기와
착고	지붕마루 기와골 위 끝을 막아 대는 기와, 수키와의 양끝을 오려낸 모양
숫막새	숫기와의 끝의 마구리를 막은 장식기와
암막새	암기와의 끝의 마구리를 막은 장식기와
망와	용마루나 추녀마루, 내림마루 지붕 끝에 얹는 와당이 달린 암막새(망새)

■ 마루

마루의 형태	
우물마루	마루틀을 짜고 그 사이에 넓은 널판을 짧게 잘라 장귀틀과 동귀틀 사이에 널을 끼워 놓은 마루
장마루	동바리를 받칠 수 없는 2층마루나 누마루에서 사용하는 긴 마루널을 깐 마루
대청마루	안방과 건넌방 사이를 연결하는 넓은 마루
툇마루	건물의 기둥 밖 쪽으로 내밀어 꾸민 달린 마루
뜰마루	간 사이가 반 칸으로 툇간으로 이동하기 편리하도록 만든 마루
누마루	다락마루라고도 하며 지면에서 높게 높여 만든 마루, 대부분 사랑채 끝에 꾸며진다.

단청의 이해

■ 단청의 목적

건축물의 단청을 칠하는 목적은 다음과 같다. 첫째, 비바람과 같은 자연의 변화에 대비한 부재의 풍해, 부식, 건습 등을 방지하고 내구성 강화를 위한 건축물 수명 연장의 목적, 둘째, 왕권을 상징하기 위해 궁궐을 장식하거나 종교적 의식을 위한 불교사원, 도교사원 등의 장엄을 위한 목적, 셋째, 목재의 표면에 나타난 각종 옹이나 흠집 등을 감추고 외관의 아름다움을 유지하기 위한 연결 부위 및 절단면의 거친 부분을 은폐하기 위한 목적, 넷째, 일반적인 것과 구분되는 특수적인 건축물의 전시와 기록을 위한 목적으로 도채한다.

■ 향교·서원 건축의 단청

조선시대에는 숭유억불 정책으로 인해 아름다운 단청으로 유명한 사찰건축은 퇴화되고 향교와 서원건축이 활발하게 건축되었다. 따라서 유교 관련 건축물이 전국 각지에 많이 건축되었다. 그러나 성리학의 학문적인 배경을 근거로 한 유교 건축물은 검소하고 단아하면서도 군더더기가 없는 단청을 선호하게 되었다. 따라서 긋기단청이라는 단순하면서도 고즈넉한 분위기를 주는 단청으로 장식하고, 대성전과 같은 사당 공간에서는 엄숙한 분위기를 나타내기 위하여 부분적으로 모로단청을 사용하였다.

한편, 서원과 향교 단청에도 연화, 주화, 여의두 등으로 조합된 간단한 머리초단청을 장식하였다. 특히 연꽃은 불교의 절대적 상징이기도 하지만, 유교에서는 군자를 상징하며, 동시에 속세를 떠나 유유자적하게 살아가는 선비 사상과 일치하므로 단순한 연꽃을 머리초의 주문양으로 이용해 장식하기도 하였다.

■ 단청 문양의 기본 요소

기하문	원, 삼각형, 사각형, 오각형, 육각형, 팔각형, 뇌문, 태극, 나선형, 격자. 만(卍), 아(亞), 삼원(삼보), 곰팡이, 직선 등
당초문	구름당초, 인동당초, 포도당초, 싸리당초, 국화당초, 보상당초 등
자연문	해, 달, 별, 구름, 화염, 파도, 기암, 산수, 십장생 등
식물문	소나무, 대나무, 난, 석류, 감꼭지, 영지, 불로초, 각종 숙목 등
화문	연꽃, 국화, 모란, 매화, 만다라(보상화) 등
동물문	용, 봉황, 거북, 기린, 주작, 사자, 코끼리, 범, 박쥐, 나비, 잉어, 곤충, 물고기, 각종 금수 등
종교문	불상, 보살, 선인, 비천, 12지신상, 성상, 불패, 귀면, 가릉빈가 등
길상문	수복, 강녕, 희, 부귀, 칠보 등
생활상	수렵, 어로, 농경, 전투, 무용, 연회, 주악, 문구, 악기, 필묵 등

■ 단청양식의 종류

한국 단청의 조형 양식은 건축물의 중요도 등급에 따라 금단청, 얼금단청, 모로단청, 긋기단청, 가칠단청의 다섯 가지 또는 갖은금단청, 금단청, 얼금단청, 금모로단청, 모로단청, 모로긋기단청, 긋기단청, 가칠단청의 여덟 가지로 분류된다.

가칠단청	선이나 각종 문양을 전혀 장식하지 않고, 몇 종류의 색으로만 2회 이상 반복 칠해 마무리함. 주로 사찰의 요사채나 궁과 능의 협문, 일반 주택 등에 적용됨.
긋기단청	가칠단청에서 한 단계 진보된 것으로 부재에 바탕칠을 한 후 먹·분선긋기로 마무리하는 방식. 주로 사찰의 요사채나 향교와 서원의 부속 건물 등에 적용됨.

모로단청 (머리단청)	부연과 서까래 등에는 처마 끝 부분에만 머리초를 장식함. 창방, 평방, 도리, 대량 등에는 양단에 각각 머리초를 장식하며, 중간(계풍)은 뇌록 바탕에 선긋기로 마무리함. 전체적으로 복잡하거나 화려하지 않고 단아한 느낌을 자아내며, 사찰의 누각, 궁궐의 부속 건물, 향교, 서원, 사당 정자 등에 적용됨.
얼금단청 (금모로단청)	조형 양식은 최고 등급인 금단청과 모로단청의 절충형. 사찰 이외의 곳에서는 거의 찾아볼 수 없음.
금단청	최고 등급의 장엄양식. 머리초에는 병머리초, 장구머리초, 겹장구머리초 등 화려한 문양을 적용하고 곱팽이에 번엽을 추가하기도 함. 휘 역시 가장 복잡한 바자휘를 4~6개 사용해 화려함을 극대화함. 대웅전, 대웅보전, 극락전, 비로전 등 부처님을 모신 사찰의 중심 법당에 적용됨.
갖은금 단청	금단청보다 화려한 것으로 각종 문양을 더욱 세치하고 화려하게 장엄하는 조형 양식. 많은 시간과 고가의 경비가 소요되기 때문에 사찰의 대불전에만 극히 제한적으로 적용됨.

도동서원(중정당)
도리
장여
화반
초매기
당골막이
이매기
연목
첨차
살미
주두
창방
반자
부연
순각판

병산서원(입교당)
장연
단연
판대공
대들보
明誠齋
편액
상량문
합보
장여
상인방
도리
보아지
장여
문설주
기둥
널판문
(바라지창)
여닫이문
(불발기창)
기둥
머름대
머름
동귀틀
장귀틀
하인방
쪽마루
청판

현풍향교
大成殿
이매기평고대
부연개판
부연착고판
초매기평고대
연목
출목도리
장여
제2공쇠서
소로
행공첨차
제1공쇠서
창방
편액
주두
주심첨차
기둥

파련대공
서까래
종보
소로
화반
대들보
충량
보아지
불발기문
기둥
띠살무늬
(여닫이문)
사분합문
(바라지창)
머름대
머름
옥산서원(구인당)

남계서원(풍영루)
외귀도리
충량
서까래
보아지
동자주
대량(대들보)
종보
소로
창방
도리
장여
귀한대
보아지
첨차
화반
기둥

당골막이
창방
평고대
서까래
장여
보아지
띠살창
문설주
대량
여닫이문
문인방
토벽
우주
하인방
평주
청판
기둥
귓마루
귓마루
섬돌
주춧돌
기단
필암서원(동재)

서정호 徐廷昊

일본 九州대학 공학부 건축학 전공(공학박사)
현재 공주대학교 문화재보존과학과 교수
(전통건축학, 문화재수복기술, 문화유적복원, 목조문화재보존)
공주대학교 문화재보존과학연구소 소장
사단법인 한국문화재보존과학회 평의원
한국기와학회 이사
하남역사연구소 이사
경기도 문화재위원(유형문화재분과)
공주시 재정심의위원
천안시정발전연구원 자문위원

논 문

「고대 銘文 陶板의 연대측정 및 재질의 성분분석에 관한 연구」(『백산학보』 68호)
「高麗時代 銀製龍頭連唐草文자물쇠의 新例와 保存方案」(『문화사학』 22호)
「粉靑沙器 陶窯止 保存의 必要性에 대한 考察-忠南 燕岐郡 達田里 窯址를 중심으로」(『문화사학』28호)
「高句麗時代 城郭의 門樓에 대한 硏究」(『고구려연구』 9집)
「벽화를 통해 본 고구려의 집 문화(주거문화)」(『고구려연구』 17집)
高麗時代 以前제작된 出土古代漆器의 漆技法 硏究 (『文化史學』 33호, p. 5-20, 10. 6. 26)
商州 우하리출토 분청사기에 대한 樣式的, 物性的 考察 (『先史와 古代』 32집, p. 301-336, 10. 6. 30)
남양주 별내지구 평산신씨묘 출토 목관보존처리 및 과학적 분석 (『文化史學』 32호, p. 227-239, 09. 12. 26)
전통옹기의 제작기술 방법보존에 관한 연구 (『文化史學』 30호, p. 53-90, 08. 12. 29)
전남 영광군 길용리 분청사기도요지의재조명 (『文化史學』 30호, p. 5-29, 08. 12. 29)
高句麗와 百濟建築文化 (『高句麗硏究』 20집, p. 209-239, 05. 7. 10)

저 서

문화재를 위한 보존방법론 (2009, 경인문화사)
한옥의 美 (2010, 경인문화사)

보고서

석조문화재 재해발생 예측 진단시스템 개발
(국립문화재연구소 R&D)
죽주산성 출토 목재유물 보존처리 외 다수
조선시대 청화주전자 수리복원
영국사 출토 철재유물 보존처리
용인죽전지구 출토 문화재복원(죽전 문화재공원 조성) 외
문화재 이전 및 복원관련 용역 다수 시행

아름다운 한옥기행

초판 1쇄 발행_2011년 6월 30일

저　　자 | 서 정 호
발 행 인 | 정 현 걸
발　　행 | 신 아 사
인　　쇄 | 예지커뮤니케이션
출판등록 | 1956년 1월 5일 (제9-52호)
주　　소 | 서울특별시 은평구 녹번동 28-36번지 2F
전　　화 | 02)382-6411 · 팩스 02)382-6401
홈페이지 | www.shinasa.co.kr
E-MAIL | shinasa@chol.com

ISBN 978-89-8396-730-5(03610)

정 가 *24,000*원